前言

提起太监，很多人由于受影视剧的影响，脑海中就会出现一群人：外观上，他们满面带笑，谄媚无比，嗓音尖利，面黄无须；人品上，他们阴险狠毒、狡诈无比，陷害忠良，搅乱国政；朝堂上，他们和皇帝的关系无比好，且爪牙遍地，手眼通天；经济上，他们身家亿万，富可敌国，却贪得无厌，因私废公。

太监仿佛永远那么坏，汉有十常侍，唐有李辅国，宋有童贯，明有魏忠贤，清有李莲英，说起这些人，读者无不咬牙切齿，而著名的“党锢之祸”“东林党争”等事件，也给这个群体戴上了一顶丑陋至极的帽子，以至于一提起太监，人们或耻笑，或戏谑，或谩骂，或悲愤，唯独没有给他们一分尊重的感觉。

可咱中国自盘古开天辟地到如今，已走过几千年的岁月了，而太监作为历史上一个庞大的群体，在各个王朝所起或好或坏的作用，是无法忽视的。他们究竟是怎样一群人？为什么他们要那样为人处世？为什么他们可以把握政权甚至改写一个国家的命运？究竟是什么魔法可以使皇帝对他们百般信赖？难道他们真的都那么坏吗？如果不是，那么好太监又是什么样子的？他们为什么没有变坏？

或许，通过对这个群体的表现，我们可以得出对历史的另一类解释，对人性也会有另一种角度的思考。也许人们在谩骂讥笑他们的同时，却可以看到，在他们身上，也有我们这群正常人的影子。

本书选取了中国历史上最具争议的13个太监，叙述了他们在皇权中的荣辱沉浮。皇权为他们带来了荣誉和财富，也带来了耻辱和杀戮；他们为皇权提供了服务与保障，也造成了皇权更迭与颠覆。本书重点展现了皇权与太监的关系。本书从多方面为你揭开一幅血泪斑斑、令人啼笑皆非的历史画面。您可以在一册之间纵览历代大宦官历史，笑看中国帝制风云。

历史上最有争议的太监

没有争议不成历史

史明月◎主编

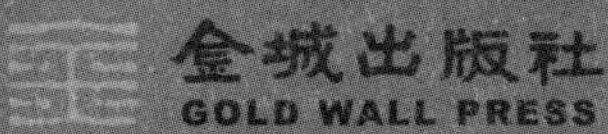

图书在版编目（CIP）数据

历史上最有争议的太监 / 史明月主编 . —北京：金城出版社，2011.11
（2024.7 重印）
ISBN 978-7-5155-0297-7

Ⅰ . ①历… Ⅱ . ①史… Ⅲ . ①宦官—研究—中国
Ⅳ . ① D691.42

中国版本图书馆 CIP 数据核字 (2011) 第 226691 号

历史上最有争议的太监

出 版 人 史明月
责任编辑 雷燕青
开　　本 787mm × 1092mm　1/16
印　　张 17
版　　次 2012 年 1 月第 1 版
印　　次 2024 年 7 月第 2 次印刷
印　　刷 天津光之彩印刷有限公司
书　　号 ISBN 978-7-5155-0297-7
定　　价 32.80 元

出版发行 **金城出版社有限公司** 北京市朝阳区利泽东二路 3 号
邮编：100102
发 行 部 (010)64220043
编 辑 部 (010)84250838
总 编 室 (010)64228516
网　　址 http://www.jccb.com.cn
电子邮箱 jinchengchuban@163.com
法律顾问 北京植德律师事务所（电话）18911105819

目录

第一章　赵高：指鹿为马祸国殃民

他善于在始皇面前阿谀奉承，导致权力逐渐变大，为他后来篡改遗诏、扶立庸主、当上丞相打下了基础。他从一名小小的宦官起家，却在秦王朝最后的几年统治中翻云覆雨，整个天下曾离他不过一步之遥。他一手将秦帝国千秋万代的帝国春梦引向破灭，也将自己一并埋葬在了滚滚的历史洪流之中。

第二章　蔡伦：永垂青史的发明家

他是东汉时期的宦官，满腹才学，尽心敦慎，数犯严颜，匡弼得失。

一生为官46年，一度官尊九卿，地位显赫。美国人麦克·哈特在《影响人类历史进程的100名人排行榜》中，将蔡伦排在第七位，远远排在我们熟知的哥伦布、爱因斯坦、达尔文之前。

第三章　刘腾：废后戮相，倒行逆施

他幼时因罪被阉，入宫做了宦官，补小黄门。因善于观察，心藏计谋，能通解人意，由是特蒙恩宠，很快由小黄门转补中黄门。他原本是遭阉割的可怜人，因其内心深处的屈辱和自卑感，产生了种种报复、残忍、贪婪、凌虐的变态行为。

第四章　高力士：忠实家奴，太监军师

他少年被阉，受到当时女皇帝武则天的赏识。却因小事触怒女皇而一度被逐，宦官高延福收为养子，遂姓高。他出谋划策，助李隆基诛杀韦后和太平公主，终成唐明皇最忠实的心腹奴才。不过，高力士在创造唐朝“开元盛世”的过程中出过不少力，献过不少良策，这在

中国历届太监中，算是出类拔萃的高人了。

第五章　李辅国：超乎常人的厚黑高手

他相貌奇丑无比，40岁之前无所作为。“安史之乱”期间，劝说太子李亨继承帝位。唐肃宗即位后，被加封为元帅府行军司马，开始掌握兵权，并改名为辅国。之后又因拥立代宗即位，被册封为司空兼中书令。大权在握后李辅国更加为所欲为，最后被人刺杀身亡。

第六章　鱼朝恩：横行不法的奴才

他历经玄宗、肃宗、代宗三朝，开始供职小黄门，后被封为天下观军容宣慰处置使，统率神策军，兼领国子监事。在被宠用期间，鱼朝恩干预朝政，十分张狂。以致众臣对他很不满，最后被宰相元载设计缢死。

第七章　仇士良：欺君抑相，窃国弄权

他一生弄权干政，稳步高升，从一个侍候太子的一般太监，历任监军、内外五坊使、左神策军中尉、骠骑大将军、观军容使兼统左右军、知内侍省事等要职，封楚国公，死后追赠扬州大都督。仇士良擅权揽政二十余年，一贯欺上瞒下，排斥异己，横行不法，贪酷残暴，先后杀二王、一妃、四宰相，使当时朝政变得更加昏暗和混乱。

第八章　童贯：史上唯一被封王的宦官

他的经历，充满了传奇般的悲喜剧色彩。他的一生中，开创了几项中国历史之“最”：中国历史上握兵时间最长的太监；中国历史上掌控军权最大的太监；中国历史上获得爵位最高的太监；中国历史上第一位出使外国的太监。

第九章　王振：祸国害民的文人太监

他是明朝第一个专权的太监。他本来是一个失败的教书先生，却自阉进宫，得到了明英宗的宠幸，开始擅权，结党营私，干涉朝政，拉开了太监帝国的序幕。为了建立所谓的丰功伟绩，根本不知作战为何物的他，怂恿皇帝亲征来犯的也先，结果是皇帝做了俘虏，自己搭上了性命。明朝宦官祸国害民直接导致了明朝的败亡。

第十章　刘瑾："八虎"之首"立皇帝"

他6岁时被太监刘顺收养，后净身入宫当了太监，遂冒姓刘氏，侍奉太子朱厚照，即后来的明武宗。他善于察言观色，随机应变，深受信任。太子继位后，他数次升迁，爬上司礼监掌印太监的宝座。一旦大权在握，便引诱武宗沉湎于骄奢淫逸中，自己趁机专擅朝政，时人称他为"立皇帝"，武宗为坐皇帝。他排斥异己，陷害忠良，朝中正直官员大都受他迫害。但他最终落得个凌迟处死、千刀万剐的下场，从一个极端走到了另一个极端。

第十一章 魏忠贤：空古绝今的九千岁

他本是一市井恶少，目不识丁，却谙熟拍马绝技，入宫不久，得太监王安提拔，又与皇孙奶娘客印月打得火热，并接近万历皇帝，地位和权势与日俱进。明熹宗朱由校即位后，他和客印月开始揽权干政。他恩将仇报除王安，逼走魏朝，杖杀朝臣，大兴冤狱，捕杀东林党，私植党羽，自称“九千岁”，为历代阉官专权乱国的最高峰。他不仅献春药怂恿皇帝淫逸，自己娶妻纳妾，抢夺天下民女，害死多少薄命红颜。

第十二章 李莲英：清代厚黑第一阉

他在清宫长达53年，是慈禧太后最宠爱的贴身太监，也是清代品阶最高、权势最大、财富最多、任职时间最长的一位大宦官。他对主子的奴才嘴脸和对同类的凶狠残暴，达到了登峰造极的地步。他狐假虎威，有恃无恐，置诸侯于脑后，视军机大臣为等闲，朝中大员及外省督抚，无不对其巴结奉承，仰其鼻息。举凡国政朝纲、清廷要务，无不与闻，无不参与。

第十三章　小德张：皇后的主心骨

他幼年家贫，遭人耻笑，愤而自宫做了太监。小德张入宫之后，左右逢迎，依靠隆裕太后对自己的宠爱，逐渐从一个低级的小太监做到了太监总管的位子，成为继李莲英之后的又一个清宫权官。

第一章

赵高：指鹿为马祸国殃民

他善于在始皇面前阿谀奉承，导致权力逐渐变大，为他后来篡改遗诏、扶立庸主、当上丞相打下了基础。他从一名小小的宦官起家，却在秦王朝最后的几年统治中翻云覆雨，整个天下曾离他不过一步之遥。他一手将秦帝国千秋万代的帝国春梦引向破灭，也将自己一并埋葬在了滚滚的历史洪流之中。

◎处心积虑博得始皇宠信

战国时期，与秦国仇恨最大的国家无疑是赵国。长平之战，秦国大将白起坑杀了赵国四十万俘虏。赵高是中国历史上第一个大一统的封建王朝秦朝时期的太监。他实属赵国人，出身卑微。他的祖上赵氏属于赵国宗室的远支，勉强算得上是一个贵族。他的父亲因犯重罪，不仅自己被处以宫刑，就连赵高的母亲也因此受到株连，被收入宫中做了奴婢。

秦始皇统一全国后，大规模充实后宫，嫔妃多达万人。庞大的后宫需要众多的服务人员，阉割去势的宦官由此广泛使用于宫廷，宦官制度逐步完善。当时为了补充后宫服役者的队伍，一些战败国的宦官也与宫中美女一样作为“战利品”归入秦朝宫廷。赵高就是在秦灭亡赵国后，作为阉宦被掳入秦的。由于他身材高大，孔武有力，为人精细，善于窥测主子的心思，爱好法家学说，粗通法律，还写得一手好字，很快使得他在众多宦者中脱颖而出。

赵高虽然地位低下，可他并不想使自己一辈子都处于低下的地位，他的野心很大，总是梦想着有朝一日能改变自己悲惨的命运。

秦朝自从商鞅变法以来，以法治国，国力日益变得强盛起来，后来历代奉行不辍，终于在秦始皇时，统一天下。尝到了法治的甜头后，秦始皇又为了以高压政策制服六国民众，更把法治推到了极端，他接受李斯的提议，焚书坑儒，灭百家学说，让人们以吏为师，专尚法律。赵高为投秦始皇所好，便开始钻研当时的法学狱律，所以深得秦始皇喜欢，提拔他为中车府令，负责掌管皇帝出行和印玺的事务，成为宦官中最有实权的人物。他常在秦始皇左右协助处理国家政事，也因此得以全面接触到国家机密大事。

赵高并不以此满足，他把目标瞄准到了秦始皇的身后。开始考虑谁能接替秦始皇的帝位，自己也好早些有所依托。

赵高对秦始皇二十几个儿子的德行、才能、性格、爱好等各方面的情况，都有细致深入的了解。照常理，长子扶苏宽仁忠厚、德才兼备，在朝臣中最有威信，当然是最有可能成为继承人的。可是，因为他屡次劝谏始皇要宽仁待民、反对以严刑酷法来治理国家，所以常常激怒始皇。尤其是在焚书坑儒的时候，他曾向始皇对进谏道："如今天下初定，黔首未安，这些儒生们诵法孔子、习知礼义，父皇就用这样的重法来惩治他们，恐怕人心不服，天下不安。"这更加激恼了刚愎自用的秦始皇。

大家都知道，秦始皇是以武力得的天下，用暴政来控制百姓的，而太子扶苏却尊崇儒道，主张以德服人。这样一来，就与其父的思想背道而驰。曾有一次，秦始皇因为扶苏的"叛逆"大怒，差点把扶苏踢得趴下，然后指着帝国版图："这一切都是用杀戮得来的，靠仁义道德能拥有这么大的版图吗？"一气之下，他把扶苏打发到北部边境上郡去当大将蒙恬的监军。他本期望儿子能悟出些君王霸气，而这一举措，却让扶苏万般不解，认定父亲是将自己放逐，自此郁郁寡欢。

在其他的儿子当中，赵高发现秦始皇最宠爱的是小儿子胡亥。于是他就想方设法笼络并讨好这位骄纵无知、缺乏主见的纨绔公子。他事事处处迎合胡亥的心理，满足他的需要，凭着他那见风使舵、八面玲珑、能说会道的本领，胡亥被他哄得欢喜无比。很快地就深得胡亥的欢心。秦始皇看到儿子如此喜欢赵高，也很高兴。后来，干脆让赵高做胡亥的老师，教他书法、文字及狱律令法的知识。胡亥深受始皇娇宠，少不更事，怎肯沉下心来去研究什么律法？所以，一切判决讼狱之事，全部委托赵高办理。赵高深知始皇性情，“乐以刑杀为威”，所以，遇有刑案，总是严词罗织，铸成重罪，以迎合始皇之意。一面奉承胡亥，导其逸乐，因而博得始皇父子的欢心。赵高见自己的计谋已经开始见效，心里大为高兴。可是他不会满足于此，他要进一步对其加以教唆，好使自己更好地控制和利用胡亥，以此奠定自己未来的基础。

然而赵高再怎么聪明，也还是有失算的时候。毕竟“伴君如伴虎”，尤其是在秦始皇手下做事，危险就更大一些。有一次，他触犯了刑律，按照当时的秦律规定，是要判处死罪的。秦始皇把这桩案件交给了当时位列上卿的蒙毅查办。蒙毅猜不透秦始皇的意思，不敢徇私，于是按律定罪，当判死刑，并废除了赵高的宦籍。经过胡亥不断在秦始皇面前为赵高求情，让他放过赵高这一次，秦始皇突然改变了主意，他念赵高明断有识，平日里办事勤敏，格外加怜，特下赦书，不仅免其一死，而且还官复原职。

然而他这次的改变却造成了极其严重的后果，它使赵高和蒙氏兄弟从此结下了仇怨。这次事件使赵高认识到，秦始皇驾崩之后，如果是让扶苏即位，那蒙氏兄弟很自然就会受到重用，这样一来，自己岂不是死无葬身之地，所以他现在也没有什么好犹豫的了，他把自己所有的希望都寄托到了胡亥身上。此后，赵高对蒙氏兄弟又恨又怕，虽有心报复，却又无奈秦始皇对蒙氏信任有加，害得他不但不敢进蒙氏的谗言，反而还要时常违心地在秦始皇面前说蒙氏的好话。

秦始皇在统一天下之后，志满意骄，凶暴残忍，酷法严刑。无休无止地征调赋税和夫役，修长城、建宫殿、筑陵寝、开边戍守，使刚刚脱离战乱之苦的广大农民，又陷于疲于奔命的劳役之中。内外远近，事如山积。秦始皇为人又刚愎自用，事无巨细都要亲自裁决，每日批阅文书一百二十斤。秦始皇自认为功高天下无人能及，为耀武扬威，加强对全国各地的控制便“亲巡天下，周览四方”。每次出巡，他都带大量的随从人员，赵高当然是不可缺少的人物之一，因为他是主管皇帝车马的中车府令。赵高行事非常谨慎，无论做什么事情，都能让秦始皇觉得满意。秦始皇为此感到很是高兴，可是他又如何知道赵高笑脸背后真正藏的是怎样一颗野蛮奸诈的心。

秦始皇最后最后一次出巡前发生过这样一件事情：从东郡掉下一块陨石，上面刻写着“始皇帝死而地分”这个咒语。随后秦始皇的使者夜里途径华阴县时，突然出现一个道士，拦住大声说“始皇帝今年将要毙命”这样的话。

这样的怪事连连发生，秦始皇的心理防线快崩溃了。皇帝赶紧请术士给他算一卦，卦上说他将来会有血光之灾，必须出趟远门巡游才能躲过这场灾难。秦始皇于是在第二年离开首都去省外旅游，长子扶苏留在边关做国防工作，陪同的官员有太子胡亥，中书赵高，丞相李斯，将军蒙毅。

就这样，这支浩浩荡荡的队伍从咸阳出发，途径武关、云梦泽等地，在会稽山祭祀了大禹之后，接着就往北行，经过长途跋涉后来到了琅琊。作为手握天下生杀大权的秦始皇一直都在费尽心机获得长生不老药。这次来到这里，秦始皇再次向蓬莱仙境进行祭拜。

因为一路的劳累颠簸，秦始皇感到自己的体力难支，于是他传下诏令，立即返回咸阳。当队伍到达平原津时，他越发觉得体力难支，他已经预感到死神正向自己走来。随行的赵高、李斯和胡亥等人知道秦始皇时日不多，但因为秦始皇忌讳说“死”字，所以没有人敢向他问身后的国事如何安排。随着病情越来越重，秦始皇也意识到生命到了极限，便留下了遗诏，要长子扶苏奔赴咸阳主办丧礼，并继承皇位。

诏书放在任中车府令的赵高那里，还没有等诏书送出，秦始皇便在公元前210年七月暑热季节，在沙丘平台（现在河北广宗境内）病死了。

谁也没有想到，这次出游，给了赵高一个最大的机遇。他的人生转折就要在这趟旅游中实现了。

◎秦始皇去世后秘不发丧

年逾半百的始皇在第五次出巡的途中病倒了。虽然他一生都在寻求着长生不老的秘方且“恶言死”，但仍然无法抗拒生命的自然运作规律。随着病势一天天加重，秦始皇深知自己的大限已到，当务之急是赶快确定立储之事。他将二十几个儿子进行一一斟酌之后，觉得胡亥虽然最得他的疼爱，但知子莫若父，此子昏庸无能，不成器；长子扶苏虽屡屡与自己政见不合，但为人“刚毅而武勇，信人而奋士”，再加上大将蒙恬的辅佐，无疑会是一位贤能的君王。况且，依照嫡长子继承制也应该传位于他。当下始皇不再犹豫，招来兼管着皇帝符玺和发布命令诸事的赵高，让他代拟一道诏书给长子扶苏。当时扶苏正监军在上郡(今陕西榆林东南)，始皇命他将军事托付给蒙恬，赶回咸阳主持丧事。这实际上已确认了他继承者的身份。诏书封好后，始皇吩咐赵高火速派使者发出。这时，时间问题很紧要，如果诏书被平安送到咸阳，扶苏就会当上新皇帝，蒙恬大将拿到了军权，那么秦朝的命运估计就是另一个样子了。不过很可惜，诏书还没有发送，秦始皇就去世了。

事实是时间就差那么半天，诏书却落到了小儿子胡亥与赵高的手里。丞相李斯还比较保守，徘徊不定。

赵高知道秦始皇虽没有明文册立太子，但按例死后应由长子扶苏继承皇位，何况始皇临终前又特别给扶苏留下一道诏书，要他回京主持丧事，这实际上是让扶苏为继承人。赵高一心要让胡亥即位，那样，自己的权势地位不仅可保，而且还会更加牢固。如果扶苏继承帝位，自己的那一套手法就未必能玩得开了，而权势地位更是不敢想的事。

原来，这赵高在秦国高层任事多年，早已谙熟了宫廷权力之争的残酷。他明白，一旦扶苏当上了皇帝，自己必定会受到冷落和排挤，所以，这道遗诏对自己是极为不利的。唯有扶立对自己言听计从的胡亥，才有可能保证自己日后的地位。于是，一个恶毒的计划在赵高的脑海中逐步形成了。

赵高没有把通知扶苏回京的诏书发送出去。“秘不发丧”为赵高实施偷梁换柱的冒险计划创造了难得的机会。他深知为人正直的长子扶苏一向对自己不屑一顾，手握兵权的大将蒙恬又与扶苏关系亲密，蒙恬的弟弟蒙毅更在言谈举止间时常流落出对自己的厌恶。相反，胡亥却跟随自己学过书法与法律，一旦胡亥能够继位，自己必将得到重用。赵高思来想去，决定冒险扣留秦始皇遗诏，进而谋划胡亥继位，以保住自己的政治地位。

◎偷梁换柱诈称遗诏

秦始皇驾崩后，赵高没有按始皇遗愿把通知扶苏回京的诏书发送出去，心怀叵测的他先对胡亥说：“主上已经驾崩，没有留下分封诸位公子的诏令，而唯独给公子扶苏写了一封诏书。一到咸阳，马上就会立扶苏为皇帝，而您却连一寸土地也没有，这将如何是好呢？”

胡亥不过是个花花公子，且年纪尚幼，未经世事，不知赵高要的是什么阴谋诡计，加上他没有什么能力，胸无大志，听了这话之后并没有什么主意。他无奈地说："这是理所当然的啊。我听说，最了解臣下的莫过于君，最了解儿子的莫过于父。父皇去世了，没有分封各位皇子，是有他的想法和道理的。做儿子的自应遵守，这又有什么好说的呢？"

赵高提醒他说："不能这么说，眼下的情形，不是不可以改变的。诸公子及蒙氏兄弟都不在身边，如今天下生死存亡的大权，全在你、我和丞相李斯的手里攥着，希望你早作打算。你应该懂得使别人臣服于自己和自己臣服于别人，制人和受制于人，怎么可以同日而语呢？"

胡亥说："废掉兄长而自立，是不仁义的；不遵守父皇的诏命，是不孝的；自己能力不够才识浅薄，勉强靠别人的力量做了皇帝，也是无能的。这三件都属大逆不道，天下人是不会服气的，自身也会非常危险，祖宗的神灵也不会承认保佑我这个子孙的。"

赵高听了胡亥的这番话，对他说："这种顾虑完全是多余的。我听说商汤革命，周武伐纣，虽然都杀了他们的君主，但天下人都称颂这是正义之举，不说他们不忠；卫国的国君杀掉了他的父亲而自立，而卫国人都称颂他有道德，就连孔子也为他书上一笔，并没有把这看作是不孝的行为。由此看来，凡是干大事的，就不能够拘泥于小节；有大德行的人，就不计较一些小的过失和责备。事贵达权，不可墨守。如果光顾虑小节而忘掉大事，将来一定会有祸患；优柔寡断，犹豫不决，日后一定会后悔。当机立断敢作敢为的人，连鬼神都要躲避，也一定会取得成功。所以，希望你仔细考虑权衡一下，大胆地采取行动吧。"

赵高的一番蛊惑，果然打动了胡亥的心，他不由得蠢蠢欲动，跃跃欲试了。此番话打消了胡亥尚存的一点良知，他说："看来也只好这么办了。但现在父皇刚刚去世，这么大的事情还没有公布，丧事还没有办，怎么好和丞相商量这种事情呢？”赵高见胡亥同意了，大事已经成了一半，至于李斯的为人他是很了解的，自信能够说服他，便说：“机会稍纵即逝，错过了就来不及了。这事没有丞相的支持是不行的，他那儿我马上去说。”

一席话就把胡亥说通了。胡亥和赵高已经下决心了。

另一方面，丞相李斯也不是个泛泛人物。必须也说通他，一起合谋，这个阵营才能更加保险。其实李斯这个人是矛盾的，现在处在了进退维谷的境地。这个人虽然很有才能，也对国家政府做出过不小成绩，但从一开始钻营政治起，他就是奔着个人的荣华富贵而来的，他不是一个忠臣，也不是一个正直之士。在这场政变过程中，他更看重的是自己的利益，而不是这个国家的利益。

客观地说，秦始皇生前未明立太子是他一次重大的失误，这就让阴谋家赵高有机可乘。如果丞相李斯能够对这次阴谋加以制止，赵高的阴谋也是很难得逞的，可李斯偏偏却是名利欲很强的人，说白了，他简直就是名与利的化身。

李斯是秦朝开国元老之一。他跟随始皇多年，协助秦始皇统一天下，治理国家，因而在朝中享有很高的声望。他原本是楚国上蔡人，年轻时曾是乡里的小吏。有一次他偶然见到屋边厕所中的老鼠在吃一些很脏的东西，一见到人和狗走近便非常惊恐。而粮仓中的那些老鼠，吃的却是上好的粮食，居住在大厦之下，没有被人犬惊恐之忧。于是李斯大发感慨，他觉得人就像老鼠一样，富贵或贫贱关键在于他自己所处的环境。就跑到荀况那里去学习辅佐帝王之术。学成之后他来到秦国，因为他看到，当时七国之中只有秦才最有可能统一六国。临行前，他对老师讲了一句最能反映其人生观的话：“为人最耻辱的莫过于地位的卑贱，最可悲的莫过于处境贫困。”所以，当他奋斗了几十年，终于获得贵为丞相、位极人臣的权势禄位时，他不愿意失掉这一切，重新回到过去的卑微贫贱的时代是不可能的。何况他为保住自己的宠幸和权势，曾不惜害死比他更有才能的韩非呢！

赵高看出：只有争取到李斯，篡位之事才有可能成功。为此，他颇费了一番心计。赵高了解到李斯本出身布衣，正是因为不堪卑贱穷困才效命于秦始皇，而今虽然位居三公，享尽荣华富贵，但依然时时为自己的未来担忧，唯恐有一天眼前的一切会化为泡影。于是，老谋深算的赵高决定抓住李斯这个性格弱点发动进攻。

赵高对争取李斯很有把握，他径直找到李斯，见到李斯便有恃无恐地对他坦言：“皇上驾崩一事，外人无从知道，给大公子扶苏的诏书及符玺现在就放在胡亥那里，接下来由谁继任皇位，全在丞相与赵高一句话，丞相看着办吧！”

李斯闻言，听出了他想篡诏改立的意图，大惊失色，斥责他道：“你怎么能说出这种大逆不道的话呢？定谁为太子这种事，不是你我做人臣的所应当议论的。”当下断然拒绝。斯本来出身低微，幸得皇上提拔，才有今日的显贵。“皇上现今将天下存亡安危托付给你我，怎么能够辜负他呢！”

赵高是何等奸猾之人，见正面游说无效，便一转话锋，说道：“丞相且不要急，请你自己估量一下，在才能、功绩、谋略、取信天下以及扶苏的信任程度这几方面，你与蒙恬将军谁强呢？”这句话正触到李斯的痛处，他沉默半晌，黯然地说：“不及也。”赵高心中暗自得意，知道已把李斯的痛处击中了，又说：“我赵高不过是一个在宫中干杂活的仆役罢了，有幸靠着懂点法律被先帝赏识，进入宫中。我从未看到被罢免的丞相或功臣的富贵荣耀能够保持两代的，他们最后都逃不掉杀头的结局。先帝一共二十多个儿子，他们的情况您都很熟悉。长子扶苏刚毅勇武，很有威信，一旦他继承了皇位，必定会用蒙恬做丞相，那样，你可就不能佩戴着侯爵的印信荣归故里了。我受先帝嘱托教授幼子胡亥学习法律，已经好几年了，从未发现他有过什么过失。他慈惠仁爱老实厚道，不吝钱财、礼贤下士，尤其敬重读书的士人，口才虽笨拙但心里却非常明白，在秦国的诸位公子中没有能比得上他的，完全可以继承王位。所以，希望你能做出决断。"

此刻的李斯已心乱如麻，他太懂得失宠之臣是什么滋味了！而且，这也是他最害怕见到的场面。"万念私为首"，李斯当然也不例外。经过激烈的思想斗争，他终于向赵高妥协，仰天长叹一声，滴下泪来："遭遇乱世，也只能以保身为重了！"赵高阴谋诡计已经得逞，此刻他欣喜若狂。

赵高、胡亥、李斯三人了解内幕的核心人物之间取得一致后，一场宫廷政变的丑剧便正式上演了。

他们先伪造了始皇帝给李斯的临终遗嘱，矫立胡亥为太子，同时篡改了秦始皇给扶苏诏书的内容，在上面写道："你同将军蒙恬一起率几十万大军驻地边境，十多年来，未能开疆扩土，反而耗费不少，丝毫功劳未建却三番五次怨恨于我。你作为儿子是不孝的，特赐你一柄宝剑用来自裁。至于蒙恬大将军，和扶苏一起，非但不帮助并规劝扶苏，反而一起参与不轨，作为臣子来说实属不忠，令你将军务移交后自杀。"

扶苏接到诏书后，如晴天霹雳，肝胆俱裂。他失声大哭着，转身回到帐中就要拔剑自杀。蒙恬与始皇素日相交甚厚，对这份意外的诏书产生了怀疑，劝阻道："陛下而今出巡在外，又没有立定太子，诸公子必定都虎视眈眈，暗含窥伺之心。他委任你我监军守边，足见信任之深。今天忽然派使者送来赐死命令，怎知不是有诈？不如提出恳请，弄清楚再死不迟。”

那使者早就受了赵高、胡亥等人的指使，只在一旁不断地催促。扶苏一向仁孝，哪里还去想是真是假，悲伤地说：“君要臣死，父要子亡，还有什么好请求的呢？”言罢挥剑自杀。蒙恬不肯不明不白地就死，使者便将他囚禁在阳周（今陕西子长北），兵权移交给副将王离，又安排李斯的亲信为护军，这才回去复命。胡亥听说扶苏已死，心中大石落地，就有释放蒙恬的念头。此时正好遇上蒙毅替始皇祭祀名山大川归来，赵高本对他积怨已久，同时也担心日后蒙氏重新掌握大权，不如索性一网打尽。于是对胡亥进谗言：“先帝本来早就想选贤立太子，就是因为蒙毅屡次阻止才没有实行。这种不忠惑主的人，不如杀之，永绝后患。”胡亥信以为真，就派人把蒙毅拘留在代地（今河北蔚县东北）。

赵高见障碍已除，建议胡亥赶快回去继承皇位。由于气候炎热，始皇的尸体已经开始腐烂，一阵阵恶臭从车中传出。为掩人耳目，赵高便命人买来大批鲍鱼将臭味盖住，一行人浩浩荡荡回到了咸阳，这才发丧，公告天下，不久举行了空前隆重的葬礼。胡亥宣布即皇帝位，称秦二世。赵高作为拥戴秦二世上台的头号功臣，理所当然受到了胡亥的宠信，被任命为中书令，身居列卿之位，成为朝中的实权人物。从此以后，为了堵住众大臣与诸皇室公子对矫造诏书的怀疑与不满，赵高与胡亥对众人展开了残酷无情的诛杀。

◎滥杀无辜，肆意妄为

嬴政驾崩不久，赵高就唆使胡亥将其兄弟姐妹殉葬。当赵高这位郎中令看到还是丞相李斯的时候，赵高不再是那个奴颜屈膝的奴才，他变成了一条毒蛇，他慢慢地向李斯“游动”。

由于一系列不正常事件的发生，有许多人开始怀疑秦始皇遗诏的真实性了。秦二世那些同父异母的兄弟们更是议论纷纷，大臣和官吏们也都疑心重重，这些都传到了二世的耳中，令他深感忧虑。

有一天，胡亥把赵高招来，然后忧心忡忡地对他说：“人活在世上，就如同几匹烈马拉着车子穿过一条山洞那么快，真是太短暂了。如今，我既然贵为天下无人可及的皇帝，就应该趁此纵情享乐，随心所欲。”赵高闻听此言，正求之不得，借机以售其奸：“这才是英明的君主所为呢，其实这件事我早就想到了，只不过因为一些其他原因还没向陛下提出来。”胡亥马上迫不及待地问：“到底是什么原因，你快说出来，无论是什么事，我都会恕你无罪的。”赵高那双不怀好意的眼珠子转了一圈，然后装出很神秘的样子对胡亥说：“昔日沙丘废嫡立庶之谋，诸公子及各位大臣都对此心存疑虑，诸公子都是陛下的兄弟，大臣又是先帝安排的。如今陛下即位不久，这帮人都口服心不服，怕是要变为祸乱。还有蒙恬兄弟，现在蒙恬被囚禁，但他弟弟蒙毅率兵在外，是个很大的威胁。我每天提心吊胆，战战兢兢，就怕不能寿终正寝。陛下又怎能心安理得地享受快乐呢？”

二世听完赵高这番话，赶紧问道：“那怎么办才行呢？”赵高显露出一丝阴冷的微笑，他其实早就有了主意，这时他说：“依我之见，应该制定严刑峻法，实行有罪者连坐，以至于满门抄斩，借此消灭大臣而疏远骨肉；另一方面，要极力使穷人富起来，卑贱的人显贵起来。把先帝那些元老大臣斩尽杀绝，重新安置提拔陛下亲信的人而亲近他们。这样打击一大批，抬举一大批，新人沾光得了好处，必然感恩戴德，陛下就可以高枕无忧，尽情享乐了。”

胡亥对赵高的这套办法，十分欣赏，而且完全赞同，便让赵高据此着手制定更加严苛的法律。

赵高的第一个目标便是兵权在握的蒙氏兄弟，想起蒙毅曾经判过自己死刑，可以说是有不共戴天之仇。而蒙氏兄弟因为扶苏被赐死，也一定在怨恨自己，不早些除掉势必构成后患，便先说动二世诛杀蒙恬和蒙毅。二世因赵高的奇谋密策得到了本不属于自己的帝位，对赵高感激万分，对他的话更是言听计从。便下诏处死蒙恬和蒙毅。二世的叔父子婴得知此事后，立即进谏说：“从前赵王杀死名将李牧，燕王轻信荆轲，齐王屠戮先世功臣，偏信后胜，最后都落得身死国灭的下场。如今蒙氏兄弟，为我秦朝大臣谋士，有功于国家，陛下反要把他们诛死，臣以为这是万万不可以的。臣听说轻虑多疑是不可以治国的，自作聪明是难以成为明君的。如今诛戮忠臣，宠信小人，一定会招致群臣的离心离德，还请陛下审慎为是。”二世根本听不进他的话，最后还是以“先主欲立太子而卿难之”的罪名杀死了蒙毅。接着，二世又派使者至阳周狱中，赐书蒙恬道：“你负罪太多，你弟弟蒙毅又有大罪，所以赐死于你。”蒙恬手中有十万雄兵，本可以以兵自卫，反攻京城，但他不愿毁掉自己世代忠良的清白，便服药自尽了。消息传开后，天下冤之。只有赵高为既报宿怨又除后患而洋洋得意。

除掉蒙氏兄弟，赵高又开始布置下一个计划了。于是在赵高的罗织诬陷下，二世连兴大狱，凡群臣、诸公子有罪的，全部交由赵高处置。于是，赵高得以大开杀戒，把屠刀挥向诸公子。没过几天，就构成一场大狱，将公子十二人、公主十人，旧臣近侍若干人一起拘捕。在赵高的严刑拷打之下，全部问成谋逆重罪。结果，公子十二人戮死咸阳，公主十人则在杜邮被解裂肢体，所有财物抄没入官，“相连坐者不可胜数”。公子将闾等兄弟三人，秉性忠厚，行为谨慎，对二世、赵高素无异议，也被囚于内宫。这三兄弟自认无罪，只待不久即可获释。谁知二世遣使下令：“公子不臣，罪当死！”将闾叫屈道：“我平时出入宫廷，未尝失礼；随班廊庙，未尝失节；奉命应对，未尝失辞，怎么叫作不臣？”结果，兄弟三人“皆流涕拔剑自杀”。还有一个公子，虽未曾被拘系，自知不能幸免，本想逃走，但又怕因此株连全家，祸至灭族。于是，想出了一个舍身保家的方法，上书二世，情愿殉葬父皇。二世非常高兴，马上同意了他的要求。但他又怀疑其中有诈，便把原书拿给赵高看。赵高看完后，笑着说：“人臣当忧死而不暇，何变之得谋。”于是，批准了他的请求，“赐钱十万以葬”。秦始皇子女都被杀完；所有功臣，大概除李斯之外，也几乎被清洗干净，形成“法令诛罚日益深刻，群臣人人自危，数叛者众”的形势。

赵高就趁着这个机会，把自己的大批亲信都安置在了朝中的重要位置，如弟弟赵成被任为郎中令，掌握京师和皇帝的卫队；女婿阎乐为咸阳令。其他如御史、谒者、侍中等官，也都换成了赵高的人，他们之间相互勾结，朋比为奸，在朝中形成一个强大的权力集团，无人敢惹。

秦二世荒淫愚昧，而手握重权的丞相李斯还是清醒的。李斯在秦始皇统一六国及其后建立封建中央集权的过程中，立下了不少功劳，因而备受秦始皇的重用。李斯又是“沙丘之谋”的参与者，秦二世对他颇为宠信。陈胜、吴广起义爆发后，李斯基于对秦朝统治的忠心，曾多次上书进谏但毫无成效。赵高一方面担心秦二世了解朝局后会追究自己的责任；另一方面也将李斯视为其专擅朝政的唯一障碍，因而便把矛头对准了他。对秦二世的性格了如指掌的赵高设计了一个陷害李斯的绝妙圈套。

当时由于二世以严刑竣法统治国家，民间名目繁多的各种苛捐杂税越来越多，越来越重，贫苦的农民再也忍受不下去了，陈胜、吴广揭竿而起，倡议天下，四处群起响应。赵高便借此事，想出了一条借刀杀人的阴谋诡计。一天，他诡诈地对李斯说："关东群盗蜂起，可皇上根本不把这事放在心上，反而急于征调役夫修筑阿房宫，采办聚敛那些狗呀马呀之类无用的东西。我很想劝谏他，可是自己人微言轻，恐怕起不了什么作用。这些其实是当丞相分内的事，你为什么不去劝谏一下呢？"李斯不知是计，非常赞同赵高的意见，说："你说得没错，天下如此大乱，我身为朝廷的丞相，理应有这样的责任。可是皇上常年居于深宫，不愿让人去见他，因此我很难找到进谏的机会啊！"赵高见李斯上了圈套，就说："如果你真想进谏的话，等皇上一有空闲，我就来通知你。"

赵高深知胡亥讨厌别人在他玩得兴致正高的时候来打扰他，可是奸诈的赵高偏偏瞅准胡亥拥姬搀妾、燕乐正浓时派人通知李斯说："皇上正有空闲，可以去奏事了。"李斯慌忙整好衣冠去求见，结果引起了二世的反感。一连几次都是这样，惹得二世大怒，说："李斯这东西也太不知趣了，我平常有很多空闲的日子，丞相不来奏事。偏偏当我玩得高兴的时候，丞相就来奏事。莫非丞相以为我年轻好欺吗！"赵高乘机向二世进谗说："丞相要是这么想的，那就危险了。丞相参与了沙丘之谋，现在陛下已做了皇帝，李斯的地位并没有提高，他的意思是想裂土封王啊！另外，还有一件事，今天陛下不问，我一直没敢说，丞相的长子李由为三川郡守，造反的陈胜等都是丞相邻县的人，这正是楚地强盗横行的缘由。陈胜的军队经过三川时，李由不肯出击。我听说他们之间还有文书往来，因为现在还没有得到实证，所以一直没敢奏闻。况且丞相在外边的权力，比陛下还要大啊！”二世虽然糊涂，也知道李斯是自己上台的大功臣，对他的忠心也向来没有怀疑，要处置他是件大事，所以便专门派人去调查这件事。

李斯知道皇上派人调查儿子的事，这才如梦初醒，知道落入赵高的圈套。他想面见二世，澄清赵高对他的诬陷，但二世在甘泉宫中嬉乐，拒不见他。李斯只好给二世上书，揭发赵高的险恶用心和罪行，说他专权擅势、贪欲无穷，有篡位自立的野心。赵高知道二世不会相信李斯的话，便没有扣押这封上书，还能向二世表明自己的清白。二世果然不信，反而斥责李斯说：“赵高不过是个宦者，但他并不因为自己处境安逸而肆意妄为，也不因为处境危险而变心，他因为忠诚得到自己的地位，又用信义来保持。朕确实认为他是一个很贤能的人。况且先帝死时我还很小，缺少见识，不懂得治理国家，丞相年纪大了，不久也会死去，我不靠赵高又能靠谁呢？”李斯再次上书，坚决要求惩治赵高。二世担心李斯会利用自己手中的职权先斩赵高而后奏，便告诉赵高要小心。赵高趁机大进谗言说：“丞相顾虑的就是我，等他除掉我，就会像田氏篡夺齐国的政权一样篡夺你的政权了。”二世一听有理，便说：“我把他交给你了。”

赵高先把李斯拘捕起来，投入狱中。随即又把李斯的宗族、门客以及凡与李斯有交往的人统统收捕归案。关在监狱中的李斯仰天长叹道：“可悲啊！无道的昏君，怎能替他出谋划策呢！从前夏桀杀死关龙逄，商纣杀死王子比干，吴王夫差杀死伍子胥。这三个臣子，难道不忠诚吗，然而却免不了一死，他们虽然尽忠而死，只可惜忠诚的对象错了。现在我的才智比不上这三个人，而二世的暴虐无道超过了夏桀、商纣和夫差，我因尽忠而被杀，死得其所了。况且二世治国难道不乱吗！不久前杀死自己的兄弟而自立为皇帝，杀害忠良之士，重用卑贱之人，修建阿房宫，向天下百姓横征暴敛。我不是没有劝谏，可是他不听我的。大凡古代圣明的君王，饮食有节制，车马器用有规定的数量，宫殿居室都有限制，颁布命令、治办事情，增加费用却无益于百姓利益的，一律禁止，所以才能够长治久安。现在二世对自己的兄弟，施以有悖于常理的残暴手段，不顾及这样做会有什么罪孽；迫害杀戮忠臣，也不考虑这样会有什么灾殃；大规模修筑宫殿，加重天下百姓的赋税，不珍惜钱财。这三件事做了之后，天下百姓不听从他。现在天下已有一半人造反了，但二世心中还未醒悟，却让赵高辅助，我一定会看到敌人攻进咸阳，麋鹿在朝廷上游荡了。”

之后，赵高便用重刑逼供李斯，要他招认与儿子李由谋反之事。李斯难以忍受鞭打，就只好招了假供，此时的李斯幻想着以雄辩之舌，向二世上书自陈，企图以自己为秦所建立的功劳和实无反叛之心来打动二世赦免自己。于是，他在狱中写了一封自辩书，托狱吏上达二世。然而，狱吏却把它送给了赵高。赵高把李斯的上诉书扯得粉碎，说：“囚犯怎么能上书呢？”

李斯的上书，反倒提醒了赵高，倘若二世真的派人来审问李斯，他肯定会翻供的。于是，赵高又想出了一条诡计，他让自己的门客十多人假扮成御史、谒者、侍中的样子，轮番去审讯李斯。李斯不知其中有诈，就以实情相告，结果每次都遭到残酷的拷打。后来，秦二世派人来核实李斯的供词，李斯以为又如前几次一样，始终没敢改口，承认了谋反的罪名。赵高把这份供词上奏给二世，二世看后非常高兴地说，“如果没有赵高，我几乎被李斯所卖。”

这样一来，李斯便被定成死罪。二世二年七月，李斯被判处五刑（先黥面，再劓鼻，砍双足，腰斩，最后剁为肉酱）。李斯与他的次子一同被押解出狱时，回头对儿子说："我想和你再次牵着黄狗一同出上蔡东门追逐狡兔，不知还可以吗？"于是父子二人相对而哭，三族人都被处死了。

赵高杀死李斯后，官拜中丞相，事无大小都由赵高裁决。起义军距咸阳已不足百里时，秦二世才认识到形势的严峻。他任少府章邯为统帅，率在骊山服徭役的二十万刑徒强行编入军队，用以镇压起义军。这些缺乏训练又深怀不满的刑徒们一击即溃，章邯率军投降，秦王朝的武装基本瓦解。面对秦王朝即将垮台的危险局面，当权者赵高不仅不思挽救之策，反而想乘势取秦二世而代之，进而体验一下帝王之尊的荣耀。为了检验群臣对他篡位的态度，他导演了一出历史上有名的"指鹿为马"的丑剧。

◎"指鹿为马"欲取秦而代之

且来看看赵高是怎样导演这场"指鹿为马"的丑剧的……

丞相赵高野心勃勃，日夜盘算着要篡夺皇位。此刻除掉了李斯，赵高真的无所顾忌了。二世又任命他为丞相，因为他是宦者，所以人称"中丞相"。赵高为了验证自己的权力究竟有多大，还想试探群臣是不是真心归属自己，又在秦宫中导演了"指鹿为马"的闹剧。

秦二世三年八月的一天，赵高命人把一头鹿牵入宫中，满脸堆笑地对秦二世说："陛下，我献给你一匹好马。"秦二世整天玩乐，经常骑马打猎，岂有不认识马匹之理？秦二世心想：这哪里是马，这分明是一只鹿嘛！便失声大笑道："丞相搞错了，这里是一只鹿，你怎么说是马呢？"赵高面不改色心不慌地说："请陛下看清楚了，这的的确确是一匹千里好马。"秦二世又看了看那只鹿，将信将疑地说："马的头上怎么会长角呢？"赵高一看时机到了，转过身，用手指着众大臣们，大声说："陛下如果不信我的话，可以问问众位大臣。"

大臣们都被赵高的一派胡言搞得不知所措，私下里嘀咕：这个赵高搞什么名堂？是鹿是马这不是明摆着吗！当看到赵高脸上露出阴险的笑容，两只眼睛骨碌碌地轮流盯着每个人的时候，大臣们忽然明白了他的用意。

一些胆小又有正义感的人都低下头，不敢说话，因为说假话对不起自己的良心，说真话又怕日后被赵高所害。有些正直的人，坚持认为是鹿而不是马。还有一些平时就紧跟赵高的奸佞之人立刻表示拥护赵高的说法，对皇上说，"这的确是一匹千里马！"

群臣们那声嘹亮的"马也！"把二世吓坏了。他以为自己脑子进水了，赶紧召太卜来占卜。因为太卜早就受到了赵高的指使，所以他就按照赵高的意思对二世说："陛下因为在春秋季节祭祀天地的时候不够虔诚，以致于今天连鹿和马都分不出来。如今，你必须再次施行斋戒之礼，而且一定要严肃认真。"

二世听信了太卜的这套鬼话，便躲进上林苑中进行斋戒之礼去了。二世一走，赵高就把那些据实说鹿的人统统杀掉。从此宫中内外，都畏惧赵高，没有一个敢表示异议的人了。

秦二世在上林苑中，每天以游玩打猎为事。他是一个神射手，林子里的东西都逃不过他的弹指一挥间，比如兔子啦，山鸡啦，野猪啦，还有行人之类的。有一次，一个过往的行人进入上林苑中，二世挽弓搭箭将行人射死。赵高得知此事后，就让他的女婿阎乐去告诉二世说：

“不知道是谁杀了一个人，却把尸体移到上林苑中来了。”二世听了这话很不自在。

赵高这时候又自己出面了，假作关心地劝二世道：“天子无缘无故地射杀一个无辜的人，这是上天所不允的。这样一来，鬼神都不会接受祭供，上天将会降下灾祸。”二世听了，不由吓得脸色大变，他急忙问赵高：“那我现在怎么办好呢？”赵高便说：“现在您只有远离皇宫，才能避免灾殃。”二世听了赵高的建议，又离开上林苑，跑到咸阳东南离城八里远的望夷宫避灾去了。

然而，此刻的咸阳城外，已到处卷起了亡秦风暴。陈胜、吴广起义失败后，项羽、刘邦领导的反秦义军以更加迅猛的势头继续战斗。秦二世三年，巨鹿（今河北平乡西南）一役中，秦军主力被项羽打得落花流水，精锐尽失，大将王离被擒。章邯求助不成，恐朝廷降罪，率 12 万大军投诚。六国旧贵族见机纷纷自立为王，并力西进。刘邦带着数万兵马迂回进入武关（今陕西商洛西南丹江北岸），为了早日攻克咸阳，他派人暗中与赵高联系，希望赵高能做内应。赵高担心胡亥知道后祸及自己，便称病不上朝，私下里暗算着乘乱夺位之事。

章邯的倒戈，给了摇摇欲坠的秦王朝一个沉重的打击，荒淫的胡亥也不能坐视不管了，他寝食难安，日日斋戒于望夷宫，惶惶不可终日。他派使者质问赵高：“丞相不是总说关东盗贼不能成气候吗，今天怎么会到了这种地步？”赵高听了大惊失色，知道二世对自己产生了怀疑与不满，若不尽早下手，只怕日后夜长梦多。于是秘密与弟弟赵成和女婿阎乐商议对策，制订了弑君政变的计划：由咸阳令阎乐率领手下士兵装扮成山东农民军攻打望夷宫（陕西泾河南岸），以郎中令赵成为内应，赵高则负责指挥全局。

一切安排妥当后，赵成便在宫内散布谣言，假装说有盗贼，命令阎乐发兵追击，致使宫内防守空虚。同时，阎乐指使部分亲兵，化装成农民军，将自己的母亲劫持起来，暗中送到赵高家中，一边又率千余人以追贼为名直逼望夷宫而来。他们冲到宫门前，大声向守门官吼道：“强盗进了宫门，你们为何不抵挡？”守门官莫名其妙，问：“宫内外禁卫森严，怎么会有贼人进宫呢？”

阎乐率兵抵达夷宫门后，问守卫宫门的卫令：“有贼人进入里面，为什么视而不见？”卫令辩解：“四周都有兵把守，贼人怎么会闯进来呢？”阎乐不容分辩，手起刀落，杀死了守门官，冲进了望夷宫。逢人便砍，见人放箭。一时宫中血肉横飞，惨不忍睹。胡亥见状吓得目瞪口呆，全身瘫软，直到赵成与阎乐走进来，才明白是怎么一回事。胡亥又惊又怒，急召左右护驾，此时，那些侍从们早就不知道跑到哪里去了，只有一个宦者站在身边。他揪住宦者的衣衫，歇斯底里大叫：“你怎么不早告诉我呢，现在弄成这样，我该怎么办！”宦者鼓起勇气道：“正因为奴才平时不敢说话，才能活到今天。否则，早就被皇上赐死了。”二世就像一个泄了气的皮球，垂头丧气。

阎乐冲到胡亥面前，胡亥一边后退一边颤声道：“朕乃真龙天子，你敢杀君！”阎乐气势汹汹：“你这个无道暴君，残杀天下无辜百姓，天下人人得而诛之，如今逼得天下人都起来反抗，你还有什么可说的？”胡亥还欲做垂死挣扎，胆战心惊地问：“我可以见一见丞相吗？”阎乐一口回绝：“不行！”胡亥仍不死心，哭丧着脸哀求：“那么，可以给我一个郡王当吗？万户侯也行。”阎乐摇摇头。胡亥绝望地叫道：“只要保全性命，我情愿做一名百姓，这总行了吧！”阎乐不耐烦地说：“我奉丞相之命，为天下铲除暴君，你说得再多也没用，快快自裁吧！”胡亥这才明白，逼他自杀的正是自己无比信赖的丞相赵高。多年来养在身边的居然是一只老虎！他痛心疾首，悔怨交加，却已无可奈何，只得最后再眷恋地环顾了一下巍峨的宫殿，回想了一下昔日奢靡安逸的生活，咬咬牙，拔出长剑，结束了他可怜又可恨的一生。

◎结束罪恶滔天的一生

阎乐回到咸阳向赵高报告了胡亥已死的消息，赵高欣喜若狂，自己多年的梦想终于就要实现了。他匆匆赶到现场，摘下了胡亥身上的玉玺佩上，大步走上殿去，仰仗着自己也有着嬴姓赵氏的血统，准备宣布登基。但是文武百官皆低头不从，以无声的反抗粉碎了他的皇帝梦。赵高顿觉天旋地转，他这才感到自己的罪恶达到了“天弗与，群臣弗与”的程度，只得临时改变主意，将玉玺传给了子婴（子婴的身世说法众多，比较合乎史实的说法是秦始皇之弟）。由于秦的力量已大为削弱，子婴只得取消帝号，复称秦王。

子婴是个聪明人，他与自己的两个儿子及心腹太监韩谈密谋说：“早在当公子期间，就已耳闻目睹了赵高的种种罪行。现在被赵高推上王位，知道自己不过乃是一个傀儡而已。”子婴不愿再重蹈胡亥的覆辙，便与自己的贴身宦官韩谈商定了斩除赵高的计划。

原来赵高要子婴斋戒五日后正式即王位。等到期限到了，赵高便派人来请子婴接受王印，正式登基。可子婴推说有病，不肯前往。赵高无奈，只得亲自去请。等赵高一到，宦官韩谈眼疾手快，一刀就将他砍死了。子婴随即召群臣进宫，历数了赵高的罪孽，并夷其三族（父族、母族、妻族）。

子婴只当了46天秦王，汉高祖刘邦攻破武关，来到灞上，派人劝说子婴投降。子婴见大势已去，便投降了刘邦，看似强大的秦王朝至此灭亡。

◎后人话赵高：阴谋的化身

轰轰烈烈的大秦帝国建国以后，秦始皇帝曾踌躇满志地想：朕为始皇帝，后世以记数，二世、三世乃至于万世，传之无穷。然而，秦王朝传不过二世，便江山易姓，国破家亡。究其原因，自然很多。赵高所起的作用，虽不是根本原因，也是重要原因，汉朝人说：秦使赵高执其辔而覆其车。

赵高是毁灭秦帝国的主要人物，也是中国历史上邪恶人物的典型。两千年来，无论是在历史著作当中，还是在戏剧小说里面，他都被视为一个十恶不赦、断子绝孙的阉宦，被认作是中国历史上宦官擅权乱国的始祖。至于他的形象，大体就是那么一位白净无须，一脸奸诈的太监相，一个专权的太监，一个在秦始皇死后独揽大权的太监。

赵高的出现给了后世的皇帝一个警醒——注意宦官专权。在清代康熙还专门用“秦”作为太监的姓，来警示太监专权。由此可见赵高事件对后世的影响。可以称得上是“中国第一太监”了，这一点都不为过。

赵高，历史上记载他并不是一个什么都不懂的太监。他精通刑名狱政，擅长书法，对事件有独到的见解，尤其会揣摸人的心思。所以深得秦始皇的喜欢。

司马迁在《史记》中，没有为赵高列传。他是鄙薄这个人物，还是赵高不足以列传，不得而知。但是，从《秦始皇本纪》《蒙恬列传》《李斯列传》等文中，却散见着赵高的生平行事。所以，赵高卑污的一生，还是比较清晰的。赵高是秦国的旧贵族，他的生年，应早于始皇帝五至十年，即公元前249年前后，死于公元前207年，即秦二世三年。秦始皇帝为秦王时，因为赵高有强力，通于狱法，任命他当了中车府令这样一个不大不小的官儿，同一个县令的级别差不多。虽然不算重用，但对一个阴谋家来说，任何一片枯叶，都能成为他的进身之阶。官虽不大，但却是秦王的近臣，这就非同小可了。所以，这个台阶也就为赵高奠定了发迹的基石，也为秦王朝的灭亡埋下了隐患。

赵高推着阴谋的车轮，沿着他酿成的血腥道路，走上了高位。他运用阴谋、机诈、权术和恐怖，给自己铺成了达到权势高位的台阶，同时也挖成了跌向粉身碎骨的深渊。机关算尽太聪明，反误了卿卿性命。自己把自己钉上了万劫不复的耻辱柱。

赵高跟随秦始皇几十年，不能不受其酷烈行为的影响。赵高是从钻研法律开始进入统治阶级上层的，思想上必然要表现出法家冷酷的一面。秦始皇“专任狱吏而亲幸之”，赵高就是他这一用人思想的活标本。作为宦官，赵高的心理是变态的，因为他正常的天性得不到满足，连做人最起码的尊严也被剥夺，在身心遭受践踏，以卑贱的身份生活在最显贵的人群中，精神上的压抑尤为深重。所以，他处心积虑，使自己各方面才智达到比其主子及李斯等人杰更加青出于蓝胜于蓝的程度。一旦时机成熟，他内心长期积蓄的怨毒便会转为坚定的意志疯狂地进行报复。而赵高之所以得逞，那些成为其垫脚石的人物的最后下场，不是很值得我们深思吗？

第二章

蔡伦：永垂青史的发明家

他是东汉时期的宦官，满腹才学，尽心敦慎，数犯严颜，匡弼得失。一生为官46年，一度官尊九卿，地位显赫。美国人麦克·哈特在《影响人类历史进程的100名人排行榜》中，将蔡伦排在第七位，远远排在我们熟知的哥伦布、爱因斯坦、达尔文之前。

◎无心被卷宫帷之争

蔡伦约东汉永平四年（61 年）生，小蔡伦聪明伶俐、活泼可爱，对什么事情都很好奇。过了几年，蔡伦到了上学的年龄，父亲便将他送到私塾馆学文识字。蔡伦学习刻苦，成绩一直很优秀，他在休息时便帮助父母下地种田。但是，当时的社会非常混乱，老百姓们受到官府、地主豪强的严重剥削，都生活在水深火热之中，蔡伦全家都指着那块田地生活，日子越来越困苦。公元 75 年，也就是东汉明帝刘庄的晚年，蔡伦在当地官员的推荐下，被选进洛阳的皇宫，接受净身之后，开始当上真正的太监，当时他约 15 岁。既来之则安之，小蔡伦从进宫的那天起，就决定要做一个出人头地的大太监。聪明的蔡伦兢兢业业地工作，从没出过任何的差错，逐渐受到管事太监的喜爱。汉章帝（刘炟，75–88 年在位）初年，因蔡伦好学，受到皇上宠妃宋贵人的赏识，提拔他当皇子的伴读。此后，蔡伦的才学开始受到汉章帝的重视，他被再一次提升，当上了小黄门（宦官的官职），虽然职位很低，但此时的工作与以前相比已经轻了很多，也有部分闲暇时间，更可以自由地出入皇家书库，蔡伦趁此机会开始广泛阅读宫廷藏书，使他的学问有了很大的长进，也为他后期地位的提升奠定了基础。不久，蔡伦就被提升为主管公文传达的黄门侍郎，有了接触帝后妃嫔、王公大臣的机会。俗话说：常在河边走，哪能不湿鞋？蔡伦和后妃们见面交往多了，不由自主地介入了她们之间的明争暗斗。

当时，汉章帝的窦皇后肚子不争气，生不出儿子来，所以她一看见有了龙子的妃嫔宋贵人，就妒火中烧，想方设法要将她们打倒。宋贵人仗着自己的儿子是太子，也并不把皇后等人放在眼里，行为举止逐渐张狂起来，这令汉章帝很反感。窦皇后趁此时机，联络朝中大臣共同诬陷太子行为不检点，私下笼络大臣，有夺权的势头；宋贵人"挟邪媚道，为厌胜之术（一种巫术）"，汉章帝一怒之下，废掉了刘庆的太子之位，另立第四子刘肇为太子。刘肇就是后来的汉和帝。母以子贵，太子的生母梁贵人的地位此后逐渐上升。

刘庆被废之后，蔡伦受窦皇后指使，参与调查宋贵人"挟邪媚道，为厌胜之术"一事。没过多久，宋贵人姐妹（都是章帝的贵人）被逐出内宫，并囚禁在丙舍（耳房），窦皇后又指使蔡伦审问两位贵妃，蔡伦为了讨好窦皇后，竟说宋贵人"挟邪媚道，为厌胜之术"属实，两位贵人因此被迁往宫女生病时的居所居住。两位贵人怎么能够经受如此的折磨，无奈之下相继服毒自杀，她们的父亲、议郎宋杨也被罢官，逐回原郡。对于蔡伦来说，宋贵人之死成了他命中的"萧何"，既为他带来了意想不到的高官厚禄，也早早给他挖好了埋身的墓坑。

公元 88 年，汉章帝驾崩，10 岁的刘肇继位，这就是汉和帝。由以前的窦皇后，现在的窦太后垂帘听政。窦太后一掌权，蔡伦的春天来了，蔡伦因功被提拔为中常侍，随侍幼帝左右，参与国家机密大事，秩俸二千石，地位与九卿等同。东汉后来的灭亡和太监乱政有着极大的关系，而蔡伦正是东汉宦官干政的始作俑者。

永平九年（97 年），窦太后卒，和帝亲政。永元十四年（102 年）和帝立邓绥为皇后，蔡伦立即投靠邓皇后。邓皇后是个才女，喜欢吟诗作赋，舞文弄墨。靠诬陷别人来取信于她，恐怕玩不成了。蔡伦当时已经参政很久，但为投其所好，以中常侍的高位，竟甘心屈尊，兼任小小的尚方令，主管宫内御用器物和宫廷御用手工作坊。凡是帝后所爱之物，无不在尚方精制。同时邓皇后又是一个喜欢节约，不尚奢华的人，所以她非常需要一种比帛纸省钱，质地又好的纸张来写字画画。从小就聪明伶俐的蔡伦到这时才发现自己真正有了用武之地，于是，他自告奋勇兼任主管御用器物制作的尚方令，专心改进造纸技术。蔡伦也正因此而成为促进东汉造纸术发展的关键人物。由于职务上的关系，蔡伦得以有观察、接触生产实践的条件。每有空闲，他就闭门谢客，亲自到作坊进行技术调查，学习和总结工匠们多年积累的丰富经验，再加上他自己的聪颖创新，对发展当时的金属冶炼、铸造、锻造及机械制造工艺起到了不小的推动作用。如当时的钢刀制造以炒铁为料，经多次锻打而百炼成钢。当时所制造的器物在质量、性能及外观上确实是精工制造，堪为后世仿效。但是。蔡伦对工艺技术最突出的贡献还是在造纸技术方面。

◎苦心钻研造纸之术

蔡伦首先使用树皮造纸，树皮是比麻类丰富得多的原料，这可以使纸的产量大幅度的提高。树皮中所含的木素、果胶、蛋白质远比麻类高，因此树皮的脱胶、制浆要比麻类难度大。经过仔细推敲之后，蔡伦就带领工匠们用树皮麻头、破布和破渔网等原料来造纸。他们先把树皮、麻头、破布和破渔网等东西剪碎或切断，放在水里浸渍相当时间，再捣烂成浆状物，还可能经过蒸煮，然后在席子上摊成薄片，放在太阳底下晒干，这样就变成纸了。西汉时利用石灰水制浆，东汉时改用草木灰水制浆，草木灰水有较大的碱性，有利于提高纸浆的质量。元兴元年（105 年）蔡伦把他在尚方制造出来的一批优质纸张献给汉和帝刘肇，汉和帝很称赞他的才能，马上通令天下采用。这样，蔡伦的造纸方法很快传遍各地。

蔡伦改进造纸方法成功，这是人类文化史上一件大事。从此，纸才有可能大量生产，给以后书籍的印刷创造了物质条件。

就在蔡伦成功改进造纸术这一年，公元105年，汉和帝早逝，留下孤儿寡母执掌东汉江山。邓皇后升格成为邓太后。要说这邓太后也真是够命苦的，她紧紧抱在怀里的小皇帝两年之后也离她而去了。邓太后失去了唯一的儿子，只得从皇族中挑选一个孩子放在皇帝宝座上。最终，13岁的皇侄子刘祜成功当选，他就是汉安帝。

刘祜当选皇帝把蔡伦吓了个半死，因为刘祜是清河王刘庆的儿子，刘庆是被废的皇太子，而他的被废和他母亲宋贵人的被害正是蔡伦和窦皇后二人的杰作。

好在传国玉玺还攥在邓太后手里，小皇帝只是个前台任人摆弄的木偶，蔡伦表面上的好日子还可以继续过下去。他被封为“龙亭侯”，步入了王公贵族的行列。

蔡伦虽然没有亲生子女，但是他带着养子和家族众人来到封地龙亭，开始大规模地开荒种树，为造纸提供原料，当地的农业及造纸业得到了快速的发展，这使得当地因为生产纸张而逐渐富裕起来。

公元117年，汉安帝见传抄的经文都不正规，于是就命刘珍和良史负责校订经文书中的错误，命蔡伦监管众人的工作，将校订完的抄写副本颁发给各地的官员。这就形成了大规模的用纸抄写儒家经典的高潮，纸张成为当时传播文化的最得力工具。大约在公元118年，蔡伦奉旨回到洛阳，被邓太后提升为“长乐太仆”，相当于大千秋，成为邓太后的首席近侍官。这个职位可不简单，因为只有最受太后信任的人才能胜任，而在当时，太后高于皇帝，所以蔡伦已经处于一人之下、万人之上的位置。

◎“龙亭侯”自杀，声名远扬中外

自从刘祜当选皇帝后蔡伦一直处于忐忑不安的状态，公元121年，邓太后也丢下他撒手而去了，汉安帝亲政。早年的一些旧事被翻了出来，很多人拿当年窦后整治宋贵人并导致安帝的父亲清河王刘庆被废一事说事。本来邓后压在安帝身上，多年不还政，安帝早已不满意，像蔡伦这样的帮手，他早就想整治一番了。

四朝元老蔡伦的命运终于走到了尽头，安帝让他到司法部门去交代自己的罪行。风光几十年，已然60多岁的白发老人蔡伦如何受得了这样的侮辱，熟悉宫中变数规则的他也知道自己是不可能翻盘了，没有了保护伞，只有死亡这条路。他更不愿意在监狱里受到各种小人的折难，那只能得到一些耻笑。

于是权倾东汉王朝数十年的蔡伦平静地整理好衣服，洁过身后，正如当年他中伤宋贵人姐妹使她们自杀一样，他也服毒自尽了，结束了自己的生命。这一年是公元121年，距离他的主子邓太后之死不过数月，距离他进宫的那一年公元75年已过去了将近半个世纪。

公元121年，为造纸术的发展做出了重大贡献的蔡伦在京都洛阳非正常死亡。

蔡伦一生在内廷为官，先后侍奉4个幼帝，投靠两个皇后，节节上升，身居列侯，位尊九卿，却以惨死告终。但他在兼管尚方时，推动了手工业工艺的发展，被称为东汉时期的科学家。因而留名后世，得到史学家的首肯。

据《后汉书·蔡伦传》记载，主管尚方期间，曾“监作秘划及诸器械，莫不精工坚密，为后世法”。近代考古发掘的实物也证明确实如此。尚方令本来是少府属官，主管刀剑等各种宫廷御用器具的制造，与中常侍高位根本不相称，但蔡伦尽力讨好，凡是帝、后喜欢的器物，都在尚方精制。邓后喜欢文史和纸墨，曾令各州郡岁贡纸墨。蔡伦也正因此而成为促进东汉造纸术发展的关键人物。

蔡伦在造纸方面最突出的贡献，大致可从三个角度来评述。

第一，组织并推广了高级麻纸的生产和精工细作，促进了造纸术的发展。

第二，促进皮纸生产在东汉创始并发展兴旺。

第三，因受命于邓太后监典内廷所藏经传的校订和抄写工作而形成了大规模用纸高潮，使纸本书籍成为传播文化的最有力工具。

蔡伦的造纸工艺在公元 285 年传到了朝鲜，后来又传到了日本；大约在唐朝，我国的造纸术传到了阿拉伯，随后在整个欧洲流传。

造纸术是我国古代科学技术的“四大发明”（指南针、造纸术、印刷术、火药）之一，是中华民族对世界文明做出的一项十分宝贵的贡献，大大促进了世界科学文化的传播和交流。

◎后人话蔡伦：集伟大于一身

在一部美国人写的《影响世界人类历史进程的 100 名人》中，蔡伦名列第七，在中国人中仅次于孔子（第五），排在他后面还有三个政治人物秦始皇、隋文帝、毛泽东和两个知识分子老子和孟子，分别列第七址三和第九十二。将造纸术的发明者蔡伦列在排行榜的第七位，远远排在 15 世纪发明印刷机的德国人古腾堡之前。

把蔡伦和古腾堡列入世界上曾出现过的最有影响的10位人物当中妥当吗？为了充分认识纸和印刷术的重要性，有必要比较一下中西文化的发展情况。在公元2世纪以前，中国文化一直不如西方文化先进，但在公元后的一千年间，中国的成就则超过了西方。根据许多标准来看，七八世纪中国的文化在世界上最为先进。但是在15世纪后，西方超过了中国。人们对这些变化从不同角度做出了许多不同的解释，但是其中大多数说法都忽略了一个最简单不过的解释。

当然中东农业和书写实际上比中国起步早些，但是仅仅这一点还不能说明为什么中国文化一直落后于西方文化。编者认为，关键的原因是在蔡伦之前中国没有方便的书写材料。西方世界有莎草纸，虽然这种材料有其缺陷，但是却比用木头或竹子做的书具有无比的优越性。缺乏适当的书写材料是中国文化进步的一种极大的障碍。中国学者需要用车带上在我们看来是可怜的几本书。可想而知，用此依据来掌管政务，是何等的艰难。

蔡伦一生为官46年，一度官尊九卿，地位显赫。在主管尚方期间，经常亲临现场做技术调查，极富创新精神，对发展当时的金属冶炼及加工、机械制造工艺等方面起了很大的推动作用，被称为东汉时期的科学家，但他的最大贡献主要还在造纸方面，是造纸技术的革新者。

在蔡伦之前，中国人把字写在竹简上，文人（例如孔子）出行要用车载书，因此才有“读万卷书，行万里路”之说。而西方人则把字写在羊皮纸上，但稀少而昂贵。蔡伦发明造纸以后，中国才有了写字用的桌子，随后中国（特别是唐朝）的繁荣昌盛恐怕也与此有关。

陕西洋县龙亭铺，是蔡伦这个“龙亭侯”的封地，那里有蔡伦祠和蔡伦墓；在他的家乡湖南耒阳，也有蔡伦祠和蔡伦墓。

第三章

刘腾：废后戮相，倒行逆施

他幼时因罪被阉，入宫做了宦官，补小黄门。因善于观察，心藏计谋，能通解人意，由是特蒙恩宠，很快由小黄门转补中黄门。他原本是遭阉割的可怜人，因其内心深处的屈辱和自卑感，产生了种种报复、残忍、贪婪、凌虐的变态行为。

◎善于察言观色而得到升迁

北魏是中国历史上一个少数民族统治的王朝。建立北魏的鲜卑族拓跋部，最初活动于大兴安岭北端东麓一带，过着游牧的生活。东汉以前，北匈奴被打败西迁后，拓跋部在酋长拓跋诘汾的率领下，也逐步向西迁移，进入原来北匈奴驻地，即漠北地区。到酋长拓跋力微时期，拓跋部又南下游牧于云中（今内蒙古托克托）一带，后又迁居到盛乐（今内蒙古和林格尔），与曹魏、西晋发生往来，但这时，拓跋部仍处于氏族部落联盟阶段。公元338年，首领拓跋什翼犍建立代政权，都于盛乐（今内蒙古和林格尔），逐渐强大起来。其后拓跋部走出高山深谷，到达匈奴故地。西晋末年，占据了今河北、山西一带，并在什翼犍统治时，频繁进行对外侵略战争，疆域不断扩大。经过多年的南征北战，公元424年北魏太武帝拓跋焘继位时，北魏已成为北方最强大的政权。

然而北魏政权乃因势而兴，典章未备，宫内宦官遂乘机作乱。先是权阉宗爱杀死了太武帝拓跋焘及继任的吴王拓跋余，从而开创了历史上太监弑帝害王的恶劣先例。后来又有权阉刘腾废后戮相，并专权擅政，显赫一时。

刘腾，字青龙，北魏宦官。本是平原（今山东平原）城的普通百姓，后迁居南兖州的进郡（今安徽亳州）。刘腾自幼入宫，从未读过书，只不过会写自己的名字而已，因善于观察，心藏计谋，能通解人意，由是特蒙恩宠，很快由小黄门转补中黄门。刘腾虽身为宦官，地位低贱，但他却不甘居于人下。所以他不断寻找着能改变命运的机会。

北魏孝文帝拓跋宏执掌朝政大权后，继续实行政治改革。孝文帝年轻的时候就很聪明，念了不少书，对汉族文化有较深的了解。他知道，要使北魏富强，必须抛弃民族偏见，接受汉族的先进文化。

北魏原来的首都在平城（今山西大同），这个地方在北魏早期是合适的。

随着北魏力量的增强，其统治范围逐渐由内蒙古河套一带扩展到整个中国北方，大同作为首都不仅太偏远，而且容易受到北方游牧者攻击，同时大同周围并不富裕，发展空间不大。

再说，北魏当时已经开始转型，要由一个半游牧民族政权开始转变为中国的正统政权，而且计划开始统一全国，大同就更加不适合作为全国性的首都。

为了加强同黄河流域汉族的联系，便于进攻南朝，统一中国，他决定迁都洛阳。迁都是件大事，关系到许多鲜卑贵族的切身利益。守旧派贵族留恋旧都的田地财产和奢侈的生活，害怕迁都会改变生活方式，强烈反对迁都。在巨大的压力下，孝文帝一筹莫展，整日长吁短叹。

刘腾见孝文帝整日忧心忡忡，心中暗想：这迁都之事虽然有大多数人反对，但是掌握政权的却是孝文帝，我若帮助孝文帝干成此事，升官发财就指日可待了。经过深思熟虑，他终于想出一计。一日，轮到他侍奉孝文帝了。刘腾见时机已到，便对孝文帝说："陛下，近日有多处妃子前来问陛下为何多时不见。"孝文帝叹了一口气说："你们这些下人怎么能明白我的心思呢？"刘腾接着说："奴才虽然不才，或许可以为陛下分忧。"孝文帝见他如此说变问道："你知道我为何事忧心吗？"刘腾说："平成灾年缺粮，柔然又时常骚扰，陛下故而忧之。"孝文帝见一个太监能知道自己的心思很吃惊，便问："你有何良策？"刘腾说："当今良策，莫过于迁都。"孝文帝叹了一口气："我也是这样想的，可是反对的人太多。"刘腾早就料到孝文帝会这么说，于是接着说："当今的贵族大臣，最害怕两件事，一是他们害怕领兵上战场，大举南伐；一是迁都别处。陛下可以假意南伐，大臣们势必反对，在这个时刻再提出迁都恐怕事情就很容易成功了。"孝文帝见一个太监有如此见识深感惊讶。

太和十七年（493年）秋，孝文帝亲自率领步兵、骑兵三十万南征。队伍到了洛阳，孝文帝带领大臣们参观西晋宫殿的遗址，他指着那满目荒凉的景象，对大臣们说："西晋的皇帝不好好管理国家，国家灭亡，宫殿荒废，看了真让人伤感。"他触景生情，朗诵起《诗经》中《黍离》这首诗来。"黍"是谷子，"离"是指植物长得很茂盛的样子。据说，当年东周大夫回到西周的镐京，看到旧日宫殿的遗址都种上了茂盛的谷子，感到十分哀伤，就写下了《黍离》这首诗。孝文帝朗诵完毕，还掉了几滴眼泪。

那时候，洛阳正是秋雨绵绵的季节，跟随的文武大臣们，对太武帝拓跋焘南征刘宋、战败逃回的情景，还记忆犹新。他们担心这次南征的结果也像过去一样，劳民伤财，毫无收获。正当大臣们忧心忡忡的时候，孝文帝突然下令立刻向南进发。他来到军前，文武大臣们见孝文帝真的要南进，都一齐跪下，俯首在地，请求停止南进。安定王拓跋休代表大家向孝文帝说了南进的利害。孝文帝说："我们这次南征，兴师动众，成功或失败，影响甚大，这点我是清楚的。你们既然不愿意南下，那就得听我的话，把国都从平城迁到这里来，等将来有机会再灭亡南朝，统一全国。"南安王拓跋桢赶忙说："只要陛下停止南进，我们一定赞成迁都洛阳。"一时间，停止南进的消息传遍全军，大家都高呼"万岁"。迁都洛阳的事，就这样决定了。

迁都一事刘腾可谓立了大功，孝文帝因此长叹："满朝文武大臣竟不如一个太监知我！"于是升刘腾为给事中。

洛阳地处黄河中下游西岸，卧居中原，山川纵横，素有“九州暖地”之称，四季分明，气候宜人，自古以来是兵家必争之地，也自然成了古代帝王理想的建都场所。曾是东周、东汉、曹魏等王朝的都城。孝文帝迁都洛阳真乃明智之举，也是历史发展的必然结果。

迁都后，孝文帝着手改革鲜卑的旧风俗，从各方面积极推选汉化政策。他发动了一百万人迁到洛阳附近地区，开辟新的牧场和耕地，采用汉族的先进生产技术，发展农牧业生产。他下令废除鲜卑姓氏，采用汉姓，并且带头把拓跋改为元，把自己的姓名改为元宏。而这一切的先决条件中包含了刘腾这个人物——一个小太监的心机。

◎瞅准皇上心腹博取宠爱

冯太后想让自己家族累世贵宠，特地挑选兄长冯熙的两个女儿充入掖庭。后宫的林氏美貌艳丽，生了皇长子拓跋恂之后，孝文帝打算废除子贵母死的故例，不让林氏自尽，但冯太后因担心林氏不死，自己的侄女就不能入宫为后，便不肯答应孝文帝的请求，最终逼迫林氏自杀身亡。

冯熙的两个女儿入宫后，次女冯姗即被册封为皇后，长女冯妙莲被册封为左昭仪。原因是冯妙莲非冯熙的正妻所生，所以地位自然比妹妹低了一等。皇后冯姗颇有德操，昭仪冯妙莲却独具姿色，孝文帝虽然很尊重皇后，但论容貌，冯姗却比不上冯妙莲。正如孝文帝自己所说：冯珊“娟而不佻，静而不滞”；冯妙莲“风韵自娆，妖媚艳丽”。所以冯妙莲独得宠幸。孝文帝除临朝听政外，几乎每时每刻都在冯妙莲宫中朝夕寻欢作乐。

好景不长，就在这姐俩入宫的第三个年头，灾难就接踵而来了。先是妹妹冯姗难产死了，紧接着就是冯妙莲也突然身患重病，全身无力，无法陪伴孝文帝不说，脸上还突然冒出了许多白点，连容都毁了。文明太后见这情形，觉得立她为皇后是没多大希望了，就随便找了个理由把她遣出宫外为尼。

姐妹俩全军覆没了，为了维持冯家在皇室的地位，北魏后宫最疯狂的女人冯太后又将冯妙莲同父异母的小妹冯媛选进了后宫。可还没等她这个春秋大梦做成，冯太后就病死了。虽然人死了，但总算没有白费生前的那些安排。太和十七年，孝文帝服丧期满后，就将冯媛册立为皇后。冯媛性格保守又倔强，孝文帝虽然对她比较尊重，但却并不爱她。这人都是有比较的，孝文帝每次看到冯媛这样，就会不经意地想起那个善解人意、温柔体贴的冯妙莲。

刘腾见孝文帝对冯妙莲如此牵肠挂肚，便又心生一计，于是对孝文帝献计说："冯贵妃本是宫中人，奴才听说冯贵妃病已痊愈，何不将冯贵妃接回宫中。"孝文帝听完这话，心里是火烧火燎的，他巴不得马上就让冯妙莲回来。于是马上下旨让刘腾接冯妙莲回宫。

刘腾领旨后心想：冯贵妃回宫后势必将得到皇帝的宠爱，自己不如乘此机会好好巴结冯贵妃。想好策略后，刘腾便起身赶往冯妙莲所在的尼姑庵中。刘腾见到娘娘后便说："皇上得知娘娘的病已痊愈，特派奴才来接娘娘回宫。"冯妙莲问道："皇上怎么知道我的病已经痊愈了？"刘腾说："娘娘在宫中对奴才恩惠甚深，奴才没齿难忘。前些日，奴才梦见娘娘红光满面，奴才料到娘娘的病已痊愈，特遣人来探，娘娘恰巧不在，但同庵的女道士告之娘娘已经无大碍，于是奴才禀报圣上。圣上大喜，特遣奴才来此接娘娘回宫。"冯妙莲仔细审视这个太监，觉得面熟，但实在想不起曾施与什么恩惠，不过，他既然这样说，回宫毕竟是件好事，于是同刘腾一起回宫，刘腾少不了对冯妙莲一番奉承。

冯妙莲回宫后，孝文帝对她宠爱如初。刘腾因为这件事更加得到了孝文帝的信任，冯妙莲也对他暗生感激。刘腾可谓一举两得。

能够再次回来，冯妙莲可算是使出了浑身解数去取悦皇上。她把自己一头秀发做出千变万化的发式，每天都打扮得新鲜刺激。虽然那个时候没有香水这个发明，可是冯妙莲却有着一个自制香水的绝活：就是将麝香粉末放进肚脐眼里，让自己通体香味飘逸，孝文帝每次都被她的这种香气刺激得热血沸腾。孝文帝觉得很奇怪，因为原来在冯妙莲身上并没有这种味道，便问她。可冯妙莲却答得玄乎其玄，说她自从病好了以后，全身上下就脱了一层皮，从那以后，便有了这种体香。傻乎乎的孝文帝还信以为真，从此再也摆脱不了这诱人的肌香。

一山容不得二虎！虽说现在的皇后是冯妙莲的妹妹，可冯妙莲当初进宫的时候，是奔着皇后这个宝座来的，无论现在皇后是谁，冯妙莲都要把它抢回来。她仗着皇上对她的宠爱，根本不把皇后放在眼里，还经常察言观色，趁孝文帝高兴的时候，说皇后的坏话。冯媛端庄秀丽、文弱娴静，但对孝文帝改制中所提倡的说汉语、穿汉服之事颇不以为然，因而难以讨得孝文帝的欢心。加之冯妙莲因决心登上皇后的宝座而不顾姐妹的情分时常诋毁妹妹，最终使冯媛由皇后而被废为庶人，被迫到瑶光寺出家做了尼姑。冯妙莲于公元 497 年，在孝文帝南征前如愿以偿地当上了朝思暮想的皇后。

皇上领兵在外，在后宫做主的新皇后冯妙莲水性杨花的本性又显现出来。她与中官高菩萨一拍即合，夜夜寻欢作乐，并在阉宦双蒙等的帮助下，淫乱宫闱。此种丑闻不久即传入朝中大臣耳中。年少寡居的彭城公主被冯妙莲不学无术的弟弟冯夙看中，冯妙莲逼公主于近日成婚。无奈的公主率几个婢仆秘密出宫，赶往皇帝军中，合盘端出了皇后与高菩萨的奸情。孝文帝又惊又怒，但对妹妹的话也不全信。

此时的刘腾已经听说了彭城公主出逃一事。他心想，冯皇后是因为皇帝才富贵的，孝文帝迟早有一天会得知皇后的丑事，如今若是自己瞒住皇后的丑事不报，恐怕到那个时候自己也会受到连累，不如舍弃皇后而保住自己的地位，若是运气好，说不定还能升官。于是，他以朝中大臣有重要军情需要通报皇上为由逃出宫中，见到皇上后将皇后冯妙莲与中官高菩萨的淫乱之事和盘托出。两相印证后，孝文帝相信了刘腾的密报，遂提拔刘腾为冗从仆射，但皇帝因急怒攻心病倒在军中。

冯皇后得知刘腾与彭城公主把自己的丑行密告了皇帝后，忧惧之中忙与母亲常氏商讨对策。两人求托女巫，诅咒孝文帝速死，并希图援引冯太后故例，另立少主临朝称制。同时为了侦探孝文帝的情况，多次派心腹双蒙到军中探望孝文帝，孝文帝为免打草惊蛇，对宫中之事佯作不知，冯后心中窃喜。

公元499年，孝文帝经周密安排，突然赶回洛阳，一入宫即捕拿高菩萨、双蒙等人。严刑之下两人供出皇后淫乱宫闱、找女巫咒皇帝死等事，把大病初愈的皇帝当即气昏。后派人把皇后传来，从皇后身上搜出一把二寸长的小匕首。顾念旧情的孝文帝在处死高菩萨与双蒙后还是留下了废后冯氏的性命。经此剧变，孝文帝竟致一病不起，临终时下旨："后宫久乖阴德，自寻死路，我死后可赐冯皇后自尽，葬用后礼，庶可掩冯门之大过。"孝文帝死时年仅33岁。

◎左右逢源，恃权胡为

公元499年，孝文帝元宏病死后，其次子元恪继位，即宣武帝。宣武帝元恪继位后，先册立于氏为皇后，不久，于皇后被皇帝宠爱的高贵妃害死，接着元恪又立高贵妃为皇后，并重用高贵妃的哥哥高肇。貌美如花的高皇后天性善妒，所有的后宫嫔妃不许宣武帝召幸。她与皇帝所生的一子一女又皆不幸早亡，以至于及近壮年的宣武帝尚无后嗣。

自从孝文帝大力提倡鲜卑人汉化以来，举凡官制、教育、礼俗、语言、文字、服饰、度量衡等都采用汉人的制度和习俗，经过28年的努力，等到宣武帝继位，鲜卑人已经充分汉化，后宫妃嫔也多为汉人女子。

正巧宫中司徒胡国珍的女儿胡妃（宣武帝皇后）容色殊丽，据说灵太后降生的时候，她的母亲看见卧房内红光照射，不知是何征兆。胡国珍将这件事拿去问当时很有名气的术士赵胡，赵胡立即说："这是个吉兆，有大贵之表，方为天地母，生天地主。"等到灵太后长大，通过出家做尼姑的姑妈大事宣扬，都知道胡家有这么一个奇怪的又才高貌美的女子，宣武帝听到了风声，把她召到后宫，册封为承华世妇。

宣武帝宠幸于她，她怀孕后，周围人都劝她想办法使孩子流产，免得生下太子被杀掉。由于世宗和皇后于氏仅有的儿子已夭折，胡氏所生如果是男孩的话肯定能当太子，她不仅不惧怕，反而在夜深人静时对佛发誓："希望自己能生下皇子，即使由此身死，在所不辞！"果然，胡氏生下皇子，晋封为充华嫔。由于世宗的儿子们大多生下来不久就被高肇或他的侄女高皇后想方设法弄死，皇帝又觉自己年岁渐长，对唯一的皇子慎加保护，他亲自选择良善之人给儿子当乳母和保姆，别选宫殿专门养育，严禁皇后和胡氏去探视。

此时，高皇后和高肇在朝中专权行事，朝中大臣稍有不遂即被杀害。彭城王元勰是朝中重臣、皇室至亲，却被其谗言所杀。宣武帝另一叔祖任城王元澄担心高肇加害自己，整日假装痴狂。司徒胡国珍无力保护女儿，胡贵妃不得不求助于给事中刘腾。刘腾为谋进身之路，慨然应允，并拉拢左庶子侯刚及已故于皇后的世兄于忠。刘腾和于忠献计，让宣武帝下旨令胡贵妃移居别宫，择良家妇女为母乳，派亲军严加守护，目的是防止高皇后的迫害。从此，胡贵妃成为高皇后的眼中钉。

延昌四年（515 年）正月，宣武帝元恪病死在皇宫式乾殿。当夜，领军将军于忠及左庶子侯刚至东宫迎太子元诩，趋入内殿，并与中常侍刘腾等加意保护胡贵妃，以防发生意外。詹事王显是高皇后的心腹，建议天亮后请示高皇后然后再讨论太子即位之事。崔光抗辩道："皇帝驾崩，太子继位，这乃是国家常典，又何须皇后的命令！"众人随即请太子即皇帝位，是为北魏孝明帝。

孝明帝上台次日，即大赦天下。册封高皇后为皇太后，生母胡贵妃为皇太妃，请太尉高阳王元雍、任城王元澄、清河王元怿等有势力的皇族参与内务。高肇此时正领军在外，闻变匆忙回京，元雍与于忠下令卫士潜伏于内，在高肇为亡帝哭丧时将其扼死。然后让皇帝下旨，历数高肇罪恶，称其已畏罪自尽。胡太妃随即迫令大势已去的高皇后出家为尼。胡贵妃被尊为皇太后。当时孝明帝还是个 6 岁的孩子，胡太后临朝听政，总揽朝务，控制了北魏的大权。志得意满的胡太后时常念及刘腾对其母子的帮助，对刘腾倍加宠信。封刘腾为开国子，食邑 300 户，后又任崇训太仆，加侍中，改封长乐县开国公，食邑 1500 户，连刘腾所养二子也被封为郡守和尚书郎。

从此胡太后亲览万机，裁决政事，随手批答，把朝政处理得有条不紊。胡太后饬令制造一辆“申讼车”，设座车内，外垂帘幕，定期出巡云龙门及千秋门等繁华地区，接受吏民诉讼并申冤案件，当即裁判或交有司妥为处理，获得朝野的好评。凡州郡荐举的孝廉秀才，都由胡太后亲御朝堂，临轩发策，自阅试卷，评定等级，然后量才使用，一般都认为十分公平。

胡太后的当权，用事实证明北魏那野蛮的古制确实具有存在的必要。胡太后聪明机智，喜爱读书写作，善射，射箭能射中针孔。朝廷一切政务都亲手批阅处理。她执政之初，曾想有一番作为，但是不久，她便开始恣意放纵，大肆挥霍。她崇信佛教，大肆营建佛寺和佛像，不惜耗巨资在崇训宫侧建造一座全国最大的佛寺——永宁寺，并在其他一些地方广造寺院、佛塔，消耗尽府库，就沉重剥削和压迫人民，激起六镇大起义。当时如火如荼的遍地起义风暴，大都因她触发而起。

不久，刘腾突患重病，胡太后以为其难以救治了，作为安慰再升其为卫将军，仪同三司。但刘腾得此高官后，渐渐康复了。胡太后高兴之余，对他更是宠信有加。洛北永桥、太上公寺、太上君寺及城东三寺，都是太后主政时刘腾主持修建的。这几个寺院都极尽华丽、劳民伤财、靡费无度。刘腾趁机敛财，自幼信佛的胡太后不仅没有责怪，反而多次奖赏。刘腾因受宠于太后，威福一时。河间王元琛为求复职，屈王爷之尊拜刘腾为义父，刘腾权势之大由此可见。刘腾还卖官鬻爵，并派人到各地搜括财物，八方敛财。

刘腾平时的生活也很奢侈，一掷千金。刘腾家里拥有几十名艺精貌美的艺女，都是按严格的标准选来的，她们个个穿锦着缎，佩金戴银。他家每早一件东西，每做一件衣服，都要花费千金，致使京城人家争相仿效。而胡太后对此视若不见，朝廷百官因为刘腾受宠，千方百计地讨好刘腾。只有清河王元怿对刘腾以法相责，刘腾与其矛盾日深。

清河王元怿是宣武帝之弟。自幼聪敏，长相俊美。胡太后看上元怿的才貌，委以重任，并时常招元怿夜宿宫中。元怿得太后恩幸后更加以天下事为己任，竭力匡辅，刘腾以及朝中亲贵、百官，但有不法之处以法论处，因此得罪了许多官僚。刘腾即利用朝中权贵对其不满，伺机报复。其中胡太后的妹夫元乂，恃宠而骄，多行不法之事，屡次受到元怿的责难与裁抑，对元怿恨之入骨。刘腾与元乂密谋，指使党羽在皇帝的御食中下毒，栽赃于元怿，诬蔑元怿欲害帝自立，年仅 11 岁的小皇帝信以为真，含糊许可，元怿随即被处死，时年仅 34 岁。朝野上下对元怿之死充满了气愤与悲哀。

处死元怿后，刘腾为防太后报复，矫诏称太后身染重疾不能理政，还大政于孝明帝。刘腾将太后囚禁于北宫，宫门昼夜长闭，刘腾亲自掌管钥匙，任何人包括孝明帝也不能与太后见面。所供衣食不足果腹，胡太后常在宫中啼饥号寒，泪水长流。右卫将军奚康生不满刘腾废后的行为，被刘腾处死。百官中再无人敢有异议。刘腾更被进任司空，位列三公。

废后戮相后，刘腾与元乂控制了朝政。两人互为表里，共树党羽，专权擅事。朝中八座九卿，常常一早就去刘腾住宅静候，得到刘腾的训令后，依言而行。一些新上任的大臣，也必先朝拜刘腾。更有一些寡廉鲜耻之徒，甘愿为其义子，以求飞黄腾达。

刘腾政治得势后，在经济上愈加贪得无厌。凡公私之事请托者，只重财物不计其他。到各地搜括财物时，“舟车之利，水陆无遗；山泽之饶，所在固护；剥削六镇，交通互市”，每年利息数以万计。而且身为阉人的刘腾还尽挑美女侍寝。刘腾还广开室宇，营造豪宅，贪暴之状，无以形容。

◎开棺戮尸，可悲下场

胡太后被幽禁于北宫宣光殿，大门白天黑夜都不开，刘腾自己亲自掌管钥匙，小皇帝想见亲妈都没有机会。胡太后此时衣食俱废，挨饿受冻，只能叹道："养虎噬人，正是讲我这样的人！"于是朝中大政外由元乂把持，禁宫内由刘腾统领，两个人威震天下。朝野有人升官或当官，两人只看送礼多少而定，连元乂的父亲京兆王也倚仗儿子权势卖富弄权，他们又盘剥六镇边防军人，私自和南朝走私货物，欺男霸女，远近苦之。

由于魏朝朝纲大乱，边将逃降至南朝，宗室内也陆续有元正德、元法僧等人谋逆，陆续又有柔然、朔州胡人、沃野镇民破六韩拔陵、高平镇民赫连恩，南秦州豪强等造反，后来边防六镇军民全都不堪虐待而造反，狼烟四起，魏国大乱。秀容郡乞伏莫于造反时，秀容酋长尔朱荣率兵讨平，而正是这一小小部落酋长，日后成了胡太后的夺命人。

523 年 4 月，大太监刘腾病死。元乂失掉了一个强有力的搭档，而此时，元乂已执政三四年，很觉天下完全由他自己一人掌握，对胡太后的防备之心也渐渐松弛。

胡太后趁着与小皇帝相见的机会，怨恨地说自己要去嵩山当尼姑，说着还拿过剪刀要自己落发，声色俱厉。群臣与皇帝苦苦请求。母子相会，趁机一同住在嘉福殿。娘儿俩相处几天，互诉衷肠，都觉元乂可恶。小皇帝渐已长大成人，又学会演戏，他假装把母子之间的往来情状一一告知元乂，让元乂觉得自己仍旧深受皇帝宠信。

刘腾死后，大权在握的元义更为不可一世。元义耽于酒色、才疏学浅，致使政事懈怠，纲纪不举。被囚禁在北宫的胡太后，认为东山再起的时机已到。她采取了以退为进的策略，终于相机解除了元义的兵权。正光五年四月，胡太后再次临朝摄政，下诏降罪元义、刘腾，罢元义为庶人，追削刘腾官爵。有人乘机为清河王元怿鸣冤，要求诛元义，戮刘腾尸。此议正中胡太后下怀。她借此下令发掘刘腾墓，将刘腾骸骨撒露于野。刘腾的家产全部被没于官，其四十余位养子也被诛杀殆尽。

◎后人话刘腾：倒行逆施的心理变态

刘腾是北魏王朝的一个宦官，他入宫后，寻找机会向孝文帝告发皇后的丑事，又凭借着善于揣摩孝文帝的心思，从而深得皇帝的信任。孝文帝死后，在激烈的政权争夺中，他权衡利弊，投机取巧，一步步爬到了位极人臣的地位。在掌握大权之后，他利用权力，广受贿赂，生活极其奢侈腐化。他身为宦官，却役使皇帝的妃子，并在民间挑选美女供其玩乐。

刘腾还与元义两人狼狈为奸，害死正直的大臣元怿，幽禁了掌权的胡太后，不仅如此，刘腾与元义当时掌管了整个北魏的朝政。元义掌外，刘腾禁内，政无巨细，全决于二人，一时威震朝野。后来北魏王朝竟然加封太监刘腾为司空。这待遇实在离谱，要知道明朝的太监再猖狂，他的职务都是挂内侍的衔，从来没有担任朝官的。而刘腾竟直接跑到三公之列去了，可见当时朝政混乱到了如何不堪的地步。当时的文武百官上任之前都得跑到刘腾家拜访，送点财物，在那里看看他的脸色，听听他的指导。由于去的人太多，很多人彻夜排队还是见不到这位太监的佛面。刘腾又是贪污受贿的主，在交通、农林、贸易、军政各方面无所不贪，弄得天下民不聊生。上梁不正下梁歪，当时北魏的牧、守、令、长皆是贪污之人。由此百姓困穷，人人思乱。

刘腾的倒行逆施，使本已暗无天日的北魏政权更加腐败，加速了北魏政权的灭亡。刘腾，这个一代奸宦，最终也落得个千古骂名。

第四章

高力士：忠实家奴，太监军师

他少年被阉，受到当时女皇帝武则天的赏识。却因小事触怒女皇而一度被逐，宦官高延福收为养子，遂姓高。他出谋划策，助李隆基诛杀韦后和太平公主，终成唐明皇最忠实的心腹奴才。不过，高力士在创造唐朝“开元盛世”的过程中出过不少力，献过不少良策，这在中国历届太监中，算是出类拔萃的高人了。

◎积累丰厚的政治经验后暗投明主

高力士，祖籍是潘州（今广东茂名）人氏，本来姓冯，名字叫元一，是隋朝名将冯盎的曾孙。冯盎因为文武韬略过人，被隋文帝杨坚授为金紫光禄大夫，官拜汉阳太守，管辖岭南一带。隋末唐初，各地起义军、地方势力纷纷兴起，隋朝对许多地方已经无力控制。隋朝灭亡以后，岭南一带的各种势力大多数被冯盎或消灭或收服，最后，岭南被冯盎控制。当时，有人曾经向冯盎提出建议，大唐王朝刚刚建立，还没有能力顾及偏远的岭南地区，劝冯盎自立为南越王，独霸一方。这个建议被冯盎拒绝了，唐高祖武德四年，冯盎归附了唐朝。唐高祖李渊让冯盎仍旧管理当地事务，并晋封冯盎为吴国公，不久，改封为越国公。他的两个儿子也分别被授予刺史。贞观二十年，冯盎去世。嗣圣元年，冯家又增添了一个小生命，取名为冯元一，他就是后来的高力士。他是冯盎的曾孙。

唐长寿三年，有人向武则天诬告说，流放到岭南的一些人正在密谋造反。武则天命令万国俊前去查处。万国俊到后，将被朝廷流放的300多人全部斩杀。而那些和流放的人有来往的，也受到了株连。潘州刺史冯君衡（冯元一的父亲）因受牵连而被抄家，同时没收了他家的财产，冯元一因为当时年纪小没有被杀死，他被送到了岭南讨击使李千里家里抚养。过了几年，李千里见冯氏之子聪明伶俐，身体强壮，便把他同另一个男孩一起净了身，然后送入皇宫当宦官。

当时的武则天，操纵朝廷政权已经有四十多年了。在四十年的宫廷钩心斗角中，她已经耗尽了大部分精力，精神常常处于郁闷、烦躁之中，希望有人能够给她解闷。冯元一入宫后，因为行事聪慧、口齿伶俐，得到了武则天的喜欢，武则天让他留在了身边，给她消遣解闷。不久，冯元一因受一桩案子的牵连，恼怒的武则天将他鞭打一顿后逐出了皇宫。

老宦官高延福收养了他，他成了高延福的义子，从此，冯元一改名为高力士。

自打武则天登基称帝，武氏一门鸡犬升天，但凡姓武的，无不见官大三级，走路都是鼻子孔朝天，谁敢不巴结？非但王公大臣要巴结，宦官们更得巴结，这高延福为了稳坐宦官高位，正在拼命巴结一个人，那就是武则天的侄儿武三思，那可是个了不得的人物。高延福左思右想，想不出送什么礼物好，此时他想到了他收养的阉人高力士，就送给武三思做近侍，他指望利用高力士的聪明伶俐，为自己谋个富贵。

就这样，高力士从皇宫大门出来，又自王府大门进去，从这个姓武的家走去那个姓武的家。没过多久，果然表现非凡，哄得武三思腮帮子都笑歪了，却还捉摸呢，这么好的宦官，怎被我那皇帝姑母赶出来了？

再说武则天，自打撵走了高力士，怎么都觉着不对劲，看身边这些个宦官，感到哪个都不如高力士贴心。过了一年，终于后悔了，暗自叹气，这么伶俐的人儿恐怕再也找不回了。一日不经意，把这情绪暴露了，武三思观察个真切，说姑妈别急，这人没丢，在我那儿呢。武则天喜出望外，快给我送回来。

经过一番挫折，高力士认识到宫廷生活的险恶。从此，他待人处事十分谨慎，遇事总是三思而后行，再也没有出过什么差错，又重新获得了武则天的信任。小力士就在宫中逐渐长大。成年后，由于饮食良好，身材生得高大，长了一米七五以上，思维更加缜密，行事手段越发圆熟，被武则天任命为宫闱丞。

高力士是一个很有心机的人，他观察着朝中政局的变化，寻找着自己的靠山，小心翼翼地决定着自己的每一步行动。

晚年的武则天宠幸张昌宗、张易之两兄弟。二张倚仗自己得宠，时常横行不法，激起了朝中许多大臣的不满。本来就遭到不少人反对的武则天，此时的政治根基就更加不稳了。高力士感到依靠武则天的时间不能长久，就不露声色地开始寻找新的靠山。

李隆基，才智过人，仪表非凡，喜欢结交豪杰，年轻时就显露出出众的才华。他出生的时候正是武则天主政要做女皇的时候，所以他小时候就经历了错综复杂的宫廷变故，这也许促使他形成了意志坚定的性格。他小时候就很有大志，在宫里自诩为“阿瞒”，虽然不被掌权的武氏族人看重，但他一言一行依然很有主见。

在他 7 岁那年，一次在朝堂举行祭祀仪式，当时的金吾将军（掌管京城守卫的将军）武懿宗大声训斥侍从护卫，李隆基马上怒目而视，喝道：“这里是我李家的朝堂，干你何事？！竟敢如此训斥我家骑士护卫！”弄得武懿宗看着这个小孩儿目瞪口呆。武则天得知后，不但没有责怪李隆基，反而对这个年小志高的小孙子倍加喜欢。到了第二年，李隆基就被封为临淄郡王。高力士看出李隆基是一个有前途的人物，于是决定对他倾心奉之。

神龙元年（705 年）正月，武则天病重，住在洛阳迎仙宫长生院。后竟卧床不起，不再接见朝臣，连几个宰相也有一个多月未跟这女皇见面了，所有奏章统由其面首张昌宗、张易之兄弟处理。女皇下什么敕书诏令，则由婕妤上官婉儿代笔。这上官婉儿是上官仪的孙女。当初上官仪替高宗起草废武后的诏书，作了高宗的替罪羊，他被害后，其女眷没入宫为奴。那时婉儿还是一个年幼的女童。她天分好，又用功学习，14 岁就会作诗。武则天就封她为女宫，让她代笔草拟敕诏。上官婉儿是个不安分的女人，少不了乘机弄权。这样一来，朝政越发不成样子。大臣们人心惶惶，无所适从。在这种形势下，宰相张柬之跟司刑少卿桓彦范、尚书右丞敬晖和相王府司马袁恕己商量，说服了右羽林卫大将军李多祚和右羽林将军杨元琰、左武卫将军薛思行等，发动了宫廷政变，诛杀了二张兄弟，逼迫重病在床的 82 岁的女皇武则天退位，迎中宗李显复位，恢复了大唐国号。时年 50 岁的中宗复位后，册立韦妃为皇后。韦皇后是一个争强好胜的女人，她要仿效武则天做女皇，因此千方百计扩大韦氏家族的势力。同时，她和武三思勾搭成奸，又收罗了一批追随者，形成了以韦后为首的韦、武集团，猖獗一时，诬陷、迫害张东之等有功之臣。他们大肆挥霍民财，兼之各地水旱成灾，边患频频，闹得民不聊生，流离失所。景龙四年（710 年）元月，韦后和女儿安乐公主在中宗喜爱吃的馅饼中放入毒药，毒死了中宗。16 岁的太子李重茂登基，史称少帝，韦氏临朝称制。

此时，一直静观时变的李隆基和姑姑太平公主便抢先发动了兵变，率领御林军万余人攻占了皇宫，把韦皇后一派全部消灭。李旦登上皇上宝座。李隆基被立为皇太子。此时唐王室内部纷争不已，身居宫中的高力士，耳闻目睹朝廷发生的一切，认为在这动乱之秋，要生存下去，必须寻找最有势力、最有前途的靠山，工于心计的高力士最终选择了李隆基。早在李隆基以临淄王出任潞州（今山西长治）别驾时，高力士便与他建立了深厚的关系。李隆基立为太子后，立即把高力士提拔到自己身边，高力士也更加死心塌地地为李隆基效劳。

但父亲李旦也和中宗李显一样是个软弱的皇帝，不愿和太平公主发生正面冲突，总是忍让。而太平公主则认为是自己给了他做皇帝的机会，功劳巨大，所以她掌握了朝政大权。随着自己势力的强大，太平公主的野心也膨胀起来，想像母亲那样也做做女皇。

太平公主的主要对手便是太子李隆基。开始她没把他放在眼里，觉得他还年轻，但后来了解了李隆基的英勇果断之后，就开始防范他。她制造舆论说，李隆基不是长子，没资格做太子，更不能继承皇位。太平公主的目的是要废除李隆基的太子身份，为自己以后做女皇帝开路。

到公元712年，睿宗厌烦了做皇帝的生活，把帝位让给了儿子李隆基，但是太平公主仍然掌握了朝廷三品以上官员的任免权和军政大事的决定权。睿宗的让位加剧了李隆基和太平公主的矛盾。双方都在积蓄力量，准备除掉对方。

公元713年七月三日，李隆基与兵部尚书郭元振、龙武将军王毛仲及高力士等磋商决定，先发制人，亲自率领兵马除掉了太平公主和她的手下骨干几十人，将倾向太平公主的官员全部罢官废黜。唐玄宗终于掌握了皇帝应有的权力。当年，唐玄宗把年号改为开元，表明了自己励精图治，再创唐朝伟业的决心。

在这次平定内乱中，高力士参与了谋划、作战。平定太平公主之后，论功授爵，高力士被任命为右监门将军、行内侍省事，三品官阶。

唐代初期，唐太宗李世民曾定下制度，内侍不授予三品官，都穿黄色衣服，由官府供给粮食，他们的任务就是守门庭、传递诏书。中宗的时候，宦官开始受到了宠幸，七品以上的有一千多人，但三品以上的还很少。李隆基因为高力士平息太平公主的叛乱有功，破格授予他三品官阶。

◎得道后疯狂敛财

初登帝位的李隆基，对他的曾祖父唐太宗十分崇拜，一心想重开贞观之政，显露出一个英明果断的封建帝王的过人识见和气魄。他日理万机，投身于国家的整治之中。接下来他还做了一系列的改革。李隆基不仅慧眼识贤相，还对吏治进行了整治，提高官僚机构的办事效率。为了重新统一北方，李隆基采取了很多措施，为收复北方领土做准备。同时，为了增加国家的收入，打击强占土地、隐瞒不报的豪强，李隆基发动了一场检田括户运动。当时的豪强霸占了农民的土地之后，称为“籍外之田”，他们还将逃亡的农户变成自己的“私属”，在土地和人口两方面逃避国家税收。公元712年到725年之间，李隆基的检田括户运动收到了实效。他任命宇文融为全国的覆田劝农使，下设十道劝农使和劝农判官，分派到各地去检查隐瞒的土地和包庇的农户。然后把检查出来的土地一律没收，同时把这些土地分给农民耕种。对于隐瞒的农户也进行登记。这样下来，一年增加的客户钱就高达几百万之多。

通过这些有效的措施，唐玄宗使唐朝的经济又步入正轨，减轻了农民的负担，同时也增加了国家的财政收入，促进了国家经济的繁荣。李隆基的一系列有效措施使唐朝的政治、经济、文化都得到新的发展，超过了他的先祖唐太宗，开创了中国历史上强盛繁荣、流芳百世的“开元盛世”。

在此期间，高力士作为李隆基最信任的宦官，整天服侍在玄宗身边，悉心照料着玄宗的饮食起居，而且还把自己的床铺搬到了玄宗寝宫旁的帷幕后面，晚上在此睡觉，随时接受玄宗的差遣。玄宗宠信高力士，到了无以复加的地步。他说："力士在，我寝乃安。"意思是有高力士管事，他才能睡得安稳。高力士也因此成了皇帝面前的红人，各位皇子、公主对他也都非常尊敬，纷纷称他为阿翁。

在玄宗平难中，与高力士共同捕获太平公主的王毛仲也因功升为辅国大将军，进封霍国公，甚得玄宗宠信，一时不见王毛仲，玄宗便有怅然若失之感，见到后心里才感到踏实。因为李隆基的宠爱，越来越骄横跋扈，做一些违法的事，但李隆基常常原谅他。王毛仲与左领军大将军葛福顺等来往密切，葛福顺等倚仗他的势力经常做违法乱纪之事。而王毛仲也贪心不足，向李隆基提出要当兵部尚书。他的要求没有被批准，心里很不高兴，不满的情绪常常在李隆基面前表现出来。

当时，李隆基已经十分宠信宦官，一般的官吏见了宦官都十分害怕，但王毛仲看不起宦官，那些小宦官，如果做了错事，王毛仲经常对他们进行打骂，宦官们对王毛仲都十分仇恨。但高力士等因为李隆基宠信王毛仲，都不敢说什么。

王毛仲的妻子生了个儿子，李隆基命令高力士到王毛仲的家中，赏赐给了王毛仲很多东西，并授给刚出生的儿子五品的官职，王毛仲嫌授给他儿子的官职小，在高力士面前露出了不满的神情。高力士回来后，李隆基问高力士："王毛仲高兴吗？"高力士回答说："王毛仲抱着襁褓中的孩子对奴才说：'这个孩子难道不能做三品！'"李隆基勃然大怒说："想当初，诛灭韦氏时，他就脚踏两只船。之后，我不想对他另眼相待，没想到，他现在又因为一个刚出生的小孩子而抱怨我！"高力士趁机说："王毛仲等这些人，现在的官职太高，又掌握着京城的军权，且他们关系十分密切，基本上是一个心眼，如果不早早把他们除去，一定会成为大患。"李隆基也害怕王毛仲等结党营私，对自己不利。不久，李隆基就借故下旨，将王毛仲等贬出京城。

时间不长，又将王毛仲赐死了。

帮助李隆基除掉了王毛仲一伙儿，高力士就更加受到李隆基的宠幸。由于李隆基的高度宠信，高力士的权力也越来越大。各地的一些奏折都是由高力士先看过，小事就独自决定，大事才禀报玄宗。一些大臣想走门子，见高力士一面，就向去见神仙一样。唐朝由此开始了宦官处理国家政务的先例。因为高力士与李隆基的特殊关系，他有能力决定一个人在仕途上的命运，不仅那些喜欢投机钻营的人都投在他的门下，朝廷中的许多大臣，也都纷纷讨好高力士，金吾大将军程伯献、少府监冯绍正与高力士结为兄弟，高力士的母亲麦氏死后，程伯献等披麻戴孝地送葬，痛哭的程度超过了哭自己的父母。就是显赫一时的李林甫、杨国忠、安禄山等人也不例外，都是或多或少地走了高力士的路子，巴结了高力士，才能爬上那样的高位。更有甚者，就是太子李亨也称高力士为兄长。

高力士虽为阉割之人，已经失去了一个正常男人的能力，但为了显示自己的权势和地位，仍然娶妻纳妾。河间人吕玄晤本来在长安当一个小官，他有一个女儿吕国姝长得十分漂亮，并且知书达理，遵从妇道。高力士就把她娶来为妻。不过，高力士抱得美人归以后，也没有亏待吕氏家人。吕玄晤随即从刀笔小吏升为少卿，后出任岐州刺史。吕氏的兄弟也都当上了王府属官。吕玄晤的夫人去世时，高力士为岳母操办了隆重的葬礼，朝中官员争相前往祭拜，从吕府到吕夫人墓地之间的道路上，车马相望不绝，十分壮观。

高力士还是不满足于手中的财富，他还想攫取更多的财富。有一年，高力士出钱在长安建造了宝寿佛寺，在兴宁坊建造了一座道士祠。佛寺和道士祠都是用的能工巧匠，经过了精心雕琢，镶金挂玉，豪华壮丽的程度，就连朝廷出资建造的寺观也相形见绌。高力士还特意在宝寿寺内铸了一大钟，大钟在撞击之下发出的声音特别嘹亮。

大钟铸成的那一天，高力士大摆宴席，宴请宾客。京城的达官贵人、豪商富贾都应邀前来赴宴，不少人看见了大钟，又听到了它那嘹亮的声音，都想撞击一下。在宴会上，高力士提出，新钟刚刚铸成，每撞击一下，需要纳钱十万作为礼钱。在座的不少人为了讨得高力士的欢心，争先恐后地纳钱撞钟。多的撞击二十下，少的也撞击十几下。仅这一次宴请宾客撞钟，高力士就收入了大批钱财。此外，他还拦河筑坝，修建了五座水磨，每天可磨三百斛麦子。

高力士自幼与母亲麦氏失散，分别时，麦氏曾哭着对儿子说："儿啊，娘与你今日一别，不知何时才能重聚。但你胸口有七点黑痣，有人说这是富贵的象征。到时如果我还没死，重聚时你要记住这番话，你平时总爱拨弄我臂上戴的两只金环，我会好好保存着，以作他日相认的标志。你一定要记住啊！"高力士富贵之后，想起了自己的母亲，便让岭南节度使帮助寻访。不久，在泷州（今广东罗定）找到了麦氏。高力士立即迎她入京。一别三十多年，母子皆认不出对方。麦氏问："你胸口的七点黑痣还在吗？"高力士解开衣襟，露出了胸口的黑痣。麦氏又取出金环说："这是我一直珍藏着的那副金环。"说罢，母子俩抱在一起，号啕大哭。玄宗知道高力士找到了生身母亲，也非常高兴，册封麦氏为越国夫人，并追赠力士的亡父为广州大都督。当时，金吾大将军程伯献为巴结高力士，与高力士结为兄弟。麦氏死葬时，程伯献以儿子的身份，披麻戴孝，在灵柩前痛哭，以此来讨高力士欢心。

高力士此人擅长揣测玄宗的心意，周旋在各位权臣之中，处世圆滑，很少有人会针对高力士。而高力士虽然权倾朝野，对于一些引起朝廷公愤的大臣，就算是自己的亲信，也绝不会说一句话，更不要说出面搭救了。尤其是高力士一生忠于玄宗，更让皇家视为忠臣。所以，李隆基始终保持了对他的信任，君臣二人的私人感情很好。再加上高力士处事周谨，少有大错，轻易不敢骄横，在朝廷内外亦没有大的坏名声，和诸王公大臣都能保持良好的关系，朝中的大臣们也并不讨厌他。

◎推举杨贵妃又得宠信

开元廿五年（737 年），李隆基宠幸的武惠妃因病去世，玄宗为之痛苦万分。武惠妃是李隆基十分宠爱的一个妃子，因为她，李隆基还几乎废掉太子瑛而立她的儿子李瑁为太子。武惠妃之死对李隆基的打击很大，在相当长的一段时间里，李隆基的情绪一直十分低落，整日郁郁寡欢，脾气暴躁。他面对后宫中的上千名妃嫔，提不起任何的兴致。他觉得她们之中没有一个人能赶得上武惠妃，能够理解自己，能够适合自己的心意。他无心处理朝政，情绪也变得很坏，动不动就让手下的人鞭打身边的人。吓得身边的宫女宦官们一个个整天提心吊胆。高力士清楚李隆基这样做的原因，就让人四处为李隆基寻找合适的妃嫔。后来，高力士听人推荐说，李隆基最宠爱的儿子寿王，有一个妃子杨玉环，长得十分美貌，并且又善解人意。高力士就把杨玉环的情况禀告了李隆基。

杨玉环很小就失去了父母，跟着叔父杨玄琰长大，她聪明伶俐，善解人意，十几岁就长得体态娇艳，美貌动人。16 岁就嫁给了寿王李瑁，由洛阳来到长安，成为京城长安中的第一美女。她与寿王结婚已经 4 年，还没有孩子，体态还是同妙龄少女一样婀娜多姿。

李隆基听了高力士的推荐，就立即下令将杨玉环召进宫中，要亲自看一看。杨玉环奉旨进宫拜见李隆基。李隆基一看到款款走来、风情万种的杨玉环，心里就向被电击了一样，感到一阵剧烈的震撼。杨玉环体态丰盈，肌肤如脂，一颦一笑，都能摄人心魄，且为人十分机敏，回答李隆基提出的问话时，句句都答到了李隆基的心坎上。李隆基见了真是龙颜大悦，马上要册封杨玉环成为自己的妃子，但被高力士使了个眼色挡住了。高力士附在李隆基的耳边说，杨玉环毕竟是陛下的儿媳妇，这样做不妥。高力士出主意，为了掩人耳目，先叫杨玉环自己申请去皇家的一个尼姑庵中做女道士，取法号为太真。过了没多久，李隆基就迫不及待地派高力士将杨玉环接入宫中，册封为贵妃。李隆基为了安慰自己的儿子李瑁，就又给儿子娶了一个年轻貌美的韦氏女子做妃子。

杨玉环不仅容貌长得出众，性格十分机敏，善于揣摩迎合李隆基的心理，而且，她还精通音律，善于弹奏乐器，这对有着极高音乐天赋的李隆基来说，更是觅得了难得的知音。李隆基得到杨玉环后，天天同杨玉环处在一起，有时杨玉环演奏，李隆基欣赏，有时李隆基下旨传来梨园、教坊的乐人演奏，李隆基和杨玉环一块欣赏。而在夜间，李隆基夜夜都留在杨玉环的房中，对她宠幸，而不再到其他妃嫔的房中。自从杨玉环进宫，李隆基就日夜沉溺于声色之中，没有心思再过问朝廷中的事情，更没有心情处理朝政，他把朝廷中的事情都交给了宰相李林甫。

杨玉环进宫后，高力士对她照顾得颇为周到，并且把宫中的大小礼仪规矩给杨玉环作详细介绍，使她能够在内宫的明争暗斗中可以自保。每次杨玉环坐马车出游时，高力士都执辔授鞭、侯于左右听候差遣。平时，杨玉环遇到不顺心的事，高力士又会竭力劝解，给她分忧。有一天，杨玉环忽然对摆在面前的一盘盘精心挑选的新鲜水果，没有了任何的兴趣，而且发出了一生轻微的叹息之声。立在杨贵妃一边的高力士听到了，立即俯身问道："娘娘怎么了？"杨贵妃用玉手轻轻指了指面前的水果说："天天都是这些同样的东西，也没有什么新的水果，看着都有些让人心烦了。"高力士想起了小时候自己在家中吃的荔枝，味美可口，就对杨玉环说："奴才知道一种水果，味道非常鲜美，且吃了以后能够养颜益寿。"杨贵妃立刻问："是什么水果？"高力士说："是荔枝，生长在广州。荔枝需要鲜着吃才好吃。只是广州距离长安路途十分遥远，奴才恐怕荔枝运到了这里，味道就不怎么鲜美了。"听了这话，杨玉环本来极有兴致的脸上又露出了一丝忧郁。

李隆基看了杨玉环脸上由喜到忧的表情，立即安慰杨玉环，一定会让她吃上新鲜的荔枝。杨玉环听了。又转忧为喜了，脸上又充满了迷人的光彩。李隆基立即命令宦官，日夜兼程，给广州太守下令，让他每年向朝廷进贡鲜荔枝，并严令沿途各驿站，要用最快最好的马运送荔枝，中途不得停留，不得有任何延误。从广州到长安的路上，一匹匹骏马驮着荔枝，在骑手猛烈的鞭打下，一路狂奔，直到下一个驿站才停下来。不少马到了驿站之后，倒在地上，再也起不来了。就这样，荔枝被用最快的速度运到了长安，荔枝的颜色和味道还和刚从树上摘下来的一样，一点也没有改变。杨玉环吃了新鲜的荔枝非常高兴，李隆基见杨玉环又有了兴致，他也十分高兴。

为了能让杨玉环高兴，李隆基专门派了七百个织绣工，负责为杨玉环一个人做衣服。而朝廷内外的大小官员们，为了讨得李隆基的欢心，也争先恐后地献给杨玉环礼物，各种玉器做成的珍贵器皿，金丝、银丝织成的华丽的服装，巨大的珍珠、质地优良的翡翠、各种好玩的宝物，从全国各地源源不断地运到京城，送到杨玉环的院中，供杨玉环使用、欣赏、玩乐。一些官员因为献给杨玉环的东西受到杨玉环的称赞，李隆基立即下诏对他们超拔提升。岭南经略使张九章，广陵长史王翼，因为献的东西好，张九章被晋升为三品，王翼入户部作了侍郎。在全国范围内，给杨玉环献礼物形成了一种风气。杨玉环成了人人羡慕、追捧的对象，民间流传着“生男勿喜女勿悲，君今看女做门楣”的说法。

杨玉环得宠后，由于玄宗对她百依百顺，故逐渐变得蛮横好妒。她不再事事都迎合李隆基的，而是像热恋中的许多女人一样，变得越来容易越嫉妒，越来越蛮横，越来越不讲道理了。她开始对李隆基提出种种的限制，不让李隆基去接触宫中的其他妃嫔，如果李隆基与其他妃嫔有了接触，甚至说了几句话，杨玉环就醋劲大发，十分生气，对李隆基撒泼使性子，对李隆基不理不睬。李隆基也渐渐变得有些生气了，他为了维护自己天子的尊严，就命令宦官将杨玉环送回他哥哥杨铦家中。

杨玉环被送出宫中之后，李隆基就开始有些后悔了。杨玉环不在眼前，他像丢了魂一样，变得心绪不定、焦躁不安了，整个人就像被霜打了一样，萎靡不振，情绪不振，没有一点精神，干什么都没有了兴致。已经到了中午了，宦官们将早饭送来了一次又一次，换了一次又一次，可李隆基就是不想吃早饭。他觉着身边的人越来越惹他心烦，干起事来一个个笨手笨脚，做事情总不合他的心意。他一连几次下命令，把那些做事情不合他心意的人进行了毒打，但心里还是觉着别别扭扭的，像塞了一块东西似的不舒服。他后悔自己不该把杨玉环赶回家中，想把她接回来，但碍于面子，开不了口。高力士明白了李隆基的心思，就请李隆基下令，将杨玉环院子中藏有的所有贵重东西，都装上车给杨玉环送去，整整送去了几百车子。但李隆基觉着这样做还不够，自己还感到有些愧疚，他要亲自为杨玉环做点什么，才能弥补自己的过失。于是，他亲自将自己的御膳分成两份，命人送给杨玉环一份。到了夜里，李隆基仍然是六神无主，坐立不安，他更加思念杨玉环。高力士给李隆基找台阶，他趴伏在地上，向李隆基恳求，去接杨玉环回宫，李隆基很快就同意了。于是高力士是夜出宫，将玉环接回皇宫。天明彻夜未眠的玄宗见到爱妃出现在自己面前，欣喜万分。从此，玄宗对这个善于揣摸自己心思、能在关键时刻给自己排忧解难的老臣更加信任了。

由于宠爱杨玉环，李隆基爱屋及乌，对杨玉环的三个姐姐也宠爱有加。杨玉环的三个姐姐不仅仅一个个长得貌似天仙，而且都会吹拉弹唱，才艺不凡。李隆基对杨家三姐妹也进行了加封，封嫁给崔氏的那位为韩国夫人，嫁给裴氏的那位为虢国夫人，嫁给柳氏的那位为秦国夫人。李隆基在皇宫中，见杨氏三姐妹时，就像普通人家那样，称三位夫人为大姨，李隆基同她们在一起，亲密程度就像是一家人。杨家三姐妹也经常出入皇宫禁地，她们也都受到李隆基的极度宠爱。杨氏三姐妹因为受到李隆基的宠爱，也身价倍增，在朝野内外成了炙手可热的人物。三位夫人进宫见李隆基时，公主们都要站立在一边，不敢坐下。杨氏三姊妹和杨铣、杨锜这五家，家中有什么事情需要处理，只需派一个家奴去告诉知府、县令们一声，知府、县令们得到了消息，就会立即亲自带人前去办理，办理的速度比上级衙门下公文催办的事情要快得多。全国各地的大小官员们，前来对杨家进行贿赂的车辆，挤满了杨家五兄妹的门前。行贿的人争先恐后，一个个都害怕落在别人的后面。杨家五兄妹的门前，整日整夜，门庭若市。京城中各位王公贵族及百官的子孙们，结婚喜庆了，想让李隆基写个字、说句吉利话，都先用一大笔钱去贿赂韩国夫人和虢国夫人，由她们向李隆基提出请求，而她们的请求李隆基没有不批准的。

天宝九年，杨玉环又同李隆基闹别扭，严重违抗了李隆基的旨意，惹怒了李隆基。李隆基又将杨玉环送回家中。之后，李隆基的情绪又变得极坏。朝中大臣们纷纷托宦官进言，劝说李隆基，李隆基又开始后悔了，他派宦官给杨玉环送去御膳。杨玉环回家后，知道这一次把李隆基真的激怒了，也十分后悔，担心以后真的不能进宫了，在家中也焦躁不安。见到李隆基派来的宦官，禁不住痛哭流涕。她哭着对那位宦官说："臣妾所犯的罪过应该被处死，陛下没有让臣妾死去，而让臣妾回到家中，臣妾十分感激。从今以后，臣妾将永远离开皇宫了，臣妾想对陛下表达自己的感激之情，但这些金、银、珍珠、宝物，都是陛下赏赐给我的，陛下也不会稀罕，臣妾也不想把它们献给陛下。只有臣妾的头发，是父母给的，属于臣妾自己，臣妾就把头发献给陛下，来表示臣妾对陛下的一片诚心。"说完，就在自己浓浓的乌发上剪下一缕青丝，交给那位宦官。宦官拿着那绺头发回到宫中交给李隆基。李隆基见了，心如刀割，高力士再次为杨玉环说好话，玄宗乘机命令高力士将杨玉环迎回宫中。从此以后，唐玄宗与杨贵妃情爱弥笃，更加难舍难分。相传，有一年在华清宫的长生殿，正值七月初七乞巧节，夜阑更深，玄宗与贵妃遥望夜空牛郎织女二星，双双跪拜相盟，发誓："在天愿作比翼鸟，在地愿为连理枝"，生生死死，永不分离。这对老翁少妇的浪漫艳史，得到后来人们的普遍同情，长期在民间流传。

天宝十三年（754 年）秋，大雨成灾。此时的玄宗在内宫以高力士为亲信，而在朝班中则对宰相杨国忠信赖非常。杨国忠是靠了被玄宗宠幸无比的贵妃杨玉环才登上宰相高位的，他凭借一张三寸不烂之舌骗取了玄宗信任。这次他又故技重演，找到一穗饱满的稻谷让玄宗看，并且胡说："雨下得虽然很大，但决不会影响收成。"时杨国忠权势炙手可热，无人敢站出来说真话。玄宗退朝回宫后，见左右无人，便问高力士："这样的气候一定会造成灾害，你不妨据实告诉我真实情况。"高力士叹了口气，说道："自从陛下把朝政大权交给杨宰相后，法令不行，闹得天灾人祸不断，天下怎么还能太平呢？所以我也只好不再多说什么了。”玄宗听后默然无语。高力士表面上是不再多说什么了，潜台词是明显的。满朝文武，无人敢揭露杨国忠的劣行，偏偏高力士说出了实话。但李隆基过于宠爱杨贵妃，对杨国忠也就听之任之了。

◎利用贵妃之手除异己

高力士在左右朝政之时也极力排斥异己。唐朝大诗人李白，字太白，号青莲居士。长安元年（701 年）李白出生于此。5 岁时，随父李客迁徙绵州昌隆（今四川江由）青莲乡。李白少年即显露超群才华，吟诗作赋，博学广览，并好行侠。唐开元十三年（725 年），25 岁的李白出蜀，进行了第一次长江流域的漫游，南浮洞庭，北游襄汉，东上庐山，直下金陵扬州，东北访汝南一带。据他 30 岁时（开元十八年）所著的《上安州裴长史书》中说：“见乡人（司马）相如大夸云梦之事，云梦有七泽，遂来观焉；而许相公家见招，妻以孙女，便憩迹于此，至移三霜焉。”可知他是开元十五年（727 年）招赘于许家，结婚时已经 27 岁了。所谓“许相公”，即许圉师，唐高宗龙朔年间曾任左相。

就在这结婚后第三年，李白经由南阳第一次赴长安。靠着他自己的才华和许家的旧有势力，他结识了唐玄宗的妹妹玉真公主、秘书监贺知章、崔宗之等，并结战“酒中八仙”。贺知章读罢李白的诗文，倍觉其志高清奇，才气逼人，称他是“谪仙人”。天宝初年，李白与著名道士吴筠同隐居于浙江曹娥江上游的剡中，吴筠首先受到唐玄宗的征召，由于他的直接推荐，更由于贺知章、玉真公主等的力荐支持，唐玄宗又派人征召李白入京。这二次入京，气派迥然不同。李白不像第一次那样隐居终南山，漫游坊州、邠州等地，有时为斗鸡徒所窘迫，几乎不能脱身。这次，皇帝见了李白的诗也赞叹不已，就在金銮殿上召见李白，当诗人远远步上台阶时，唐玄宗竟然走上前去迎接李白，谈起当时的政事，李白能当场根据唐玄宗的意思，写下一篇《和番书》，而且一面口若悬河地与玄宗谈话，一面手不停笔地写下来，唐玄宗大为高兴，亲手调制了一碗羹送给李白吃，从此任命他为翰林。

有一次，李白在集市的酒馆中喝醉了酒，玄宗又要召见李白，左右侍从就用冷水洒在李白脸上，李白才稍稍解酒。玄宗命李白谱写乐章，李白挥笔成文，婉丽情切，玄宗十分称赞、看重李白的才气。一次，李白与玄宗一起饮酒，醉意蒙眬，竟让在玄宗身边的高力士为他脱靴。高力士一向为玄宗所宠，这么一来，他认为这是李白对他的莫大侮辱，由此对李白耿耿于怀。

高力士深知李白为玄宗所器重，自己在玄宗面前诋毁李白未必能有效。工于心计的高力士，决心利用玄宗宠爱的杨贵妃之手来打击李白。

长安兴庆宫东效建有一沉香亭，是专供玄宗皇帝和皇妃欣赏牡丹花用的。天宝二年（742 年）春天，玄宗携杨玉环，由高力士、杨国忠等陪着前来赏花，并派人去召大诗人李白来填词助兴。李白这天恰巧跟他的一些诗友在酒楼饮酒，已经喝得醉醺醺的了。听内侍来宣召，不得不去。他踉跄步入沉香亭。玄宗见他那醉态可掬的模样，便叫着李白的字说："太白，你且坐下，今天牡丹盛开，你替朕写一首牡丹诗。"牡丹花开得十分艳丽，映衬着杨玉环的桃腮粉面。一阵风吹来，送来浓烈的香气，才华横溢的李白斜眼一看，那生得花容月貌的杨玉环真可说是绝代佳人，他想起不久前曾有幸目睹杨玉环的舞姿，轻盈起伏，飘若白云。于是第一句诗便有了："云想衣裳花想容。"李白走到几案前，拿起御笔，脱去笔帽在墨池里泼了几下，发现有点稀，就对站在一旁的杨国忠随口吩咐道："把墨再研浓一点！"杨国忠当时供职户部，官阶不高，可已是一个炙手可热的人物。现在，李白竟让他研墨，这实在是大辱。但他在玄宗面前不好发作，只好忍着拿起御墨研了起来。

李白把笔蘸得饱饱的，在锦笺上龙飞凤舞，写下了那三首著名的《清平调》：

云想衣裳花想容，春风拂槛露华浓。
若非群玉山头见，会向瑶台月下逢。

一枝红艳露凝香，云雨巫山枉断肠。
借问汉宫谁得似？可怜飞燕倚新妆。

名花倾国两相欢，常得君王带笑看。
解释春风无限恨，沉香亭北倚阑干。

李白一边写，杨玉环一边读，等李白放下笔，杨玉环立刻把锦笺捧起来，呈给玄宗。她对李白这三首诗非常满意。因为这诗写了花，也写了她。不是吗？“名花倾国两相欢，常得君王带笑看”。这一联句使她多么陶醉啊！李白用“倾国”一词来夸耀她的美貌，使她欣喜不已。李白退出去了，杨玉环也回宫了。玄宗和高力士、杨国忠还坐在沉香亭里。玄宗对高力士说：“李白的确有才学，朕想派他一个官职，一时想不起干什么合适。”扭头问杨国忠：“你看让他到户部怎么样？”高力士微微一笑说：“李学士的诗作得真是不赖。可他‘但愿长醉不复醒’，那样地贪杯好酒，做起官来不会误事吗？”杨国忠也在一旁说：“李学士还说什么‘千金散尽还复来’，户部用了这种挥霍大方的官员，国库也就危险了。”玄宗想想方才李白的醉态，也不由地随口说道：“这人才学不错，但却是一副穷相。”

杨玉环对《清平调》倒是爱不释手，时常拿出来品赏。一天，高力士见玉环又在吟唱，就阴毒地一笑，问道：“娘娘，‘借问汉宫谁相似？可怜飞燕倚新妆’一句怎么讲啊？”杨玉环得意地说：“那是用汉成帝的皇后赵飞燕来跟我比呢。可怜她只能倚仗常穿新装，才有点像我。”高力士却抓住赵飞燕曾传有与宫外男子燕赤风私通一事，成帝归天后，平帝即位，将她废为庶人，后又追其自杀一事，竭力挑拨，说这是李白有意挞斥，由此激起玉环对李白的怨恨。心胸狭隘的杨玉环听后，柳眉倒竖，把李白写诗的锦笺扯得粉碎。玄宗每每欲授李白宫职，杨玉环都从中阻止。

面对杨玉环、高力士、杨国忠这种势利场中的人物，性格狂放的李白自知不会被重用。他在冷衙门里待了快两年了，依然是个翰林供奉，有些心灰意懒了，初来长安时那种想大干一番事业的雄心壮志，已经消磨殆尽。于是，恳求出宫云游四方，玄宗也就顺水推舟，予以应允。这样，高力士等人又借杨玉环之手，把不合己意的李白逐出了京城长安。

◎大权在握依旧忠心耿耿

高力士成为朝野瞩目的特权人物。他凭借皇帝的权威发展自己的势力，但是他对唐玄宗却是忠心耿耿。从玄宗710年立为太子开始，直到762年玄宗驾崩前几年，高力士才被贬离去。五十多年中，高力士始终陪伴着唐玄宗，他虽然也有自己豪华的住宅，但是他长期昼夜都在皇宫中伴驾。

高力士的可贵之处还在于，他一旦看中了人，就会忠心耿耿，两肋插刀，决不变心。不管这个人处在辉煌的顶峰，还是跌落到人生的低谷，他都是一如既往，从始到终。他帮助李隆基诛杀了太平公主势力，为李隆基日后登基扫清了障碍。李隆基后来当了皇帝，他更是忠心事君，死心塌地地为李隆基效力。他曾说："竭诚尽节，上答皇慈"，即使"粉身碎骨"也在所不辞。表达了他对玄宗的耿耿忠心。

天宝年间，李隆基陶醉于开元时期取得的成绩，踌躇满志，自以为从此天下太平，国泰民安，开元时期锐意进取的治国精神丧失殆尽，而怠于政事，湎于声色。天宝七年（748 年）的科举考试中，李林甫为排抑异己，以固其宠，竟未取一人，却向玄宗说："考生大都人才平庸，由于陛下任人唯贤，如今已是野无遗贤了。"李林甫是唐宗室后裔。此人"无学术，仅能秉笔"，说话"陋鄙，闻者窃笑"，素质十分低劣，但却官运亨通，青云直上，久居要津，从基层禁卫军官开始爬行，至开元二十二年（734 年）窃居相位，直至天宝十一年（752 年）病死，连任 19 年宰辅。这除了沾了皇亲的关系网外，主要靠他"多狡数"的政治权术和善于玩弄阴谋诡计的手腕。尤其是他善于伪装的两面派手腕，可谓登峰造极。外表一副大好人的形象，"面柔令，初若可亲"，骨子里却"性阴密，忍诛杀，不见喜怒"。与人交往，"好以甘言啖人，而阴中伤之，不露声色"，世谓"口有蜜，腹有剑"，一生"以谄佞进身"，"唯务陷人"。全部仕途生涯就是以"佞"起家。唐代从李世民开始，有皇帝面试取士的办法，渐而形成制度。天宝七年，唐玄宗遵循祖制，下诏"广求天下之士，命通一艺以上皆诣京师"应试，对策听选。可李林甫害怕"草野主人对策斥言其奸恶"，就花言巧语欺骗玄宗，借口"举人多卑贼愚聩，恐有俚言污浊圣听"，使玄宗放弃了亲自过问选事的最后一部分"对策"取士的权利，经李林甫的精心安排，结果"无一人及第”，非常巧妙地阻断了“对策”之路，而又很自然地取得了玄宗的信任。有一天，玄宗在大同殿斋戒，对侍从在身边的高力士说：“今海内无事，天下太平，我想安居无为，吐故纳新，委国政给李林甫，你看如何？”高力士回答道：“如今国库虽然充足，我仍担心储蓄不足。如果继续向百姓征派，又会使百姓的私人蓄藏告罄，如此百姓就会舍本逐末。再说天下权柄，怎么能轻易委托他人呢？如果李林甫威风震主，一旦有变，谁还敢阻止呢？”玄宗听后，怏怏不快。高力士见玄宗生气，连忙顿首自陈：“我一时糊涂，说出一些错话，罪该万死。”玄宗见状，也便敛下怒色，并在宫中置酒，左右高呼万岁，高力士才避免了一场大祸。

开元十四年（726 年）春，宰相张说被李林甫等人弹劾而下狱。玄宗令高力士到狱中复查，准备依律治罪。高力士复查后，对玄宗说：“张说在狱中蓬头垢面，用瓦器当餐具，正凄惨地等待判罪呢。”玄宗听了，怜悯之心油然而生。高力士见玄宗心有所动，赶紧说：“张说对大唐有功，虽有过错，不应治罪太深。”玄宗听从了高力士的意见，对张说做了从轻处罚。不久，玄宗又以尚书右丞相致仕张说兼集贤殿学士，这不能不说是高力士的功劳。

开元二十六年（738 年），唐玄宗 54 岁了，面临着立太子的疑难。在立太子的问题上，高力士也为唐玄宗出谋划策，排除犹豫。高力士深知立太子的重要性。太子瑛被废后，李林甫等人皆欲立当时被玄宗宠极一时的武惠妃的儿子寿王，玄宗犹豫不决，寝食不安。高力士见此情形，便对玄宗说：“应推长而立，谁敢争！”玄宗极为称赞他的建议正确。于是立李亨为太子，他就是后来的唐肃宗。

唐玄宗统治后期，骄傲自满，不再虚心纳谏、从善如流了。在朝廷内部，李林甫大权独揽，群臣只能俯首顺从，只有高力士一人敢时常批评李林甫。“安史之乱”前，高力士已经看出安禄山手握重兵，将对朝廷不利，大有反叛之意，便对玄宗劝谏道：“北兵悍且强，陛下何以制之，臣恐祸成不可禁。”但是唐玄宗对安禄山的险恶用心却视而不见，对高力士说：“卿勿言，朕将图之。”其实，玄宗并没有采取有效措施，制止叛乱。当安禄山叛乱的报告送递到京城的时候，玄宗还怀疑消息是假的。如果玄宗能够听从高力士的警告，防患于未然，“安史之乱”可能就不会发生了。由此，我们再一次可以看到高力士的政治远见和一片赤胆忠心。

高力士历来反对弄虚作假，主张实事求是，说真话，办实事。天宝十三年（754年）六月，征服南诏的战事失利，唐朝7万大军全军覆没。而宰相杨国忠却欺骗玄宗，把失败说成了胜利，朝中大臣谁也不敢反映真实情况，玄宗也觉得高枕无忧。高力士尖锐地指出：“臣闻云南数次丧师，又加边将拥兵自重，陛下将用什么办法制之？臣恐一旦祸发，无可挽救，岂能说是高枕无忧呢？”

“安史之乱”后，唐玄宗仓皇逃往四川避难。行至马嵬坡时，发生了士兵哗变，诛杀了宰相杨国忠。他们又逼迫唐玄宗杀死杨贵妃。玄宗怎么能够舍得给自己带来无尽快乐的爱妃呢？便没有答应士兵们的请求。事情一时间陷入了僵局。此时，高力士非常清楚，此时如果处理不当，势必会演变成弑君惨剧。他为了保全玄宗，果断进言道：“贵妃确实没有罪，然而将士们已经诛杀了杨国忠，而贵妃陪伴在陛下左右，他们谁不为自己的安全担忧！愿陛下深思熟虑，慎重对待这件事，只有安抚好将士们陛下才能安全啊！”玄宗无奈，只好命令高力士引贵妃到佛堂，把她用绳索缢死。平息了这场哗变，整顿队伍，继续前进。高力士在关键时刻当机立断，劝玄宗忍痛割爱，缢杀贵妃，避免了一场弑君兵变，救了玄宗一命。高力士护驾有功，到了成都后，被封为齐国公。

玄宗来到四川后，传位给太子李亨（肃宗），自称太上皇。两京收复后，肃宗奉迎玄宗还京。然而，此时玄宗已经失去了所有的政治权力，被肃宗安排在深宫内院，不准任何人和他接触，过着囚徒般的软禁生活，心情非常忧郁，而此时忠实陪伴他的仍然是高力士。每天他替太上皇玄宗扫除庭院，剪除杂草，或讲经议论，或给玄宗说说笑话，逗玄宗开心。总之，高力士每天总是想方设法，变着花样让玄宗开心，打发寂寞无聊的时光。

◎一生忠君爱国，死后陪葬玄宗

唐玄宗一味地宠信杨国忠，终于引发了“安史之乱”。天宝十四年（755年）十一月九日，身兼范阳、平卢、河东三镇节度使的安禄山，在范阳（今北京西南）以肃清君侧、诛锄杨国忠为名，起兵反叛。

安禄山是突厥人与波斯人的混血儿。他成为最大的军阀以至叛变，事实上是唐玄宗和李林甫们把他养成的。自天宝元年至十三年，安禄山的官职升进的迅速惊人。天宝元年任第一任平卢节度使，兼柳城太守，又兼渤海、黑水等四府经略使。天宝二年晋骠骑大将军。三年又兼范阳太守、河北采访使。六年，晋御史大夫，封为柳城郡公，不久，又晋封为东平郡王。九年，兼河北道采访处置使，又兼云中太守、河东节度使。天宝十三年，任尚书左仆射，实封千户。他可以说位极人臣，只剩下做皇帝了。他大权在握，不断地招兵买马，蓄积势力。连杨国忠在天宝十三年时都感到他有叛心，而唐玄宗却一味宠信，甚至把他收为杨玉环的义子。由于海内和平已久，军备废弛，叛军一路势如破竹。十二月攻占东都洛阳。第二年六月，攻破潼关，兵锋直抵长安。“渔阳鼙鼓动地来，惊破霓裳羽衣曲。”面对突如其来的事实，玄宗皇帝无可奈何，只好一逃了之。天宝十五年（756年）六月的一天晚上，夜幕降临，君临天下45年的玄宗皇帝秘密整顿禁军，备好车马，趁着第二天黎明，带着杨贵妃姐妹、一部分皇子皇孙和近侍、大臣悄悄打开城北宫门，直奔蜀郡而去。为了逃命，他抛下了京师上百万父老，连同住在别宫的众妃嫔、公主、皇孙等，也顾不得通知一下。高力士作为玄宗的宠侍，当然随驾前往。

出了长安，渡过滑河上的便轿时，杨国忠生怕敌军追来，派人焚桥，而玄宗倒尚有恻隐之心，他不愿绝了京中百姓逃命的生路，命高力士带人灭了火。

中午，他们到了咸阳，地方官吏早已作鸟兽散，无人进膳。这位大唐天子，有生以来第一次尝到了饥饿的滋味。他坐在一棵树下，神色沮丧，拂然有弃海内之意。幸被高力士察觉，抱着他的双脚呜咽劝说而止。午后西行，至金城（今陕西兴平），驿中馆舍皆无灯烛，入夜，玄宗只得与贵妃、皇孙等，靠着月光摸进户庭，熬过了这一夜。

第二天天亮，行至金城之西马嵬驿，随从护驾的禁军忽起哗变，禁军首领陈玄礼率众人将杨国忠杀死，接着哗变的将士齐集玄宗住所，要求处死杨贵妃，可怜“三千宠爱在一身”的杨玉环竟成了统治集团内部斗争的牺牲品。

杨贵妃被缢死后，随驾人员为前行的去处发生分歧。有人提议去太原，有人说去陇右，也有人主张去朔方。这时只有高力士最了解玄宗心意，只听他一板一眼地分析说：“太原虽然池深城固，但离叛军最近，又是安禄山的属地，人心难测；陇右地处西荒，沙漠浩瀚，大批人马居住，粮草供应无法保障；朔方地靠边境，蕃戎居半，他们不明朝廷制度，难于管理，不易驾驭。四川地方虽小，但人口众多，物产丰富，山水相依，内外险固，我看还是去四川为上策。”玄宗表示赞许，其余人也都随和。于是，便决定到扶风稍作休整，继续南行四川。

天宝十五年（756年）七月，太子李亨在灵武（今宁夏灵武）登基，是为肃宗，改元“至德”，尊玄宗为太上皇。玄宗听到肃宗即位的消息，甚为高兴，对高力士说：“我儿应天顺人，改元为‘至德’，没有辜负我的教导，我还有什么可以忧烦的呢？”高力士却说道：“现在两京相继失守，生灵涂炭。黄河以南、汉江以北地区战火纷飞，人们为之痛心疾首。可陛下却以为万事大吉了，我实在以为自己是听错了呢。”高力士只是在提醒玄宗要时刻保持清醒。至德二年（757年），唐军在回纥的支援下收复长安，肃宗将太上皇李隆基从成都迎回长安，安置在兴庆宫，由高力士、陈玄礼担任侍卫。

玄宗与高力士此次重返京都，形势已发生了重大变化。高力士的地位也开始发生动摇。当时，宦官李辅国因拥立肃宗有功而备受宠信。李辅国又勾结皇后张良娣，持权禁中，干预政事。高力士本是李辅国的老前辈，又自恃得太上皇宠信，故在李辅国面前常摆架子，甚至有不礼行为，因此高、李二人结怨，李辅国寻机打击高力士，以固其宠。

玄宗在兴庆宫里过着悠闲的太上皇生活。肃宗又派梨园子弟天天到此奏乐跳舞，供玄宗一伙消遣。兴庆宫里有座长庆楼，南靠宫外大道。太上皇常在楼上饮酒，有时也向楼下徘徊观望，百姓经过这里，看到垂垂老矣的玄宗皇帝都非常激动，欢呼“万岁”。太上皇有时也在楼上宴请宾客。有一次，剑南道的奏事吏经过楼下，上楼拜见太上皇，太上皇置酒宴请了他，后又诏见将军王铣等，赏赐给他们礼物。这事虽小，却引起了肃宗的顾虑，他担心太上皇复位，因此十分警惕。

李辅国因深受肃宗宠信，由一个普通宦官一跃成为朝中显贵，骄横显赫，把持朝政，他猜出肃宗的心思，便向肃宗进谗言道："太上皇经常与外面联系，陈玄礼、高力士力图谋不利于陛下之举。现在朝臣人心浮动，我的劝告也无济于事，所以才不得不告诉你。"肃宗一直被李辅国蒙蔽，这番鬼话又使他顿生疑窦，流着泪说："圣皇行事慈善仁爱，怎么会允许发生这种事情呢？"李辅国却答道："太上皇固然没有这个意思，但他手下之人行事，他又能有什么法子呢？请陛下为社稷大业考虑，尽快消除这场即将发生事变的苗头。"他又向肃宗献计，将玄宗迁往太极宫，隔绝同外界的联系，肃宗没有接受李辅国的这个建议，却将原来兴庆宫原有的300匹马减去290匹。玄宗皇帝面对这一现实，也无可奈何，对高力士说："我儿受李辅国蒙惑，不能再尽孝了呀！"

上元元年（760年）八月，肃宗偶生小病，李辅国矫诏，诈称肃宗请太上皇游太极宫。当玄宗一行行至睿武门时，李辅国率500骑士拦住道路，对玄宗说："当今圣上因兴庆宫太小，迎太上皇迁居大内。"玄宗大吃一惊，差点儿从马上摔下来。这时，高力士挺身而出，急步上前指斥在马上耀武扬威的李辅国道："太上皇是五十年太平天子，你李辅国想干什么，竟如此无礼！"李辅国见状只得下马。高力士又代玄宗问候众将士道："各位将士别来无恙？"众将士纷纷收起佩刀，翻身下拜，高呼万岁。高力士又回头对李辅国说："李辅国可为太上皇牵马。"李辅国无奈，只好与高力士一起将太上皇拥簇到太极宫甘露殿。风波平息后，玄宗皇帝握着高力士的手说："如果没有将军，我就成为乱兵刀下之鬼了！"

李辅国在高力士面前出了个大丑，把高力士恨之入骨。临走时，他只留下几十个老弱残兵侍卫玄宗。玄宗皇帝迁居甘露殿后。心情更加忧郁，只有高力士侍从身边。这时太上皇和高力士都已是七十多岁的垂垂老翁了，他们终日无所事事、郁郁寡欢。

760年，李辅国诬陷高力士“潜通逆党，曲附凶徒”，并说此罪本应该杀头，但念他长期服侍玄宗，就免他一死，把他流放到四川巫州去了。此时，高力士正患疟疾，接到谪书后，对李辅国说：“我早该死了，只是因为圣上仁慈怜悯才苟活至今。我请求再拜见一下太上皇的龙颜，那样我即使死了也心无遗憾了。”对此，李辅国没有同意。高力士无可奈何，只得带着满腹的凄凉来到巫州。巫州地僻粮缺，年老体衰的高力士在此苦度光阴，备感寂寞。当地荠菜很多，但当地百姓皆不食用，高力士常采撷做羹，触景生情，感慨赋诗一首：“两京作斤卖，五溪无人采。夷夏虽有殊，气味终不改。”借此抒发自己虽被贬流，但对玄宗皇帝却是忠贞不贰。

宝应元年（762年）四月，有诏书颁行天下：流人一律放还。随即玄宗、肃宗相继去世。太子李豫在宦官李辅国、程元振的拥立下登基，是为代宗。六月，“二圣”的遗诏传至巫州，高力士闻知“二圣”的死讯，呼天叩地，哭得死去活来。他为“二圣”持丧，由于悲痛过度，忧伤成疾。七月，高力士离开巫州返京。八月，行至郎州（今湖南常德），病情加重。高力士对身边的人说：“我已年近八十，可谓长寿了，官至开府仪同三司，也可谓显贵了，一切我都无遗憾。所恨的是‘二圣’先去，我竟无缘一见圣容。我这个孤苦游魂，到何处寻找我的依靠呢？”说完眼泪不停地流了下来，身边的人也都觉得非常心酸。

八月十八日，高力士逝于郎州开元寺之西院，时年79岁。代宗因高力士乃数朝老臣，护卫先帝有功，诏令恢复高力士原有官职，追赠广州都督，由皇家出面操办丧礼，并陪葬于玄宗泰陵“没而不朽”。高力士生前未能见玄宗最后一面，死后却得以长伴玄宗于地下，如果九泉有知，当也不会再有遗憾了。

◎后人话高力士：忠贞不渝、目光远大的唐朝重臣

金无足赤，人无完人。墓志称“内侍设监，自公始也”。高力士确实首开了宦官干政的先河，为后来各朝代的“宦官弄权”留下制度上的隐患。但是，“内侍设监”并非高力士自己任命自己，而是出于当时皇帝对他信赖，是封建社会制度必然的弊端。而事实上，高力士为当时的朝野大局和谐稳定，立下了汗马功劳。

作为宦官，他属内官，权力再大也不可能直接处理指挥朝政。他的职能作用，相当或近似于现代的“秘书长”，是下情上传的桥梁。他追随玄宗 50 年，由少年陪读到支持玄宗登基，由开元盛世到盛唐的没落，他都忠心耿耿。

唐中宗景龙年间，唐玄宗还是个一般的藩王，地位不算突出。然而，唐玄宗自小就经历了错综复杂的宫廷变故，促使他形成了意志坚定的性格，确立了远大的志向。在宫里，唐玄宗自诩为“阿瞒”，虽然不被掌权的武氏族人看重，但他一言一行依然很有主见。在长期的宫廷生涯中，高力士对这个王子有了更加深刻了解，很希望助其一臂之力，帮助他成就一番事业。因此，高力士对唐玄宗的服侍非常周到，“力士倾心奉之，接以恩顾”。从这里，我们可以看出，高力士既是一个有眼光、有远见的人，又是一个知恩图报、满腔真诚和热血的真君子。

不管后来唐朝的政治如何风云变幻，高力士对唐玄宗的支持不改初衷，并尽自己的最大努力，辅助唐玄宗成就帝业。唐朝自武则天当政，局势多有变故，武则天死后，韦后、安乐公主、太平公主等各种政治势力斗争十分激烈，政局极不稳定。景龙四年（710 年），韦后为当女

皇帝，与散骑常侍马秦客、光禄少卿杨均密谋毒死了唐中宗。唐中宗死后，韦后搬出幼稚无知的李重茂上台当傀儡皇帝（殇帝），自己临朝摄政。她还想爬上皇帝的宝座，准备对李旦下毒手。在这个关键时刻，素有胆有识的唐玄宗在高力士等人的帮助下毅然发动宫廷政变，及时消灭了韦后势力。后来，也是在高力士等人的全力帮助下，消灭了太平公主的势力集团。唐朝的政局在历经了二十多年的动荡后，终于稳定下来，为开元盛世局面的出现奠定了重要的政治前提。

随着政局的稳定，唐玄宗的帝位也日益巩固，对高力士的信任也日益加深，很多家国大事都由高力士代为处理，高力士遂成为唐玄宗的重要辅臣。史载："每四方进奏文表，必先呈力士，然后进御，小事便决之。""玄宗常曰：'力士当上，我寝则稳。"由此可知高力士已深得玄宗的信任，这是高力士在其政治生涯中走向权力巅峰的重要一步。虽然，家国大权在握，但高力士并没有专权乱政，以忠于李唐王朝的赤诚之心，小心用好手中的权，因而能"谨慎无大过"，为推动唐朝进入更为繁荣的开元盛世做出了贡献。

墓志铭称赞高力士追随皇帝"布四海之宏纲，承九重之密旨，造月柔之议，削藁之书，不得而知也。其宽厚之量，艺业之尤，宣抚之才，施舍之迹，存于长者之论，良有古人之风"。意为他协助皇上制定、落实全国安定发展的宏图大计，承担皇上密旨的撰写重任。将一些初步拟定的旨意、议案，改造表述得比较柔和，将一些繁杂文书，删节削简，辛辛苦苦地做了许多大家都不得而知的工作。他为人宽厚，业务水平优秀，具备宣抚才能，乐于助人，得到德高望重的长者好评，大有古人的风范。

在玄宗当政大权在握时，高力士识大体顾大局，维护社会和谐稳定。在"安史之乱"后"皇帝再造"，当玄宗被尊为"太上皇"，无权无柄完全失势后，高力士并没有附势趋炎，而是忠贞不贰，追随服侍。直至“上元初遭谤，迁谪安置巫州，知与不知皆为叹息”。宝应元年，新上台的代宗通知高力士回京，他半路闻知玄宗、肃宗“二圣”死讯后，“下席长号泣血，勺饮不入口”“俄易箦而长辞”。高力士“舆榇至京。恩封赠开府仪同三司扬州大都督，仍陪葬泰陵，书王命褒之也。公以宝应二年四月十二日安厝。”古代大臣死后，能够根据先皇遗旨陪葬皇陵，是一种极大的荣耀，是先帝肯定的“忠臣”。而玄宗的泰陵，获遗旨陪葬者仅高力士一人。这是历经盛世又逢动乱，对世态炎凉深有体会的玄宗，给予高力士的充分肯定。

当然，除了忠心，高力士不同于历代其他知名宦官的地方还有很多，其中就有他是历史上首位娶妻的宦官。一个人生理的不完善，并不意味着可以剥夺他感情的需要。据传，妻子吕氏是高力士在少年流浪时相认的，后来虽然他身为宦官，吕氏仍然心甘情愿地嫁进了门，这桩首次发生在宦官身上的婚姻或许也便是同类婚姻中最美好和单纯地一例。

第五章

李辅国：超乎常人的厚黑高手

他相貌奇丑无比，40岁之前无所作为。“安史之乱”期间，劝说太子李亨继承帝位。唐肃宗即位后，被加封为元帅府行军司马，开始掌握兵权，并改名为辅国。之后又因拥立代宗即位，被册封为司空兼中书令。大权在握后李辅国更加为所欲为，最后被人刺杀身亡。

◎假传圣意，权倾朝野

公元 704 年，李辅国出生于皇宫的养马世家，原名李静忠。在唐玄宗年间入宫做了太监，时任养马院中管理账簿的小官，当时已是四十多岁的人了。不久，因养马有功，被荐去太子李亨宫中服役。后因尽心侍奉太子李亨而成为太子的心腹。

唐玄宗天宝十四年（755 年），“安史之乱”爆发，叛军所到之处，望风披靡，直逼京都长安，唐玄宗仓皇出逃。太子李亨奉命在后安抚百姓，安土重迁的百姓们希望太子留下抗击叛军。李辅国以国家大义劝说太子留下抗敌，太子遂与玄宗兵分两路，北上灵武。李辅国又劝太子迅速称帝，以安民心。公元 756 年，太子李亨即位，是为唐肃宗，遥尊唐玄宗为太上皇。肃宗为人性格懦弱，此刻见李辅国忠心拥戴，便视其为左右臂，赐名“护国”，后又改名“辅国”，把军政大事都委托于他。

李亨称帝后，唐玄宗为太上皇，一直留居巴蜀。至德二年丁酉（757 年）十二月，唐玄宗自益州回到长安，住在城东兴庆宫，有时也去唐肃宗大明宫。唐玄宗身边仍有些跟随他多年的心腹，如左龙武大将军陈玄礼，内侍监高力士等，这些人对出身微贱的李辅国并不看在眼里，李辅国自己也知道。他恐唐玄宗再度得势，于自己不利，于是，暗里谋划铲除唐玄宗，才能巩固自己的权势和地位。

李辅国瞅准时机对唐肃宗说：“太上皇所居靠近市面，常常免不了要和外人往来，烦扰而又不利于养老。听说陈玄礼、高力士等人又在伺机图谋不轨，要向陛下夺权，禁卫六军都由此为之惶恐不安，我已无法说服他们听命，只好请陛下将太上皇迁入禁中，隔绝与外人往来，才能免于发生后患。”

唐肃宗认为唐玄宗年事已高，不会复出夺权。于是道：“太上皇一向仁慈宽爱，并且现在年事已高，我们不能那样对待他啊！”李辅国却说：“太上皇可能没这个意思，他又怎么能控制手下那帮人呢？当今之务，必须尽快消除叛乱于未萌，迁上皇入禁内，以杜绝与外人交往，父子还可常常相聚，有什么不好呢？”当时，兴庆宫的长庆楼南临大道，唐玄宗常登楼徘徊观望，父老百姓路过其地者常对唐玄宗瞻拜，唐玄宗顺便设酒食相待。其中也不免有过往官吏，如羽林大将军、剑南道入京奏事官员等人。架不住李辅国天天嚼舌根，终于说动了唐肃宗。于是，李辅国假传圣旨，将兴庆宫原有的 300 匹马减去了 290 匹。并令六军将士出面，强迁太上皇入居太极宫。

李辅国亲率一行人马来到睿武门，遇见唐玄宗，突令武士 500 人拔刀遮挡去路。唐玄宗惊问用意何在？李辅国说是奉命迎太上皇回宫内。高力士在场，怒斥李辅国胆大妄为，令他下马。高力士打错了算盘，一向在他面前唯唯诺诺的李辅国翅膀已硬，不会再听他的了。当即，李辅国奚落嘲弄了高力士一番，并骂高力士“不识时务”，还杀死高力士的一名侍从。高力士无奈，只得奉劝将士不要乱动，诸兵士收刀听命。高力士指令李辅国与自己一道护驾，唐玄宗乘舆同行至太极宫，居于甘露殿。

李辅国随后率众离开，只留下几十名老弱士兵侍卫，再也不允许高力士、陈玄礼和其他老宫人留居玄宗身旁。不久，李辅国又勒令陈玄礼退隐，将高力士流放到边远地区。高力士临行前求见唐玄宗，也遭拒绝，玉真公主也被强迫出居道观。

从此，李辅国以自己的手下代替唐玄宗的亲信，名义上是服侍太上皇，实际上是监视玄宗。李辅国连对唐玄宗略有好意的人也不放过。刑部尚书颜真卿率领百官向唐玄宗问好，李辅国立即奏贬颜真卿为蓬州（今四川蓬安）长史。此后，唐玄宗孤灯苦雨，形影相吊，但是朝中没有人敢去看望他，连唐肃宗也害怕李辅国不敢探视父亲，致使唐玄宗抑郁而死。

肃宗曾数次想看望重病中的玄宗，也因李辅国的阻挠而未成行。李辅国权势之大由此可以想见。

李辅国大权在握，天下大事几乎全决定于李辅国，朝臣所奏之事往往先经他手然后才告知肃宗。为了更准确地了解朝中大臣的动向，李辅国还专门派几十人负责监督官员的一举一动。对于不顺从的官员加以严厉打击。李辅国根据自己的好恶处治全国的讼案，并以皇意相标榜。地方上的节度使也是李辅国一手委派。

李辅国权倾朝野，宰相及朝中大臣想见皇帝都须经过李辅国的安排，皇帝的诏书也需要李辅国的署名才能施行，群臣不敢提出不同意见。宗室贵人对李辅国也以“五郎”尊之，当时的宰相李揆更称李辅国为“五父”。

当然，也有一些正直之士不耻李辅国的行为，宗室李岘多次对肃宗陈说李辅国的违例行径。肃宗虽有所警觉，但在李辅国的操纵下，还是把李岘贬官出京。一手遮天的李辅国企图做唐朝的第一位宦官宰相。此举遭到了宰相萧华的激烈反对。李辅国怀恨在心，多次在皇帝面前诬陷萧华，并威逼皇帝用自己的亲信元载取代了萧华的相位，最终将萧华逐出京城。

◎一手遮天，残害忠良

唐肃宗登上皇位替父亲唐玄宗收拾残局，在郭子仪等将领和回纥兵的帮助下收复长安。

唐肃宗比唐玄宗更加宠信太监，战功赫赫、忠心耿耿的大将郭子仪也得不到他的信任，被他屡夺兵权。他不仅让太监执掌兵权，还允许他们参与朝政，他最宠信的太监李辅国把持住了朝廷军政大权。

李辅国是“马嵬之变”的积极参与者，他建议当时还是太子的唐肃宗脱离唐玄宗自立为帝。唐肃宗称帝后，李辅国因为拥立有功被封为“元帅府行军司马”，相当于全国武装部队总参谋长，皇家禁军由他直接指挥。

回到长安后，李辅国依仗皇帝的宠信和手中的权势独断朝纲、越俎代庖。

因为深得肃宗宠信，李辅国的权势也越来越大，可是，他并不满足于此，为了自己能够掌握朝政，他利用各种手段排除异己。

于是他开始和张皇后勾结，准备除掉对自己不利的人。张皇后与李辅国内外相应，控制政权。他们对不利于自己的人，无论是高官还是显贵都是除之而后快。

张良娣与李辅国勾结得日渐紧密，肃宗的次子建宁王李倓都看在心里，更加忧虑。他年轻气盛，言语中时时流露出自己的愤愤不平，总希望能够在皇上面前揭露他们的阴谋。

广平王司马李泌刚刚从宫中出来，就路遇建宁王李倓。建宁王拉住李泌，把自己的想法和打算告诉了李泌。

“先生啊，你是否感受到了什么不祥的气氛吗？你把我推荐给皇上，使我得以贡献臣子的力量，为国效力，我很是感激。我日夜思量报答先生的大恩。如今，张良娣、李辅国互相勾结，祸乱朝廷，我愿意冒死替先生，也替国家做一件事，除去朝中祸患，使国家安宁，报答先生大恩，先生认为怎么样啊？”

李泌闻听，大吃一惊。他了解建宁王李倓的个性，心直口快，爽直，没有心机，说话做事，毫无顾忌。

他急忙问道：“建宁王，你说的到底是怎么回事？为什么要采取这样冒失的手段？”

“先生难道真的不明白吗？先生一心为国操劳，没有把个人恩怨放在心上，实在令人敬佩。然而，先生可知道，你为国着想，却损害了小人的利益。因为宝鞍及封后之事，张良娣如今对你痛恨万分，对你欲除之而后快吗？”李倓愤愤地说道。

李泌缓缓地劝道：

“建宁王啊，原来是这么回事。我很感谢你的关心！你放心，我为人做事，只求问心无愧就行。这些事我也早已略有所闻。你知道，我向来做事，都只求无愧于心，他们又能把我怎么样呢？

“建宁王啊，我非常感谢你的好意！但是，我却要叮嘱你几句。你这建议虽是为我着想，却不是一个做臣属和儿子的人应该说的话。张良娣毕竟是你母亲。希望你暂时把它放置脑后，以大局为重，不要先动手，以免对国家中兴不利。

“并且，建宁王啊，我要特别叮嘱你几句，你凡事应该内敛，谨慎一些，以免受到别人的误会和攻击。”

“好吧，我谨记先生教诲，以大局为重就是。只是，希望他们不要欺人太甚！不然，我还是会报告父皇的！”建宁王愤愤不平地离开了。

不想，这件事刚刚不久，大祸就突然发生。

张良娣、李辅国从皇上嘴里知道了建宁王李倓对他们的指责。他们心中充满怨恨恐惧，于是，决意先发制人，除掉李倓。

心胸狭窄的张皇后与李辅国多次在皇帝面前中伤建宁王，诬蔑建宁王心怀不满，准备谋害太子。昏庸的皇帝竟然下诏赐死建宁王。

太子李豫在回纥叶护的帮助下，经过辗转苦战收复了洛阳，肃宗十分高兴，将行军长史李泌召还凤翔。李泌以 7 岁神童入朝，与肃宗关系极为密切。肃宗灵武即位，他也赶去灵武出谋划策。这天肃宗留李泌宴饮，夜里同榻寝宿。李泌乘机请肃宗允许他退迹山林，做个自在的闲人。肃宗说："朕与你同度忧患，也应与你同享快乐，现在国事刚刚好转，你怎么能在这个时候走呢？"李泌自己有五不可留，肃宗又问什么是五不可留？李泌回答说："臣遇陛下太早，陛下任臣太重，宠臣太深，臣功太高，迹亦太奇，所以不可再留下来。"肃宗笑着说："夜已经很深了，你先睡，待明天再说。"李泌摇头说："陛下若不许臣退隐，那是要杀臣了。"肃宗惊问："你怎么这样怀疑朕，朕又没疯，怎么会无端妄杀你呢？"

李泌便辗转引出了建宁王李倓被杀的事。肃宗气愤地说："建宁王受小人的蛊惑谋害他的兄长，想欲夺储位，朕才不得已将他赐死，你难道还没有听说吗？"李泌说："建宁王若真有此心，广平王一定会心怀怨恨，但是广平王每次与我说起建宁都流泪，况且陛下曾想用建宁为天下兵马元帅，臣请改任广平王，建宁王若真想夺嫡，应为此恨臣恨到切齿，为什么反而更看重臣了呢？"肃宗听到这里也恍然大悟，禁不住流泪说："你说得对，朕也知道错了，但事已经成这样，朕不想再提起。"李泌又说："臣不是非要提起过去不放，只是希望陛下用以警戒将来。记得以前武则天错杀了太子李弘，次子李贤内怀忧惧作《黄台瓜》词‘一摘使瓜好，再摘使瓜稀，三摘尚云可，四摘抱蔓归’，陛下已经摘过一次了，千万不要再摘！”肃宗握住李泌的手说：“绝不会再有此事，先生的良言，朕当写下来。”李泌又说：“陛下能这样就好了，何必多存形迹？”李泌夜里的一席话无形中保全了太子李豫。

当战事基本平定时，李泌就下定决心离开朝廷，唐肃宗虽舍不得他离开，但因为他之前跟李泌有约在先，所以他只好同意。在李辅国的连番逼迫下，李泌终于离开了朝廷。李泌走后，李辅国掌握了国家大权。

一批政敌已被清除，李辅国有恃无恐，公开伸手要官。上元二年（761 年）八月，辅国升兵部尚书，御厨设食，宰相朝臣皆来祝贺。可李辅国并不满足这个正三品官，竟然提出要当宰相。肃宗颇感踌躇，对他说：“以你的功劳，什么官都可以做，但若众望不孚，怎么办呢？”李辅国便找宰相裴冕等联名上书推荐。肃宗其时也害怕辅国权势过大，便暗中使宰相萧华告诉裴冕，转告公卿们千万不能上奏，并说：“如果为相，裴冕也毫无上表之意，并表示，宁愿断手臂，也不起草奏表。”

在众多朝臣的干涉下，李辅国的愿望未能得逞，但这又增加了他对萧华等人的几分仇恨，伺机进行报复。数月后，肃宗有病，辅国乘机矫诏免萧华相职，贬为礼部尚书，换上他的亲信元载为相，旋又贬萧华为陕州刺史，贬裴冕为施州刺史。又相继排除了大批不愿意归顺自己的官员。

李辅国与张皇后的狼狈为奸是为了各自的利益。但两个都想大权独揽的人是不可能永远和平相处的。在肃宗病重期间，李辅国与张皇后终于在决定由谁继承大宝的问题上发生了尖锐的冲突。

肃宗太子李豫为肃宗当太子时的侍妾、如今早已亡故的吴氏所生。肃宗皇后张氏野心勃勃，她因肃宗太子李豫不是自己所生，一直有易储的念头，但她的亲生儿子兴王幼殇，定王还年幼，而李豫又平乱有功，所以一直没有合适的机会。

宝应元年（762 年），肃宗病危。张皇后恨李辅国专权，欲谋立越王李係为嗣君。张皇后召见太子李豫说："李辅助国久掌禁兵，权柄过大，他心中所怕的只有我和你。眼下陛下病危，他正在勾结程元振等人阴谋作乱，必须马上先诛杀他们。"太子李豫性格仁厚，流泪说："父皇病情正重，此事不宜去向他奏告，如果我们自行诛杀李辅国，父皇一定震惊，于他贵体不利，我看此事暂缓再说吧。"张皇后送走太子后，马上召肃宗次子越王李係入内宫商议。越王李係当即命令亲信宦官段恒俊，从宦官中挑选了二百多名强健者，发给兵器，准备动手。有人将此事飞报李辅国。

李辅国和另一个大宦官程元振决定支持太子李豫登基，带人到凌霄门探听消息。刚好遇到太子李豫要进宫探望父皇。李辅国谎称宫中有变，阻止太子李豫入宫，太子李豫坚持要进去。李辅国命令手下将太子李豫劫持进飞龙殿，监视起来，随即假传太子的命令，领禁军将越王李係及亲信段恒俊等人抓住，投入狱中。

张皇后闻变，慌忙逃入肃宗寝宫躲避。李辅国带兵追入寝宫逼张皇后出宫。张皇后不从，哀求肃宗救命。肃宗受此惊吓，一时说不过话来。李辅国乘机将张皇后拖出宫去。肃宗因受惊而病情陡然转重，又无人过问，当天便死于长生殿。

◎作恶多端终难逃一死

太子李豫即位为代宗后，便将张皇后废为庶人，不久后赐死，张后余党亦全数伏诛。李辅国因拥戴之功进为尚父、司空兼中书令，从此居功自傲，狂妄跋扈。代宗开始考虑到毕竟是李辅国帮助自己登上了皇位，还能容忍李辅国的胡作非为。到后来，李辅国越来越胆大妄为，甚至对代宗说："大家但内里坐，外事听老奴处置。"实际上让代宗把军国大事都托付于他。这一举动自然引起了代宗的不满，但由于李辅国掌握军权，代宗只得忍气吞声。

李辅国权势炙手可热，朝臣多怀不满，即其党羽左监门卫将军程元振也嫉妒异常。

代宗为太子时，曾目睹李辅国与肃宗张皇后合伙逼迁玄宗、诛杀能干的建宁王李倓，即位后，又尝到独揽大权、不可一世的苦头，因此下决心除掉他。

唐代宗不断封赏李辅国，一直把他提拔为王，但与此同时一点一点剥夺他的军权，明升暗降。

他把禁军交由自己宠信的太监程元振控制，架空李辅国。

宦官程元振对唐代宗也有拥立之功，但处处受到李辅国的压制，因而产生了除掉李辅国的念头。此刻他见代宗已有除掉李辅国之心，便不断地暗中向代宗控告其罪状。

李辅国终有所察觉，疑惧不已。唐代宗知道已到最后摊牌时刻。

唐代宗不敢公开缉拿处决李辅国，怕引起支持李辅国的宦官集团的变乱。宦官集团已在朝廷形成一股强大的势力，掌握军政大权，堂堂皇帝也不敢与之正面交锋，怕"安史之乱"未平，宦官之乱又起。

唐代宗赐给李辅国一处豪宅，让李辅国搬出宫外，然后派大内高手夜入李府行刺。

刺客飞檐走壁潜入李辅国卧室，撩开帷帐举刀便砍。被惊醒的李辅国下意识地举臂隔挡，但见刺客手起刀落，李辅国臂膀和脖颈立刻与身子分家。

刺客拎着李辅国的脑袋和臂膀回来复命不提。

唐代宗得报李辅国被刺，故作震惊状，督令地方官关闭城门捉拿刺客。唐代宗假惺惺地下旨厚葬李辅国，安抚李辅国集团。

至高无上、一言九鼎、掌握着天下人生死予夺的帝国皇帝对付一个阉奴都费这么大劲，不得不采取下三烂的招数，说明皇帝已经势弱，威风不再，同时也反衬宦官势力的强大。

李辅国死后，李辅国集团由此势弱，新兴的程元振集团取而代之。

李辅国死后，宦官程元振专权，其骄横情状较李辅国竟有过之而无不及。唐德宗贞元年间，宦官窦文场、霍仙鸣分别就任左、右神策军中尉，从而把持了中央禁军的统帅权。以典掌禁军为基础，唐代后期宦官权焰日炽，并上演了一幕幕逼宫弑帝的丑剧。

备受唐玄宗宠信的高力士虽然打开了宦官干政之门，但他是个有才能的贤宦，始终对唐王朝忠心耿耿，并没有什么非分之想。

然而在高力士身后的李辅国等人则是戮力而为之，大肆干预着朝政，甚至发动了“凌霄门之变”。在他们的脑子里，除了权力便再没有别的东西。李辅国死后，唐朝亦然动荡在宦官专权的局面中。还在很大程度上导致了后人对所有宦官的偏见。

◎后人话李辅国：标准的奸臣，乱臣贼子

尽管好人、坏人没有一定的评定标准，但公认的历史基本上是把李辅国作为奸臣，乱臣贼子。李辅国在“安史之乱”的关键点劝太子分兵朔方，积极担负起平乱的主要责任，这是李辅国在历史上的积极

作用，也仅此面已.其后利用皇帝的信任，欺上压下、残杀异己、巧取豪夺，甚至少玄宗、肃宗都尽受李之欺凌，肃宗朝搞得乌烟瘴气李辅国功不可没，李辅国也为唐朝宦官专权乱政开了恶劣的先例。

在中国历史上，以太监的身份爬上宰相高位的只有两个人，一个是赵高，一个就是李辅国。赵高阴险毒辣，在历史上臭名昭著。李辅国比起赵高来，一点也不逊色。大凡乱国枭雄，都有一套超乎常人的厚黑心术，李辅国是此中圣手。阿谀奉迎，溜须拍马，他不学就会。翻云覆雨，落井下石，他无所不能。谋害同类，残杀异己，他从不手软。从亲王、宰相到皇后、皇帝，有用时可成为手中权杖，无用了则手起刀落，痛杀干净。李辅国一生忙碌，谋权固位，巧取豪夺，拥城国之富，最后落了个身首异处，弃尸荒野。

第六章

鱼朝恩：横行不法的奴才

他历经玄宗、肃宗、代宗三朝，开始供职小黄门，后被封为天下观军容宣慰处置使，统率神策军，兼领国子监事。在被宠用期间，鱼朝恩干预朝政，十分张狂。以致众臣对他很不满，最后被宰相元载设计缢死。

◎博得宠信后处处示威

唐朝天宝十四年（755年），“安史之乱”爆发，玄宗逃往四川，太子李亨奔灵武（今属宁夏）。第二年，李亨即位为肃宗，改元至德。肃宗身边有一个不离左右的宦官，他就是鱼朝恩。

鱼朝恩公元722年出生在泸州泸川（今属四川），打小聪明伶俐，而且非常有心计，由于家境贫寒，14岁时被人送入宫中当了太监。刚进宫时，他老实本分，凭着自己的口才讨好主管太监，逐渐得到了提升。乾元元年（758年），唐朝军队在与安禄山的儿子安庆绪的交战中优势越来越明显，先后收复两京。此时的鱼朝恩以办事稳妥、为人聪慧、善宣诏令而得到肃宗的欢心。

肃宗即位后，要派鱼朝恩为李光进的监军，随后又被任为三宫检责使，左监门卫将军知内侍省事。从此，他掌握了宫廷事务大权，上升为宦官头目之一。后肃宗考虑郭子仪、李光弼均为元勋重臣，恐难统属，所以不置元帅，派鱼朝恩为观军容宣慰处置使，总监诸军，承担着总监九节度使兵马的重任。

鱼朝恩不懂什么军事，对外面的传言，不辨真假就轻易相信，企图借此陷害他人。上元二年（761年）二月，有人对他说：“洛阳城中将士都是燕人，久戍思归，军心涣散，如果进攻，是可以击破的。”他信以为真，便屡次在肃宗面前说洛阳可破。经不住三劝，肃宗命令李光弼进取东都。李光弼上奏说：“贼势尚锐，未可轻举妄动。”朔方节度使仆固怀恩平时与李光弼有仇，所以也附和鱼朝恩，上表说东都可取，欲置李光弼于死地。因此，肃宗相继发中使督促李光弼出师。

迫不得已，李光弼只好命李抱玉守河阳（今河南孟州市），自己与仆固怀恩、鱼朝恩一起进攻洛阳。唐军在北邙山布阵未毕，史思明便发起了攻击。唐军大败，数千人战死，器械辎重全部丢弃，河阳、怀州落入史思明叛军的手里。朝廷闻邙山失败，立即免去了李光弼天下兵马副元帅一职。相反，鱼朝恩则达到了目的，由他专典神策军，出入禁中，神策军变成中央禁卫军后，他的军权更加扩大，这也成了他恃功傲物无所顾忌的砝码。

永泰年间（765 正月—766 十一月），代宗下话加封鱼朝恩判国子监事，兼光禄、鸿胪、礼宾、内飞龙、闲厩等职，晋封郑国公。鱼朝恩气焰更加嚣张。一次，鱼朝恩去国子监视察，代宗特诏宰相、百官，六军将领集合送行。京兆府置办宴席，内教坊出音乐俳优佐宴助兴。大臣子弟二百余人穿红着紫充当学生，列于国子监廊庑之下。这盛大的场面，鱼朝恩得意非凡。代宗还下令赐钱一万贯作为本金，放债取息当作学生饮食的费用。这个先例一开，以后鱼朝恩每次去国子监都要带上数百名神策军，前呼后拥以壮声威。京兆府照例张罗酒食，一次耗费数十万。

正当郭子仪在前线讨伐安禄山、史思明战果辉煌时，鱼朝恩向唐肃宗建议："鉴于安禄山拥兵自重的血的教训，不得不防备郭子仪，别让郭子仪成为第二个安禄山。"唐肃宗急问："该如何做？"鱼朝恩毛遂自荐去郭子仪的军中做监军，皇帝欣然同意。消息传到军中，群情激愤，当时的军队号称郭家军，这也是中国古代军队的特色，军队对将领绝对忠心，对皇帝则未必忠心。军队将士一致认为：皇帝对我们不信任，派个不懂军事的人来任监军，况且还是个太监，不服啊！太监不管地位有多高，也是被人看不起的，所以将士们很是气愤。鱼朝恩来到军中仗着皇帝的势力，大权独揽，乱指挥，结果被唐军收复的失地又被叛军夺回，将士们纷纷找到郭子仪要求杀了鱼朝恩，并称：将在外君命有所不受。郭说：鱼朝恩是皇帝的宠臣，他来说明皇帝对我有疑心，现在杀了他，不是正说明皇帝的猜测是对的吗？后来皇帝见江山动摇，才立即将鱼朝恩调回，指挥权又回到了郭子仪手中。

鱼朝恩回到京师后很是气恼，他认为是郭子仪搞的鬼，从此，他一直把郭子仪看成眼中钉，常想算计对方。郭子仪还没有被免职前，一次立功回朝，鱼朝恩邀请他游章敬寺。当时朝中有个副相叫王钦听到此信，心想：如果鱼朝恩、郭子仪结好，我如何在朝中混啊？于是给郭子仪写了一封信说："鱼朝恩想加害于你，千万别上他的当。"郭子仪不听。将士们请求随身护卫，郭子仪拒绝了，并且说："我是国家的大臣，没有皇帝的命令，鱼朝恩不敢杀我。"只带着家童数人去见鱼朝恩。鱼朝恩一见之下，大吃了一惊。郭子仪将旁人的话告诉了鱼朝恩。鱼朝恩听了，羞愧难当，不但不感激郭子仪的大度，反而更加怀恨。

后来，鱼朝恩因修建佛寺而征用地皮，很多官僚的府衙也难逃被拆的厄运，而郭子仪正是被鱼朝恩打击的对象，他把郭子仪的祖坟尽数盗掘。此等有辱祖先的恶意行为让郭子仪气愤不已，但为了避免和鱼朝恩发生正面冲突，郭子仪还是大度地容忍了。

满朝的公卿大臣对此事都很忧虑，生怕郭子仪盛怒之下闹出事端。郭子仪入朝时，皇帝甚至主动问起此事，郭子仪哭奏道："臣长期主持军务，不能禁绝暴贼，军士摧毁别人坟墓的事，也是有的。这是臣的不忠不孝，招致上天的谴责，不是人患所造成的。"盗墓之事才不了了之，朝廷内外惶恐不安的气氛也消除了。天下人知道后，无不对郭子仪的坦荡和宽厚钦佩有加。郭子仪始终不居功自傲，不以势压人，所以始终没有因功致祸，得以在凶险的宦途中立于不败之地。

◎欺压大臣，肆意妄为

随着交战局势的不断变化，唐军渐渐占据了战场的主动权，接连收复洛阳、汴州等地。平定洛阳后，鱼朝恩被授予开府仪同三司，封为凤翔郡公。

公元763年十月，吐蕃大军逼近京师，代宗在仓促之下，带领部分文武大臣逃往陕州。这时禁军基本上已经被冲散，一时无法召集，鱼朝恩在此时率领陕州军及神策军迎接代宗，唐军大受鼓舞。代宗因此委任他为天下观军容、处置、宣慰使、专典神策军，权力之大无以复加。回到京都之后，鱼朝恩把原来驻守在陕州的军队统统归属为神策军，由自己统一指挥。

公元765年，吐蕃再次出兵进犯，唐代宗为鼓舞士气决定亲征。鱼朝恩借此机会大肆搜刮民脂民膏，并强行征用百姓家的马匹，以补充军用，还下令城中的男子一律穿上皂服，城门只开一扇。百姓们见唐王朝在敌人的屡次进犯下显得摇摇欲坠，都感到十分害怕，再加上连年征战，民众困于兵役，又结怨近邻，加上灾荒不断，激起人民起义，社会动乱，唐王朝显得更加摇摇欲坠。

鱼朝恩小人得志后，并不把满朝文武放在眼里。每次诏会群臣议事，他都好在大庭广众下侈谈时政，凌辱宰相，而号称强辩的宰相元载也只有洗耳恭听的份儿。

一次，百官聚会朝堂，鱼朝恩声严色厉地说："宰相的责任，在于调理好阴阳，安抚好百姓。现今阴阳不和，水旱频生，屯驻京畿的军队有数十万，给养缺乏，漕运艰难。皇帝为此卧不安席，食不甘味，这宰相是怎么当的？还不让贤，一声不吭在那里赖着干什么呢？”

说得满座皆惊，宰相低首。只有礼部郎中相里造突然站了起来，不慌不忙地走到鱼朝恩跟前，说：“阴阳不和，五谷腾贵，这是观军容使造成的，与宰相何干？现今京师无事，六军足可维持安定了，却又调来十万大军，军粮因此而不足，百官供应也感困乏，宰相不过是行之文书而已，又有什么罪过呢？”鱼朝恩未想到会有人顶撞他，一时无言以对，拂袖而去，愤愤地说：“南衙官僚结成同党，想加害于我。”

鱼朝恩被相里造顶了一回之后，心中有一肚子气，总想找机会发泄。适逢国子监堂室刚刚修复，要举行庆典，朝臣们都要出席。鱼朝恩来到国子监后，手执《易经》升于高座讲学，面对着在座百官，他有意选择“鼎折足，覆公餗”开讲，用以讥讽宰相。宰相王缙听了，不禁怒容满面。而另一宰相元载听了，却恬然自乐。鱼朝恩感觉元载心计非同一般，从此开始提防元载，对人说：“听了我所讲的话，恼怒者合乎人之常情，面带笑容者实在是深不可测。”他后来果然是栽在了元载手中。

鱼朝恩骄横惯了以后，开始目空一切，自以为天下非他莫属，朝廷政事稍不如他的意，就发怒道：“天下事还能有离得了我的吗？”此时鱼朝恩手握禁兵，已经是难以禁制，代宗一时也没有好的办法来对付他，只能听之任之。真正促使代宗下定决心的是“紫衣事件”。鱼朝恩有一个养子名叫令徽，年仅 14 岁，在内侍省当内给使，代宗特赐绿服。有一次，黄门在殿前列队，有一个位在令徽之上的黄门不慎碰了他一下，令徽马上跑回向鱼朝恩告状，声称班次居下，受人欺负。第二天，鱼朝恩就带养子面见代宗，说：“臣的犬子官品卑下，被同僚经常凌辱，请陛下赐以紫衣。”这是公然向皇帝要官，态度已经十分不客气了。尤其令人震惊的是，代宗还没有开口表态，旁边就有人将高级品官所穿的紫衣抱到了令徽面前。令徽赶紧将紫衣穿上，然后跪拜谢恩。事已至此，代宗也不便说什么，只好顺水推舟做个人情，勉强笑着说：“这孩子穿了紫衣，比原来好看多了。”口虽这么说，心中却十分生气。不久，鱼朝恩还把碰撞了令徽的黄门贬到岭南。此时，代宗已经意识到鱼朝恩的权势熏天，已经快要到了只知道有朝恩不知道有天子的地步了。

◎骄横致祸，丧命内宫

自伸手要官一事后，代宗对鱼朝恩产生了强烈的厌恶之情。鱼朝恩得罪了皇帝，离倒霉的日子便屈指可数了，而不管他有什么特权或居于什么特殊地位。虽然皇帝竭力掩饰对鱼朝恩的不满，但有时候还是会有流露。宰相元载窥见代宗对鱼朝恩心生恶感，便奏请将其除掉。代宗却一时下不了决心，因为鱼朝恩军权在握，党羽众多。一旦事情不成，后果难以预料。元载却胸有成竹，安慰代宗说：“只要陛下将此事全权交我办理，必能办妥。”于是代宗同意了，嘱咐元载千万要小心。

元载，字公辅，凤翔岐山（今陕西岐山）人，出身寒微。肃宗时，累官至户部侍郎、度支使及诸道转运使，掌管国家财政。后勾结宦官李辅国，升任宰相。代宗即位后，仍为宰相，并贿赂宦官董秀，侦查皇帝的心意，因此奏对时总能对皇帝的胃口，由此受到代宗的宠信。他妻子王氏为开元年间河西节度使王忠嗣的女儿，一向以凶狠暴戾闻名。

元载绝非善类，也不是个正大光明的人物。他先用重金收买鱼朝恩的心腹，以便掌握其动静。鱼朝恩每次上朝，总是周皓率领一百多人护卫，又以陕州节度使皇甫温握兵在外为援。元载千方百计地把二人收买了过来。接着，代宗将凤翔节度使李抱玉徙为山南西道节度使，以皇甫温为凤翔节度使。表面上看是投鱼朝恩所好，加重了其亲信的地位，实质是麻痹他。鱼朝恩还蒙在鼓里，不知祸之将至。然而，鱼朝恩在宫中的党羽觉察到代宗意旨有异，便密报鱼朝恩。鱼朝恩将信将疑，试探着上朝时，却发现代宗恩遇如常，就放了心。

大历五年（770 年）三月初十，是传统的寒食节。按照惯例，代宗置酒设宴与亲贵近臣欢度节日。宴席结束后，代宗传下圣旨，要鱼朝恩留下议事。这有些不大寻常，但正值欢宴后，鱼朝恩也没多想，便坐车（鱼朝恩是个大胖子，行动不便，每次上朝都坐四轮小车）去见代宗。大殿中的代宗一听到车声，脸色沉了下来。鱼朝恩一进殿，代宗劈头就问他为什么图谋不轨。鱼朝恩大出意外，一时呆住，但很快冷静下来，为自己辩白。鱼朝恩没有意识到大限将至，态度十分强硬，根本没有把代宗放在眼里。这时早被元载收买的周皓与左右一拥而上，当即擒获了鱼朝恩，并当场勒死在地。前后时间很短，处理得干净利落。鱼朝恩时年 49 岁。

鱼朝恩在禁中被秘密处死一事，除少数参与密谋的人，外面一无所知。为防不测，代宗暂时隐瞒真相，下诏罢免他的观军容使等职，增实封六百户，通前共一千户，保留内侍监如故。接着诈言鱼朝恩受诏而自缢，传出风声后，才将他的尸体送回家，赐钱六百万作安葬费。

鱼朝恩弄权多年，结党营私，形成了自己一股强有力的势力，所以代宗仍担心其党羽闹事，尤其是担心引发禁军的骚乱。于是，下令对其党羽亲信免于追究，将原来他的亲信刘希暹、王驾鹤并擢为御史中丞，以安慰北军之心，并赦免京畿囚犯，全部释放鱼朝恩党羽，并下诏宣称："你们均为朕之属下，禁军今后由朕统帅、勿有顾虑。"

经过安抚，众心稍安，基本上没出现大的变故。唯独刘希暹过去罪恶满盈，常常自疑不安，又出言不逊，遂赐死。鱼朝恩死后尚且让代宗煞费苦心，可见其生前是何等的风光。

代宗依靠元载的帮助，才杀了鱼朝恩。然而，杀死鱼朝恩后，他又厌恶元载专权，一直寻机除灭他。公元 777 年，鱼朝恩死后七年，代宗杀元载，元载妻子王氏和三个儿子均被赐死。元载还有个女儿，早已经在资敬寺出家为尼，也受到牵连，收入掖庭为奴。元载是唐朝宰相中比较少有的贪官，好聚敛财物，其家产被籍没时，单是抄出的胡椒就有八百石，其他珍宝财物不可胜数。

鱼朝恩死后，代宗总算汲取教训，不再重用宦官。然而，他本人还有更深的烦恼，那就是藩镇势力大盛。此时，各节度使在辖区内扩充军队，委派官吏，征收赋税。节度使由军士废立，唐朝廷已无法控制。此外，各节度使为了争权夺地，也互相攻杀，而代宗对此，只有采取姑息的态度。

公元 779 年五月，代宗病重，急忙诏令太子摄政，不久病死于长安宫中的紫宸内殿。在位 17 年，享年 53 岁，死后葬于元陵。

而本来已经在代宗手中得到抑制的宦官势力，到了他的儿子德宗手中，却重新死灰复燃。

德宗将神策军分为左右两厢，同时以窦文场和霍仙鸣（一开始为另外一个宦官王希迁）为监神策军左、右厢兵马使，开启了宦官分典禁军的先河。神策军自德宗重返长安以后，驻扎在京师四周和宫苑之内，成为比羽林军、龙武军更加重要的中央禁军和精锐机动武装部队。贞元二年（786 年），唐德宗将神策军左右厢扩建为左、右神策军，窦文场等宦官仍然担任监军，称为“监勾当左、右神策军”，反映出对宦官的信赖和宠重。到贞元十二年（796 年）六月，德宗又设立了左右神策军护军中尉，分别由窦文场和霍仙鸣担任，这一职务直接由皇帝授任，成为地位高于神策军大将军之上的实际统帅。从此，神策军的统率权掌握在宦官手中。贞元十一年（795年）五月，德宗还将宦官任各地藩镇监军的办法固定下来，专门为担任监军使的宦官置印，不仅提高了监军的地位，也使之制度化。

德宗对宦官态度的转变，使宦官由刑余之人而口含天宪，成为德宗以后政治中枢当中重要的力量。德宗以后的唐朝皇帝当中，像他的儿子顺宗、孙子宪宗以及后来的敬宗、文宗等都是死于宦官之手。史学家往往把宦官专权称为唐晚期政治腐败和黑暗的表现之一，这一状况的最终形成，与德宗对宦官态度的改变有直接的关系。

◎后人话鱼朝恩：狗仗主势的奴才

唐朝中后期，宦官专权愈演愈烈。其中唐代宗时期深受代宗宠幸的鱼朝恩便是典型一例。

当时，由于“安史之乱”给人民带来的痛苦，人们希望在佛国得到某种解脱，一时全国大兴佛教。鱼朝恩为了讨好皇上，表示要为已故皇太后修建“章敬寺”，代宗照准了。于是，鱼朝恩借此机会，大兴土木，工程规模不断扩大，使得原有地不敷所用。他又奏请将邻近的曲江和华清两座离宫的地皮，拨入寺中，一并改造。他滥行职权，肆无忌惮地拆房建寺，甚至将各级官僚办事的衙署以及将相府第都尽数拆毁，将拆来的各种材料，用以修建寺庵。鱼朝恩出于对郭子仪的嫉恨，暗中派人把郭子仪的祖坟给盗掘了。郭子仪为了避免同他发生冲突，只好忍耐，甚至还特意编造了一些理由去消释众人的疑虑和愤恨。

由于皇帝的宠幸，在平时上朝群臣议事时，鱼朝恩常常自恃功高，肆意专横，摆出一副文武百官之师的架子，动辄训斥文武。宰相元载及其他大臣无不屏息静听，默不作声。只有相里造、李衎时常与他顶撞、辩论。鱼朝恩怀恨在心，便寻找了一个莫须有的罪名，把李衎罢了官，并借机整治了相里造一番。他在所统领的神策军中私设监狱，暗中唆使一些恶少随意抓捕富人，抄家，判刑，把抄没的家产攫为己有。后来，甚至对进京应考的读书人也不放过，只要探明哪个人带有大量钱物进京，就从旅店中将其抓来，严刑拷打，定成死罪，将钱财没收。一时之间，京城之中人人畏惧，称被鱼朝恩抓去的人为“入地牢”。鱼朝恩手下有一个专门捕人的小吏贾明观，他依仗着鱼朝恩的权势，横行霸道，到处敲诈勒索，钱财巨万。至于鱼朝恩本人的所得，就更难以计数了，而且没有人敢对其所为说长道短。

鱼朝恩以一名宦官的身份，本是代宗驾前的一个奴才。但他自恃皇恩，蛮横不法，坏事做尽，惹得天怒人怨，以至于其主子代宗皇帝也对他不能容忍了，终将其勒死。可见仗势欺人者若遭其主子的唾弃，将会变得不堪一击。

第七章

仇士良：欺君抑相，窃国弄权

他一生弄权干政，稳步高升，从一个侍候太子的一般太监，历任监军、内外五坊使、左神策军中尉、骠骑大将军、观军容使兼统左右军、知内侍省事等要职，封楚国公，死后追赠扬州大都督。仇士良擅权揽政二十余年，一贯欺上瞒下，排斥异己，横行不法，贪酷残暴，先后杀二王、一妃、四宰相，使当时朝政变得更加昏暗和混乱。

◎得势后乘隙控制军权

仇士良，生于公元781年，循州兴宁（今广东兴宁）人，出身世代宦官之家。曾祖父官至正议大夫，内给事，赐绯鱼袋。祖父为朝议大夫，内常侍，赐紫金鱼袋。到了父辈，家道中衰，到唐顺宗时，仇士良进入太子宫做宦者。由于能说会道，逐渐受到太子的信任。当时宦官把持着朝中的兵权，唐顺宗对此感到非常担忧，为了夺回兵权，唐顺宗则秘密支持大臣王叔文等人发动兵变，但此事没有成功。永贞元年（805年）八月，宦官俱文珍等逼迫顺宗禅位太子。太子李纯即位，是为唐宪宗。宪宗即位后，开始对拥立自己登上皇位的宦官都加封晋爵。

一次，仇士良路过敷水驿，要在驿站过夜。而那天监察御史元稹也投宿于此，且比他早一步到达。按照当封朝廷的规定，监军和御史等级相当，同在驿站歇息时，谁先到谁就住"上厅"（正房）。元稹先到，就住进了上厅。仇士良后到，可他坚决要住上厅，非要无稹搬出不可。元稹也不相让，出来同其讲理。仇士良竟不由分说，倚仗受宠，对元稹大打出手，结果把元稹打伤了。这件事轰动了朝廷，御史中丞王播上奏，弹劾仇士良无视法规，抢占驿房，打伤朝臣，要求按章处理。结果宪宗不但没给仇士良处分，反以元稹"年少轻树威，失宠臣体"为由，贬元稹为江陵士曹参军。李绛、白居易等愤愤不平，纷纷上书，替元稹叫屈。过了数月，元稹才升迁通州司马。

从此以后，仇士良的行为更加肆无忌惮。从唐宪宗元和年间到唐文宗大和年间，仇士良数次出任内外五坊使。五坊指雕坊、鹘坊、鹞坊、鹰坊、狗坊。这些鹰犬专供皇帝狩猎作乐使用。每到秋高气爽之际，仇士良一伙便到京郊去放鹰走狗。所到之处，地方官员都需供饭奉酒，弄得到处鸡犬不宁，地方官敢怒不敢言。老百姓只能默不作声，悄悄地自行张网，防止踏坏田园庄稼。史书上称仇士良一伙的胡作非为“暴甚寇盗”。

宪宗继位后，开始对割据的藩镇开展了一系列战争，他继位次年就开始对西川节度副使刘朋开战并获胜，同年杨惠琳不肯交出他的兵权，宪宗也对他作战，杨惠琳战败被杀。807 年讨伐镇海节度使李锜，813 年魏博节度使田兴规伏唐朝，813 年他开始对抗拒唐朝的成德节度使王承宗作战，但没有能够获胜，从 815 年到 817 年他平定了淮西吴元济的叛乱。这些成果被称为“元和中兴”。吴元济被平定后，全国所有的藩镇至少名义上全部归附唐朝。

但同时宪宗的地位是通过宦官获得的，因此他信用宦官，他的军队中有许多将军是宦官，而且有些拥有很高的军权。元和十四年（819 年），唐宪宗始服长生药，性情变得暴躁多怒，宦官陪侍左右，经常被斥责甚至被杀。820 年他自己被宦官陈弘正杀害。王守澄等宦官拥立唐穆宗李恒继位，任元稹为宰相。仇士良因以前曾殴击元稹，如今不敢狂妄，在宫中老老实实工作。长庆四年（824 年），唐穆宗病死，唐敬宗继位，他比穆宗更荒淫无度。宝历三年（827 年），宦官刘克明又把敬宗杀死在更衣室里。另一派宦官王守澄等联合宰相裴度杀死刘克明，迎唐穆宗的儿子江王李涵（李昂）出来当皇帝，是为唐文宗。

虽然朝廷接连发生变故，在这期间，仇士良的地位却一直都没有受影响，看来他是善于察看风向，及时投向得势的那一派的。在拥立文宗时仇士良还出过一点力。唐文宗登基后，封王守澄为骠骑大将军、神策军中尉。由于神策军与唐皇室生命攸关，因而得到了特别的优待，享受很多特权。如军饷比普通部队高两倍，军官升任快，高级将校很容易升任各地节度使，所得赏赐也高于他军。神策军的最高首长是左、右神策中尉。神策军统权属于唐中央皇帝。“安史之乱”使唐王朝几乎灭亡，而终能转危为安再维持百数十年之久，挟天子以令诸侯的宦官及其所统领的神策军，是军事上的主要支撑者。

王守澄自掌管禁军后，更加专横跋扈、无所顾忌。文宗不甘心做傀儡皇帝，一想到先朝宪宗皇帝（文宗的祖父）、敬宗皇帝（文宗的长兄）都是死在宦官手里，他就不寒而栗。大和四年（830年），文宗看到翰林学士宋申锡清正忠厚，便起用为宰相，并与他密谋欲铲除王守澄等宦官势力。次年，宋申锡又秘密联络了京兆尹王璠和御史中丞宇文鼎，准备由王璠搜捕，宇文鼎审理。不料，王璠私心很重，害怕事情不成反遭杀身之祸，竟然把欲在政事堂捕拿宦官的堂贴密示王守澄。王守澄当即与幕僚郑注秘密商讨对策。郑注建议他先发制人。

文宗的弟弟漳王李凑宽和温雅，很有人缘。当时一般舆论都认为文宗多病，亲子幼小，若立兄弟，必是漳王。文宗对漳王一直耿耿于怀，很不放心。郑注看中了文宗这个弱点，就唆使他在神策军中供事的表亲豆卢署诬告宋申锡与漳王串通谋反，要拥立漳王为皇帝。神经过敏的文宗信以为真，果然上当，立命王守澄捕拿李凑及与宋申锡亲近的人，严加审讯。这些亲近人屈打成招，诬证宋申锡确有密谋。唐文宗以证据确凿，召集满朝文武；宣布宋申锡罪状。朝臣都知道这是个冤狱，有的就力主将此狱事移到外朝来覆案，宰相牛僧儒也替宋申锡作了一些辩护。郑注恐怕覆案再暴露出真相，就叫王守澄去劝唐文宗从宽处理。宋申锡这才免遭杀戮，被贬为开州（今属四川）司马。李凑也被贬为巢县公，表示放桀于南巢的意思。唐文宗本想用宋申锡除去王守澄一派宦官，结果反替宦官除去宋申锡。文宗并不察觉自己上当失败，还想继续用同样方法从宦官手里夺回权力。

大和八年（834年）春，唐文宗突然发病，不能言语。太医医治无效，王守澄借此推荐郑注做御医给文宗治病，又推荐心腹李训给文宗讲说《易经》，二人就成为文宗贴身近侍，文宗举手投足无不在二人的监视之下。

对于郑注攀附宦官的发迹历史，李训是知道的，同时他也因此得到一个启示：郑注能靠媚事宦官飞黄腾达，自己何不借助郑注，也走王守澄的门径。

按照李训的打算，取得王守澄的信任固然十分重要，但更重要的是要接近文宗皇帝，因为皇权才是最高权力的象征。唐文宗服用郑注的药方后，颇见效果，再加上郑注善承人意，口齿伶俐，不久就得到文宗的欢心。后来，郑注又劝说王守澄，把李训引荐给文宗。王守澄此时已把李训、郑注看成自己的死党，也乐于把他两人安排在文宗身边，好作为自己的耳目。李训精晓儒经，王守澄就以给文宗讲《易》为由，把李训引荐给了文宗。因李训是王守澄引进的，文宗开始对他存有戒心。但在召见的过程中，他被李训的博学多能、机敏才思和精辟的议论所打动，逐渐产生了好感，认为李训是难得的奇士。

李训、郑注虽然都是经由王守澄向文宗引荐的，但李训一直对宦官势力深恶痛绝。他媚事王守澄的目的不过是他作为晋升的阶梯，为其反对宦官势力创造一个起码的政治条件。郑注在李训的影响下，也已改变了过去投靠宦官的心态。同时，他们二人都看出文宗对宦官专权一直耿耿于怀，满腹怨恨。因此，李训在讲述《易》的时候，就有意借题发挥，议论宦官的种种罪恶以及民间对宦官的仇恨情绪，鼓动文宗下决心铲除宦官之祸。文宗这时正苦于对宦官无计可施，看到李训、郑注深受王守澄信任，认为与他们密谋清除宦官势力，可以掩人耳目，不至于像上次宋申锡那样引起宦官的怀疑。此时的文宗反守为攻，给二人以高官厚禄，使为己用。命郑注为太仆卿，李训为翰林侍讲学士。由于文宗与李训、郑注在反对宦官势力上立场一致，使文宗对李训、郑注更加信任和倚重了。王守澄把郑注、李训安插到唐文宗身边，原想隔断皇帝与正直朝臣的联系，以做其耳目，可万万没有想到，这两个人却是他的送命人。

李训、郑注二人，以王守澄为后台，有恃无恐，日侍于文宗左右，周旋于朋党之间，窃权干政，排除异己。为此，他们先联络李宗闵驱逐了李德裕。之后，他们又进谗于文宗，贬逐了李宗闵。不及一年，连逐三相。一时间，李训、郑注权倾天下，名震朝野。

此时的唐王朝，宦官把持禁军，专擅朝政，大臣中又各自树朋党，相互倾轧，地方上则藩镇割据，混战时起。文宗既虑党争，又恨宦官，他无时不想除掉王守澄等宦官，以雪元和以来的几度弑君之耻。

宦官以王守澄、陈志宠为首自元和以来，盘根错节，已形成了一股庞大的势力。根除此党，谈何容易。李训、郑注经过计议，考虑当时"仇士良拥立文帝时曾出过力，可被王守澄压抑，没有实权，心中早有不满"，便向文宗提出起用五坊使仇士良，以毒攻毒，铲除王守澄。文宗同意，遂将王守澄的原神策军中尉授予仇士良，同时升王守澄为左右神策军观军容使。这样既夺了王守澄的实权，又给他树立了一个对立面。仇士良坐得渔人之利，当上神策军中尉后，同王守澄的矛盾更加激化了。大和九年（835 年）十一月，文宗借追究其祖父宪宗被杀一事，逼王守澄自尽，对外只说他暴病身亡，并赠封为扬州大都督。同时为了安抚其他宦官，文宗诏命定于大和九年十一月二十六日把王守澄安葬在京东浐水上的白鹿原。

◎甘露事变失败，重臣惨遭杀戮

王守澄死后，李训以功升平章政事。郑注做了凤翔节度使。仇士良担任左神策军中尉，兵权在握，又兼左衔功德使。宦官势力形成了一个新的、以高力士为首的集团。功德使是唐中期大量出现的差遣使职之一。起始于唐玄宗晚年。起先由沙门僧侣担任，后由宦官兼任。功德使的职责是管理所辖寺院僧尼及其宗教事务。当时，许多豪富之家为了逃避国家赋役，将田地、资产寄托于寺院，或行贿私买“度牒”，取得僧籍。王公贵戚贪求“超度”来世，也施舍大量钱财以“积功德”。僧侣们还利用各种手段，搜括民膏，用百姓“卖儿贴妇”的钱立寺建塔。当时京城长安，寺庙林立，僧尼数万，佛教寺院积聚了无数财产，“积功德”变成了“积钱财”，“功德使”也就成了“捞钱使”，成为宦官们争夺的美差。宪宗时大宦官吐突承璀因累立军功而得到功德使的任命，实际上是朝廷赏给他一个捞钱发财的大好机会。仇士良在文宗、武宗时连任左衔功德使多年。他死后，武宗派人收缴他家的资产，只见珠玉金银都已塞满库房，每天用30辆车搬运，竟然费时一月之久，还没搬尽。武宗见了不禁拍掌称怪：“朕库不曾有此等物。”不用说，这个美差为仇士良聚集了大量钱财。

李训拜相伊始，就向文宗进呈了治国安邦的太平之策，其首要任务是“先除宦官”。文宗十分赞赏。在唐初，唐太宗接受历史教训，对宦官有明确限制，只用来侍候皇帝、宫室嫔妃和管理皇宫事务。到开元末年，唐玄宗荒于政务，宠倚宦官高力士。外间进奏的表文要先送到高力士那里，小事由他直接处理，大事才奏请玄宗，权势显赫。

由于高力士为人谨慎，一直是玄宗的忠实奴才，在政治上未造成太多的恶果。“安史之乱”后，宦官势力在纷乱中恶性膨胀，一发而不可收。大宦官李辅国公然对唐代宗说：“陛下只管在皇宫内做享福皇帝，军国大事都交给老奴处理。”特别是自设立枢密使和左右神策军中尉的官职以后，宦官专权进一步得到了制度上的保证。这两个官职都是由宦官专任。前者的职责是把下面的奏章转呈皇帝，把皇帝的诏命下达朝臣，宦官因此能够参与国家机务，上下其手；后者统领神策禁军。神策军是皇帝的主要军事力量，负有卫戍皇宫的责任，皇帝实际上处于宦官的监护之下。

宦官势力口衔王命、手握兵权。朝廷大臣的升迁罢留，常在宦官的把持操纵之下，连位极人臣的宰相都要看他们的眼色行事。那时，朝官衙门多在南面皇城，称为“南衙”，宦官办事机构在北面皇城，称为“北司”。南衙北司之间不断发生激烈斗争。宦官还勾结地方藩镇势力。藩镇也把宦官势力作为自己在朝中的政治靠山，这是造成唐后期长期战乱的主要根源。本是皇帝家奴的宦官现在竟成了皇帝的监护人，生死废立，全在宦官手里掌握，皇帝实际上已由宦官的主人变成了宦官的傀儡。

王守澄被鸩杀后，剩下的最大宦官势力只有仇士良了。王守澄是拥立文宗的老臣，由于是秘密鸩杀，对外并没有宣布他的罪状。

本来，在此之前，李训、郑注及宰相舒元舆已商定，由郑注出任凤翔节度使，作为以后诛杀宦官的外应力量。现在，他们决定郑注赶在十月赴任，在当地精选壮士，作为亲兵，待安葬王守澄之日，一方面请文宗下诏，令仇士良以下的大小宦官头目前往浐水为王守澄送葬；一方面由郑注以护葬为名，亲自带领亲兵，身藏利器，一举把宦官全部诛杀在浐水旁。看来，这是一个安全可靠的计谋，只要仇士良他们离开自己的巢穴，前往浐水，自然就会成为瓮中之鳖了。

李训是一个不惜一切搞政治阴谋的人。过去为跻身最高统治阶层，使尽心机投靠王守澄，现在，他为了实现自己的政治抱负，又毫不犹豫地处死了自己的“恩人”王守澄。这次，要除掉仇士良，李训又怕郑注会抢了头功，影响自己的地位，心想，不如先下手，先杀了仇士良，再逐走郑注，这样就可以独得大功，朝廷上也就再无人与之相抗了，下一步就可以凭借获取的权力，实现他再建开元之后的政治抱负。于是，李训奏明文宗，决定提前举事。

为了确保万无一失，李训在人事、组织和兵力上，都做了积极的策划。这里，郑注已在凤翔任上，凤翔密迩京师，可以预防不测，作为外应。任命郭行余为邠宁节度使，王璠为河东节度使，要他们借赴镇的名义，在京师广募兵卒，作为基本武力。又任命韩约为金吾将军。金吾卫不过三四百人，力量不能与神策军相比，但它是朝廷的仪仗队，可以派作伏兵。此外，又任命罗立言为京兆尹、李孝本为御史中丞。京兆府和御史台是两个要害部门，而且其下还有不少卒吏、从人，可作应急需要。

一切准备妥当之后，大和九年（835）十一月二十一日清晨，唐文宗像往常一样，按照逢单日会见群臣接受朝贺的惯例，驾临紫宸殿，百官鱼贯而入，依班序立。然后应由金吾将军奏报：“左右厢内外平安”。但金吾将军韩约今日不报平安，却上奏说：“昨夜天降甘露，落在左金吾署后的石榴树上。”“甘露”意为甜美的露水。寒冬不降霜而降露水，而且是甘露，这实是一件新鲜事。故此语既出，立刻在朝廷上引起了议论。善于逢迎皇帝的大臣们，纷纷说甘露近在禁中，陛下应当亲自前去视看，以承接上天赐给的吉祥。文宗故作惊讶，便乘辇移至含元殿，众官随后，又命李训等前往观视。李训良久而还，煞有介事地说："我与众人仔细辨认一番，不像真甘露。"唐文宗听后说："难道韩约撒谎吗？"于是，又令仇士良、鱼弘志等宦官再去检视。

这正是李训等精心设计的圈套。

仇士良等不知是计，前往探视。这时，李训见仇士良等人已去，便急忙传呼："两镇军士速入殿接受诏旨。"原来，李训私党王璠和郭行余并没到任，而是亲率兵士屯兵于丹凤门外，伺机行事。当王璠听到李训的命令，心里却害怕起来，畏畏缩缩不敢前往，只有郭行余率兵来到含元殿。

这时前往探视甘露的仇士良来到金吾署外。他抬头一望，只见金吾将军韩约神情紧张地朝门外走来，汗珠从额头上直往下流。仇士良见状奇怪，故意问道："将军为什么这样啊？"韩约似乎没有听见一样，未作回答。仇士良顿起疑心。他刚迈进金吾署的院子，猛然间一阵风吹起幕布，露出手握武器的士兵。老奸巨猾的仇士良立即感到大事不好，马上转身就往后跑。他一口气跑到含元殿文宗皇帝辇车前，气喘吁吁地说："朝臣们造反了！"边说边指挥太监把皇帝的辇车往东上阁门里推。李训见状急上前拉住辇车，大声喊道："陛下不可去！"仇士良怒叱说："李训，你想造反吗！"唐文宗护着说："李训不会造反。"仇士良两眼冒火，用手击搏李训。由于用力过猛被闪倒在地，李训乘机压住仇士良，速从靴中取出匕首欲刺仇士良。正在这时，几个宦官围上，扯倒李训，拉起仇士良就往里跑。

李训见事情败露，急忙呼喊："邠宁和河东的兵士们怎么还不出来保护皇帝？谁保护皇帝就赏谁十万钱！"这一声令下，埋伏的士兵以及担任警卫的士兵，还有御史手下的随从武士，都纷纷操起武器，呐喊着一齐冲向院子，见到宦官就杀。霎时间含元殿前乱成一团，宦官被杀伤甚多。

唐文宗被太监们推进阁门以后，关闭了宫门。仇士良劫持到皇帝，得意地让太监们高呼万岁。接着，仇士良即命左、右神策军副使刘泰伦等率禁兵冲出阁门，疯狂报复，逢人便杀。

李训见大势已去，遂化装逃跑。百官惊骇，也都各自奔散逃命。

宰相舒元舆本参加了事变策划，此时佯装不知，对另一宰相王涯说："皇上要在延英殿召集我们议事吗？"不知实情的群臣也都跑来问宰相是怎么回事，宰相也说不知，让他们各自为便。这时，仇士良的神策军卫士500人挺枪挥刀已杀过来了，逢人便杀，被杀死的诸司吏率有六七百人。仇士良又令神策军分兵把守诸宫门，共抓获李训党徒一千余人，全部斩杀，血流成河，横尸遍地，惨不忍睹。

仇士良估计李训的行动是得到了文宗的允许，十分怨愤，便出言不逊。文宗此时也十分害怕，连一句话也不敢说，只得听其任意摆布。仇士良软禁好文宗，又命左右神策军将领率禁兵出宫，以搜捕贼党为名，大肆杀戮，连年过七旬的宰相王涯也未能免祸，被屈打成招，逼其手书，自诬谋反。宰相舒元舆无处逃避，只能束手就擒。仇士良又矫诏派出卫骑千余奔驰咸阳等地追捕逃亡人员，整个京城一片混乱紧张。

次日，文宗召会群臣，百官入朝，至建福门，仇士良已派人把守，不许随从进入。群臣只得一个挨一个走进大殿，终不见宰相和御史中丞入殿。由于昨日昼夜混乱，许多官吏被杀，原来的班序已被打乱，群臣只好乱次站立。开始，文宗不知王涯等已被捕，还嫌他们迟迟不上朝。这时，仇士良走到文宗面前，禀告说王涯谋反，已被下狱并把王涯的供词递给文宗让他阅看。文宗急召仆射令狐楚、郑覃等人近前，悲愤地问他们："这果真是王涯的笔迹吗？"令狐楚回答说："这正是王涯所写。王涯确实参与谋反，罪该处死。"文宗被仇士良所逼，只得下诏公布李训、王涯谋反罪行。

李训、王涯所谓罪行公开后，御史中丞李孝本易服潜逃，以帽遮面，直奔咸阳郑注处，途中被追兵抓获。宰相贾餗先隐匿在老百姓家中，后见躲不过就骑一头毛驴自归京城，行至半路，被宦官擒获。王璠聚集太原兵自卫，宦官鱼弘志派偏将来哄骗王璠，对他喊话说："宰相王涯犯罪，皇上任你为宰相，请立即入阁。"胆小怕事的王璠一听，大喜过望，立开城门迎见，神策军将士向他道贺，请他上马速行。行至城外，几个骑士将他从马上拉下，就地捆绑。王璠哭泣着说："都是李训连累了我呀！"王璠被带到狱中，见到王涯，气愤地说："你怎么也来了！"王涯讥讽地说："从前你泄露了宋申锡宰相的机密，你今天怎么能逃脱死罪呀？"不久，郭行余、罗立言也都被押进牢狱。

这一天，京城内外，兵卒剽掠仍未禁止，一些乱民也乘机报复私仇，相互击杀，人死甚多。文宗下令禁军在大街小巷巡守，击鼓警告，才最终制止。

李训逃出京师后，隐藏终南山。寺主宗密打算收留他，宗密的弟子们却怕受牵连而不同意，李训只好再去投奔凤翔。途中，被搜查逃犯的士兵逮捕，押送回京。李训自知回京下场是死，他不愿受辱，就对押送他的人说："捕获我有赏，你们不如拿着我的头去领赏。"于是，押差合计后，就将李训砍杀，提着他的头颅入京报功。

李训被杀后，仇士良又派人将终南山寺院的宗密逮捕，要对他处以死刑。宗密脸不变色心不跳，并对仇士良说："我与李训交游已久。按佛家法规，见困则救。我因执行佛法而死，死得其所。"仇士良怕引起众怒，不得不释放了宗密。

事变的第三天，神策军将王涯等人押赴郊庙，皆腰斩处死。临刑前，宰相舒元舆坦然地对愤怒的贾餗说："汉文帝时的晁错有'智囊'之称，尚被冤杀，何况是我们呢？"说毕，从容赴死。金吾将军韩约最后被捕，仇士良指责他参与谋反，韩约刚强不屈，被活活打死，他们的亲属，不论亲疏，甚至连不懂事的孩子，也都惨遭杀害。他们的妻女，没有死的统统没为官婢。

再说郑注到任凤翔后，精心挑选了500骑士，直奔浐水，准备依原计趁宦官为王守澄送丧时一网将其歼尽。当他听到李训提前发事被处死的消息后，又率兵回到凤翔，窥观动静。部下偏将劝他杀死监军张仲青及大将贾克中等十几位亲近仇士良的人，郑注不应。不久，监军张仲青和亲信李叔和邀请郑注宴饮。郑注自恃兵卫，贸然赴会，在饮酒时被伏兵诛杀。接着，张仲青又秉承仇士良之意，令李叔和率兵屠杀郑注附属一千余人。事后仇士良升张仲青为内常侍，李叔和为检校太子宾客，各赏钱千万。

至此，李训、郑注谋诛宦官的计划彻底失败，全案人犯被一网打尽。历史上称这一事件为“甘露之变”。甘露之变，一败于李训密谋不周，用人不当；再败于仇士良奸猾残酷，结果是举义者身首异处，连累公卿重臣惨遭杀戮，以致朝廷上出现“公卿半空”的情景。朝廷成了宦官聚集的天下。

在甘露之变中，仇士良成功地劫持了皇帝挟天子以诛群臣，瞒过了天下的耳目。他成了宦官的大头目，加官封爵，当上了右骁卫大将军，另一个宦官头目鱼弘志当上了右卫上将军兼中尉。朝廷大权全部控制在宦官团手中了。

◎皇帝被其操纵，心狠手辣行恶

经过宦官的滥杀之后，京师死者狼藉，宰相王涯等皆暴尸街头，无人敢于收殓，后经令狐楚建议，文宗才命京兆尹薛元赏收葬王涯等十一人，各赐袭衣（尸衣）。仇士良为树立自己的绝对权威，以追查甘露事件为由，对不依附自己者一概贬杀。京城内横尸遍地，一派杀机，仆射令狐楚对文宗说："参与李训事件的人都已被杀，族人也都尽灭。如今横尸遍地，腐臭难闻，实是惨不忍睹啊！"文宗听后也很伤心，下令将王涯等人的尸体埋葬。仇士良闻知后，怒不可遏，暗中使人掘其坟墓，将尸骨投之于渭水，以解心头之恨。

甘露事变，李训、舒元舆、贾悚、王涯四相同时遇害，文宗又欲起用令狐楚为相辅政。令狐楚是唐初名臣令狐德棻的后裔，时任左仆射。李训事败时，宰相都被仇士良抓到神策军中关押，文宗曾夜见令狐楚。令狐楚对文宗说："国家有三司御史，是用来治理不法之臣的。如今宰相却在宫内被宦官用刑，这哪里还有法律的威严啊！"文宗点头同意。于是，就让令狐楚连夜起草了一份诏书，内说宰相王涯、贾餗的罪证不实，有些冤枉。这不啻虎口夺食，仇士良岂能容忍此举。为此，仇士良对令狐楚也就十分怨恨。现在文宗欲让令狐楚为相，仇士良又岂能甘心？在仇士良的坚决反对下，受制于人的唐文宗只好作罢，遣令狐楚离京去山南西道任职。

令狐楚被排挤出去后，李石拜相入朝。当时，仇士良等趾高气扬，凌暴朝臣，每次朝会，仇士良总是以傲慢的态度与群臣争论，李石往往以理抗争，说得仇士良理屈词穷。有一次，文宗在延英殿召集群臣议事。仇士良以斥责李训为名对诸大臣旁敲侧击，指桑骂槐。李石不慌不忙却语势凌厉地说："李训、郑注为乱京师，罪该万死。可是李训、郑注又是谁引进的呢？"原来，郑注、李训都是通过巴结宦官才入朝的，仇士良也是曾与李、郑一起谋算宦官王守澄后才得以发迹的。仇士良怕争说下去与己不利，只好闭嘴不语，无言以对。

有一天，文宗在紫宸殿唉声叹气，李石见状问道：“陛下何事叹息，我能知道吗？”文宗说：“朕叹息治世之难。朕即位已经十年了，却没有为百姓谋福利，有什么办法能使我不失其位吗？”

李石说：“陛下治理天下，就应该使各级官吏尽职尽责，开源节流，体抚百姓，人自奋上”。

“可现在究竟是什么原因使得人们心情不舒畅？”文宗疑问。

李石回答说：“刑杀过甚，是导致人心不畅的主要原因。李训、郑注已被处死多日了，至今还在追查他们的余党，人人思危，诚惶诚恐，哪能静心创业呢？请陛下下诏安慰他们吧。”

在旁的郑覃也进言说：“欲治天下，最好的办法就是抚恤人心。”

文宗听后点头称是。仇士良惧怕激起众怒，也有所收敛，故未公开表示反对。可因此对李石偏袒李训、郑注而怀恨在心。

京兆尹张仲方惧怕宦官势力，不敢用事。李石因他位不胜任，奏请文宗把他调任华州刺史，改派司农卿薛元赏继任。薛元赏刚正不阿，颇有气节。有一天，他到李石府第中去，见李石刚坐厅办公，有一神策军将，与李石大吵大闹。薛元赏便大踏步趋入厅中，正色对李石道：“相公辅佐天子，纲纪四海，今近不能制一军将，使他无礼至此，哪里还能制服四夷呢？”说毕，即呼侍从入厅，擒住军将，令带至下马桥候审。侍从拥军将先行，薛元赏随后上马趋出。至下马桥时，那军将已被剥去军衣，跪在道旁。薛元赏即命动刑。此时，忽有一宦官前来，说是奉中尉命，请大尹过谈。薛元赏道：“眼下公事正忙，一了即来。”当下杖杀军将，然后改穿白衣，去见仇士良。仇士良冷笑道：“痴书生好大的胆，敢杖杀我手下的禁军大将？”薛元赏冷冷地回答：“中尉是国家大臣，宰相也是国家大臣，宰相属吏，若失礼中尉，中尉将若何处置？中尉属将，现在失礼宰相，难道可以轻恕吗？中尉与国同体，当为国惜法，我元赏已穿了囚服，任凭中尉裁决，生死唯命！”仇士良见他理直气壮，视死如归，反而换了一副笑脸，设宴招待，心里却恨得肺腑发抖，盘算着如何除掉李石这个与己作对的强硬宰相，可一时又找不到好法子，于是就使出了最卑鄙的一招，派刺客暗杀李石。

开成三年（838 年）正月的一天，天尚微明，李石就准备入朝议事。他骑马刚到亲仁里，忽然听到前面有箭镞声，连忙闪避，说时迟，那时快，李石臂上已受微伤。幸亏他骑的那匹老马识途，受惊后驰归府第。没想快到家时，还有个刺客暗藏于坊门处，亏得李石伏在马背上，那马又因受惊吓，疾驰而过，可马尾依然被砍断，但李石幸免于难。李石明白这是仇士良使人所为。李石任相后，敢于直言，又有魄力，不近宦官，一心维护文宗的威信。对此，仇士良岂能容忍？那里各部署均有仇士良的亲信，李石见自己无力回天，为保全性命，上表陈请辞职，交出了宰相大权。自此，仇士良便越发不把朝官放在眼里了。

宦官和藩镇，本是唐朝肌体上的两个毒瘤。但这二者有时又互相对抗，在他们对抗的夹缝中，皇帝也可苟安一时。昭义节度使刘从谏上表声讨仇士良说：“王涯等人都是当代宿儒名臣，他们位高荣崇，都希望能保全名节，永存富贵，怎么会无端造反呢？如今大肆捕杀他们，并说他们是逆贼，真是含恨九泉啊！如此一来，天下志士仁人、贤能节士都畏祸隐居，谁再来与陛下共同治理天下呢？”又将李训写给他的信让部将陈季卿送到朝廷，以证实李训无反之意。

陈季卿来到京城，正赶上李石遭人射伤，京师大乱，不敢将信送上。刘从谏怒杀陈季卿，又将书信再次派人送至朝廷，并上书说：“如今天下都知道李训是替陛下铲除宦官。仇士良等为了自己免祸，才先下手肆妄杀戮，反诬宰相谋反。即使宰相真的谋反，也应该由司法部处理，哪有宦官纵兵屠杀的道理？陛下被宦官蒙蔽，对这些事看不到，也听不到。现在宦官在朝廷内外结党营私，为所欲为，我本想亲自去京师向陛下陈述，又恐遭仇士良等人暗算。我现在能做到的只是守卫边疆，训练士兵，如果陛下认为奸臣难以除掉，我可以举兵入朝，誓以死清君侧。”

刘从谏的上书送达朝廷，人人争相传阅。仇士良却十分害怕，唯恐刘从谏举兵入朝，急忙奏请文宗升刘从谏为检校司徒，想用高官厚禄来收买刘从谏。

仇士良原想用升官来堵住刘从谏的嘴，没想到刘从谏硬是不吃这一套。刘从谏越发来劲，接着上书说：“我所陈述的问题都是关系到国家命运的大事。如果认为可以接受，就应该为王涯等人平反洗冤；如果不能接受，赏我官职就名不正言不顺，哪有死冤不申我却封官加禄的道理呢！”一再表示不接受仇士良的授官。以后又多次上书，除揭露仇士良弄权外，还揭露仇士良推荐假国舅的事实，使仇士良很是狼狈。原来，穆宗的皇后肖氏，进宫时，父母已丧，有失散的兄弟一人。文宗想寻找这个舅舅，有个叫肖洪的人，自称是太后的弟弟，通过仇士良的保任，“许之厚赂”，果然被拜金吾将军、检校户部尚书、迁检校左仆射、鄜坊节度使。然而，此人后来“纳赂不满士良之志”，又得罪了神策军调往鄜坊的人员，于是，仇士良使人上书，说肖洪不是太后的亲弟弟，又推荐一名叫肖本的人，说此人才是太后的亲弟弟。这样，肖本又取代了肖洪。后有福建观察使唐扶上奏，晋江县人肖弘自称是太后亲弟。刘从谏上章论述二人都是假冒。经过御史中丞高元裕、刑部侍郎孙简、大理寺卿崔郇三司覆案，证明确实都是假冒。在事实面前，仇士良无计可施，对付办法就是制造刘从谏“窥伺”朝纲的舆论。刘从谏也不甘示弱，便打出“清君侧”的旗号，依旧与宦官对抗。在强藩的声援下，文宗虽不能除掉仇士良等，但尚可苟且一阵。

甘露之变后，仇士良对唐文宗一直忌恨在心，多次想设法废掉他，另立一个更听话的傀儡。一天深夜，翰林学士崔慎正在睡意蒙眬中，被一小宦官叫起来，说皇帝有要事召他，崔慎以为朝廷出了什么事，未及细问便匆匆入宫。小宦官把崔慎引进一个秘殿。殿内布满帷帐，只有仇士良等几个太监坐在那里。崔慎喘息未定，只听仇士良发话道："皇上已经病了好长时间了。从即位那天起，一切政令就都不像样子。现在，皇太后有旨，要另立一位皇帝，请崔学士快起诏书吧！"崔慎一听，大惊，便急中生智，连忙说："皇帝是英明的，天下共知，怎么可以轻发议论呢？我崔慎是大家族出身，三亲六故不下千余人，光兄弟就有三百，我怎么能参与到灭族的事情里呢？就是让我死，我也不能起草这份诏书！"仇士良等人听了这一番话后，沉默了许久。过了好长时间。仇士良才站起身来，把后边的小门打开，一言不发地领着崔慎经过小门，进了一座小殿。崔慎抬头一看，只见唐文宗耷拉着脑袋待在一边。仇士良一边上台阶，一边数说着唐文宗的过失。唐文宗只是听着，也不敢反驳，低头无语。仇士良用手指着唐文宗说："要不是因为崔学士，你就不能再住这里了！"说罢，就把态度鲜明的崔慎送出宫外，并对崔学士说："刚才的事，不许走漏一丝消息，否则你全家遭殃！"崔慎不敢外传，只是把这事写在纸上，藏在自己枕头旁的书籍底下。当时的人都不知道。直到崔慎临死时，才将记录这件事的那张纸交给了他的儿子。

唐文宗在仇士良的挟制下，苦闷郁烦，只好饮酒求醉，赋诗遣愁。而仇士良也只允许他吃喝玩乐，不准他问国家大事。开成四年（839 年）文宗终于积郁成疾并且一病不起。

◎贪酷残暴终落个削官没籍

唐文宗在世时有两个儿子，长子李永，为后宫王德妃所生；次子李宗俭，但不幸的是李宗俭10岁就死于疾病。朝中大臣曾多次上表，请立文宗长子鲁王永为太子，可是文宗喜欢的却是敬宗之子李普，故储君之事悬而未决。不料，大和二年（828年）李普夭逝。四年后，文宗不得已才立长子李永为太子。太子生母王德妃姿貌不过中人，素来失宠，而后宫杨贤妃，生得花容玉貌，姿质丰艳，俐齿伶牙，文宗爱若掌珠，几乎言听计从。不久，她谗死了王德妃，又屡屡进言文宗，说太子短处。久而久之，文宗即有了废太子的念头。开成三年（838年）九月，文宗欲废太子李永，召见群臣说："太子行多过失，不堪承统，应废立为是。"群臣俱认不可，顿首谏道："太子年少，近虽有过，将来自能知改。且储君关系国本，不可轻动，还望陛下矜全！"给事中韦温向文宗奏道："陛下只有一子，不善教导，乃至陷入狎邪，这岂尽太子的过失？"御史中丞狄兼谟也痛哭流涕，伏阙固争强谏。由于群臣的力争，文宗才不便决议，怏怏退朝。接着，群臣又连章论救。于是，文宗敕侍读窦宗直、周敬复二人到少阳院为太子讲经授义，申明是非。太子终未能尽改前非，仍颇好游宴，狎近小人。杨贤妃又密嘱坊工刘楚才及禁中女优等，诋毁太子。文宗虽每有所闻面责太子，但废立之事却终未成行。一个月后，太子在少阳院中突然暴死，五官流血，四肢发青，好似被人毒死。文宗前来验视，见状甚惨，不觉泪涌如泉，默思毙因，然无处觅证，只好殓葬了事。

太子李永神秘地暴死后，储君之事再次提到议事日程。杨贤妃乘机进言请立穆宗子安王溶为皇太子。宰相李珏认为立弟不如立侄，于是文宗乃于开成四年（839 年）立了敬宗少子陈王李成美为太子。

懦弱的文宗对太子李永之死常记心中。一次宫中表演杂技，有一小儿援杆而上，众人兴高采烈地拍手称绝，只有一中年男子在竿下走观。其状惊恐。文宗见状便问左右，侍者告说那个在竿下心神异常紧张的男子是那个爬竿小孩的父亲。文宗听后，骤然想起太子之死，悲凉之感，油然而生，长叹一声说："朕贵为天子，却不能保全儿子，难道不是可叹可悲吗？"随即命驾返宫，召坊工刘楚才等人面加叱责，并以构害太子之罪将其杖毙。从此，文宗病重日甚一日。

开成五年（840 年）正月，文宗自知不能维持多久，便命枢密使刘弘逸、薛季稜，宰相杨嗣复、李珏入宫，商议奉太子监国。文宗病剧，朝廷内外惶惶不安，仇士良等唯恐太子之立，功不在己，因而时刻注意朝臣的动向。当宰相大臣们一入禁中，仇士良、鱼弘志便接踵而至，而对临死的文宗及辅政的重臣，仇士良口吐狂言："太子年幼，且有疾，请更议所立。"宰相李珏当即批驳："皇上已立陈王为太子，岂可更变！"坚决反对仇士良更立太子。仇士良、鱼弘志气得脸色发紫，鼻孔一哼，拂袖离去。是夜，仇士良等竟伪造诏书，私立穆宗第五子文宗弟颖王李炎为皇太弟，并派兵迎颖王进宫，主持国政。同时，把文宗刚立的皇太子李成美复贬为陈王。仙韶院副使尉迟璋对立皇太弟之事不满，企图起兵作乱。仇士良遂将其捕拿斩首。两天后，文宗含恨而死。唐文宗哀叹自己还不如周赧王、汉献帝，他说："赧、献受制于强诸侯，今朕受制于家奴！"

太弟李炎即位后，即为武宗，拥有援立之功的仇士良被封为楚国公，鱼弘志封为韩国公。仇士良为控制武宗，装出一副关心的样子对武宗说："杨贤妃曾谋立皇子安王溶，虽然由于我等发现才未能成功，但安王仍有很大影响。请陛下除掉安王以绝人立之望。”武宗点头应允，立下诏令，贬杨贤妃、安王、陈王自尽。可怜安、陈二王，无辜地死于非命，那个倾国倾城的杨贤妃求生无术，也只有饮毒自尽了。

八月二十七日，安葬文宗。枢密使刘弘逸、薛季稜率禁军护送文宗灵柩赴章陵。刘、薛二人素与仇士良不和，在立储之争的分歧使矛盾更加激化，他们担心武宗受制于仇士良，会加祸他们，便密谋率军倒戈，诛杀仇士良。不料事情被仇士良党羽山陵使崔稜发觉，率军先发制人，刘弘逸、薛季稜被降诏赐死。

仇士良依仗武宗害死刘、薛，更加肆无忌惮，任意指使。很快，宰相李珏、杨嗣复也被罢免。李珏贬往桂州为观察使，杨嗣复贬往潭州为观察使。仇士良又劝武宗将其二人处斩，谗言说：“杨、季二人，不愿陛下登基。今既外调，恐有异图，应早除为是。”武宗性急，听完仇士良一番邪谋，即欲遣中官前往诛杨、李二使。朝中大臣力谏，二人才免于一死。然后二人又被分别贬为潮州、昭州刺史。

唐武宗继位后，对仇士良表面假宠信，赐仇士良“纪功碑”，且封爵升官，可内心对他的专横十分不满，并且深深地意识到自己的处境十分危险，有成为仇士良傀儡的可能。血气方刚的武宗暗中发誓要清除宦官。但这并非举手可成之事，要尽早摆脱自己受制于仇士良的困境，关键的一步是需要有一位能取代宦官控制全局的宰相。经过慎重选择，武宗在登基的当年九月，把富有政治才能、声望颇高的淮南节度使李德裕擢为宰相。

李德裕初为宰相，正值回纥入侵。李德裕雄谋勇断，取得了战争的胜利。李德裕乘机上书武宗说：“以往朝廷出征作战之所以失败，原因有三：一是宦官军权太大，宰相不能参与决策；二是宦官监军，束缚了将帅的手脚；三是每军都有宦官作监使，而监使又挑选军中青壮之士为卫队，只留下老弱病残者到前线作战。”在分析了原因之后，李德裕建议武宗应当立即削弱宦官的军权。武宗对李德裕格外倚重信任，因而对宦官也就疏远了。

仇士良对李德裕当宰相颇感恐惧，又听说李德裕对皇帝进言要“辨邪正，专委任”，更觉此人不好对付。仇士良为讨好武宗，便诱其“数出畋游，暮夜乃归”。李德裕便针锋相对，劝武宗“人君动法于日，故出而视朝，入而燕息”，要“节田游，承天意”。仇士良见武宗益信宰相，权归南衙，无隙可乘，真是既怕又恨，气焰不得不有所收敛。仇士良也觉察到了武宗对他有厌恶之情，很觉懊悔。他没有想到，自己拥立的皇帝却在疏远自己。为发泄不满，扭转危机，便无事生非，造谣惑众，煽动禁军起来攻击宰相李德裕。会昌二年（842 年），仇士良趁给皇帝上尊号的机会，大造谣言说：“宰相主张削减禁军的钱粮，降低待遇。”同时，还公开对左右神策军的将士说：“削减钱粮的事是真的，不过可以到中书门前找宰相争辩论理。”受仇士良的煽动，神策军大有骚动之势。李德裕闻讯后，连忙进宫，详细地向武宗进行了报告。武宗听后，也觉事态严重，立即派出使者到神策军中宣布：“下赦令，削减开支，是皇上的旨意，与宰相毫不相干，你们胆敢不服从皇上吗？”众军士听后，这才安定下来。仇士良见自己这一招不灵，不免有点心虚了。

仇士良横暴二十多年，不断被加官晋爵，开成五年（840 年），他已官至开府仪同三司、右卫将军兼内谒者监，可谓官高位显。但仇士良并不因此满足，竟请求以开府官品荫其子为千牛备身（官名）。千牛备身是中央禁军左右千牛卫的属官，官位并不高，但却有实际权力。为此，给事中李中敏嘲讽仇士良说：“开府官阶从一品，按制可以荫子。可宦官又从哪里来的儿子呢？”仇士良被这一质问，自觉羞愧，荫子一事只好作罢，嚣张气焰受到了一次沉重打击。

此后，仇士良感觉大事不好，整日惶惶不安，暗想：自己曾权倾一时，作恶多端，满朝树敌，四面楚歌，现在不如暂且退避，以避锋芒，也好免去杀身之祸，以保荣禄。会昌三年（843年），仇士良感到形势对自己很不利，一时又无扭转败局的章程，遂提出以老、病求散秩的要求，武宗给了他个“内侍监”，让其知内侍省事。仇士良只好借着梯子下来。不久，仇士良又提出要告老还乡，武宗也无意挽留，顺水推舟，允其所请。

仇士良临行的那一天，众宦官以隆重之礼送他还府。他为了表示对众宦官的感谢，将自己数十年来专权乱政的经验传授给他的徒子徒孙。他说：“天子不能够让他闲暇起来。若有空闲时间，他一定会阅读古今书籍，会见有知识的大臣，接受大臣们的治国方略。政治经验丰富了，就会深谋远虑，对财宝器玩的爱好也会减弱，游幸声色的兴趣也会降低，而我们的恩遇必然渐薄而权也必然渐轻了。为了你们的前途着想，莫若多方搜寻奇珍异宝，多多豢养猎鹰猎马，每日用击球、打猎、娱声、幸色的办法去蛊惑皇帝，让他在声色娱乐之中，耽侈求靡，沉沦下去。这样他必然厌恶经书中的治国之道，对朝廷内外的大事充耳不闻，朝廷内外的一切大权自然控制在我们宦者手中。这样一来，我们手中的恩泽和权力谁能夺得去呢？”这的确是为宦之道的经验之谈，难怪他二十多年作威作福而恩宠不衰。

仇士良临行的这一番自白，淋漓尽致地勾画出一个窃国弄权宦官的罪恶嘴脸，同时，也反映了宦官这个封建皇权专制的伴生物在有唐一代的严重危害。

会昌四年（844年），宦官中有人告发仇士良图谋不轨，武宗并没有放过他，第二年，削去他的官爵，抄了他的家，仅留下他一条性命。不久，仇士良病死。

身为宦臣的仇士良，一生弄权干政，在宫中侍奉六主，拥立二帝，专权二十多年，大肆杀戮朝臣，凌驾于天子朝臣之上，可谓恶贯满盈。

自公元820年唐宪宗被宦官杀死，到公元903年，唐朝历经八个皇帝，除了敬宗一人是以太子身份继位外，其余七人全是各派宦官根据各自的需要而拥立的。敬宗虽不是宦官所立，却是被宦官所杀。

◎后人话仇士良：仇视贤良的一代奸奴

宦官干政几乎贯穿了中国2000年的封建历史，从完成中国大一统的秦王朝的赵高开始到汉朝的十常侍，唐朝的高力士，宋朝的童贯、明朝的刘谨、魏忠贤，以至最后一个王朝清朝的安德海、李莲英。几乎每一个朝代都有一个甚至几个巨宦手握重权，封王封侯者大有人在，更后甚者被称为立皇帝、九千岁的，然而这一个个权倾朝野的人物几乎没有得到善终，最好的下场是高力士被流放，而绝大多数的结局是身首异处，如刘谨更被凌迟处死，魏忠贤自杀后被枭首磔尸。但在浩瀚的中华历史长河中，却有这样一位宦官，论名气绝对比不上赵高、童贯、魏忠贤等人，然而论罪恶却决不在赵高、童贯、魏忠贤等人之下，况且历史上的巨宦掌权往往只限于一朝皇帝，一旦皇帝更换则意味着灭顶之灾的到来，而此人却历经六朝皇帝而不倒，而更让人称奇的是此人最后得以告老还乡颐养天年，直到死后第二年才被人揭发，由皇帝下诏免官，查抄家产，此人就是唐代大宦官仇士良。

仇士良是唐朝后期的一个大宦官。他在宫中侍奉六主，拥立二帝，专权二十余年，先后杀二王、一妃、四宰相，尤其在甘露事变中，他对公卿大臣大肆杀戮，朝士吏民死在他手下的不计其数，可谓恶贯满盈，血债累累。

仇士良贪暴的二十余年，正是唐中央皇权削弱之时。他趁皇帝无能、大臣争权之机，渐渐地控制了皇帝，掌握了大权。二十余年中，他参与朝政，干扰国事，上挟天子，下凌宰相，生杀予夺，一任他好恶。他的阴谋奸佞所以能得逞，一方面在于他掌握禁军，不断地在左右神策军中树立党羽，排除异己，使得禁军唯他是听；另一方面，还在于他弄权有术，老谋深算。宦官本是皇帝的内侍、家奴，常年周旋于皇室、内廷之间，侍奉于皇帝左右，具有一般人所不具备的接近最高统治者的条件。在专制的封建皇权时代，在皇帝昏庸无能的时代，宦官的是非好恶，往往能左右至高无上的皇帝，误国害民，更不用说像仇士良这样蓄意弄权干政的阴谋家了。仇士良用事的目的就是让皇帝腐化堕落，不问政事，以利于攫取“恩泽权力”，达到“万机在我”的最终目的。

第八章

童贯：史上唯一被封王的宦官

他的经历，充满了传奇般的悲喜剧色彩。他的一生中，开创了几项中国历史之“最”：中国历史上握兵时间最长的太监；中国历史上掌控军权最大的太监；中国历史上获得爵位最高的太监；中国历史上第一位出使外国的太监。

◎“仗义疏财”，媚迎事主

童贯，字道夫（一作道辅），开封人，少年净身入宫，投于大太监李宪门下。这位李宪是神宗朝的著名太监，在西北边境上担任监军多年，颇有些战功。童贯读过四年私塾，有些经文根底，跟随李宪出入前线，又打下了军事上的根基，很有点能文能武的味道。加上他曾经十次深入西北，对当地的山川形势相当了解。这使他在宦官中很不寻常。不过，看起来李宪对他并没有什么特别的提拔照顾，致使童贯进宫二十余年，始终没有出人头地。如果不是赵佶这种性情的人做了皇帝，或者换句话说，如果神宗皇帝能多活二十年的话，他说不定会默默无闻地老死在皇宫里。

关于宋徽宗赵佶的出生，还有一段离奇的传说。据明人《良斋杂说》记载:“李后主亡国，最为可怜，宋徽宗其后身也。宋神宗一日幸秘书省，见江南国主像，人物俨雅，再三叹讶。适后宫有娠者，梦李后主来谒，而生端王。”这段话是说，宋神宗有一次去秘书省，看到南唐后主李煜的画像，画中人物文采风流，儒雅俊俏，神宗皇帝再三惊讶。这期间后宫的一位嫔妃怀孕，神宗皇帝梦到李后主来参谒。后来这位嫔妃生下的孩子就是端王，也就是之后的宋徽宗。所以人们就说，宋徽宗是南唐后主李煜投胎转世，因为李煜的南唐被宋太祖所灭，于是就投胎为宋太祖的子孙，也把宋朝搞亡。徽宗皇帝被金人俘虏后，金人对他就像当年宋太祖对李后主一样。这种李煜托生的传说固然不足为信，但在赵佶身上，的确有李煜的影子。

元符三年（1100年）正月，年仅25岁的哲宗驾崩，没留下子嗣。

显然，皇帝只能从哲宗的兄弟中选择。神宗共有 14 子，当时在世的有包括端王赵佶在内的五人。赵佶虽为神宗之子，却非嫡出，按照宗法制度，他并无资格继承皇位。

哲宗去世当天，向太后垂帘，哭着对执政大臣们说："国家不幸，哲宗皇帝无子，天下事须早定。"宰相章惇当即提出，按照嫡庶礼法，当立哲宗同母弟简王赵似。不料向太后不同意。章惇只好改口说，若论长幼，那么当立年长的申王赵佖为帝。这两个建议都排除了端王赵佶。然而，向太后看中的恰恰是赵佶。赵佶并非向太后所生，究竟是什么原因使向太后坚持立赵佶为帝，目前学术界尚无定论，可能与赵佶在向太后心目中良好的印象有关。赵佶每天都到向太后住处请安，称得上是又聪明又孝顺的孩子，因此向太后偏爱他。哲宗病重期间，向太后对谁继承皇位，早已胸有成竹，故她并不接受章惇的意见。她语气坚决地说："老身无子，所有的皇子都是神宗的庶子，不应再有区别，简王排行十三，不可排在诸兄之前，而申王眼有疾病，不便为君，所以还是立端王为好！"表面上看，向太后办事公平，但在这些冠冕堂皇的言辞背后，显然是在偏袒赵佶，为其继承皇位找到合情合理的借口。章惇是反对端王即位的，他认为"端王轻佻，不可以君天下"，这是将攻击的矛头直接转向了赵佶的人品，而向太后却不以为然。双方为此僵持不下，互不相让。关键时刻，知枢密院曾布首先附和太后之议，尚书左丞蔡卞、中书门下侍郎许将也相继表示赞同。章惇势单力薄，不再争辩。赵佶就这样被向太后、曾布、蔡卞等人推上了皇帝宝座。他就是徽宗。

徽宗生性风流，颇有些才气。自幼爱好笔墨、丹青、骑马、射箭、蹴鞠，对奇花异石、飞禽走兽有着浓厚的兴趣，尤其在书法绘画方面，更是表现出非凡的天赋。宋徽宗是中国历史上著名的风流才子式的皇帝。

为了能有出头之日，这时的童贯总是寻找机会接近徽宗。童贯生性巧媚，处事机警，善于揣测皇帝的心思，大凡什么事，不用吩咐，就能承意办好。对后宫有头脸的妃嫔更是低眉顺眼、曲意奉承。同时也不吝啬钱财，巴结贿赂其他的宦官、大臣，所以大家在徽宗面前都“交口称赞”他，很快便被委以重任。

徽宗登基的第二年，在苏州、杭州设置造作局、明金局，征集了各种工匠数千人，从事象牙、犀角、金银、玉器的琢磨雕刻以及编织竹藤、装裱书画、针织刺绣等项工作，为皇帝提供各种奢侈品。童贯就以供奉官的身份南下苏杭主持此事。

童贯果然不负帝望，一到江南便大肆搜刮民脂民膏，向皇帝进献大量造型奇巧、做工考究、精雕细刻的各种工艺品。

童贯还在杭州结识了谪居本地的蔡京。二人臭味相投，相见恨晚。蔡京被贬的缘由是这样的：蔡京中进士，是在宋神宗在位的时候。当时王安石实行变法，蔡京力主新法，非常得王安石的赏识。后来王安石新党失势，司马光旧党当政，蔡京马上见风使舵，五天之内就把王安石的新法全部废除。司马光非常感动，说“使人人奉法如君，何不可行之有”。意思是说，假如天下人都像你这样奉法，那我什么干不成啊？哲宗皇帝继位以后，比较倾向于新法，所以又用章惇一党行新法，蔡京马上又把旧法废掉了。十年之间，蔡京翻手为云，覆手为雨，这个人的政治操守由此可见一斑。徽宗皇帝登基之初，进贤退不肖，蔡京也被贬出京，到杭州去做一个虚职的官员。蔡京很不甘心，经常是西望长安泪不干。而此次童贯南下正好给蔡京创造了一个良好的条件。

蔡京为了求童贯在皇帝面前为他美言，以便早日结束谪居的生活、返京还朝，不惜以大量财物贿赂童贯，不舍昼夜地陪童贯恣情游乐。童贯心领神会，把蔡京所画的屏幛、扇带都高价收买、另加题跋的名人字画送到宫中让徽宗赏玩，并附语说蔡京才智超群，是栋梁之材，不可闲置。又指使太学博士范致虚通过左街道禄徐如常在宫妾、宦官面前赞誉、吹嘘蔡京。

此次杭州之行，童贯特别热心地按照自己对皇帝的理解，指点蔡京创作了一批深受喜爱的书画作品，经过童贯源源不断地送到皇帝手中。回京后，童贯又出手极为豪爽地向宫中妃嫔、曾经预言赵佶能够当皇帝的道士、皇帝身边的近臣和另外深得皇帝信任的宦官梁师成之属馈赠厚礼，为蔡京回京打通了关节。

据说童贯的几个心腹徒弟十分困惑，不明白师傅为何如此热心地帮助一个贬居外地的倒霉蛋儿。童贯告诉他们："现任的宰相没有人拿我们放在眼里，巴结起来即便不是没有可能，也会极其费劲。如果看准了，通过我们自己的力量，扶起来一个宰相，那就完全不同了。"事实证明，童贯烧冷灶的眼力与功力全部超一流。不到一年，蔡京便三级跳似的坐到宰相的位子上了。这一点对于童贯具有深远的意义。

◎控制军权，虚功受奖

蔡京还京后，为"报答"童贯，极力推荐他担任军事要职。崇宁二年（1103 年）二月，徽宗打算征讨西北的羌族，收复青唐（吐蕃城名）一带，从而开疆拓土，以显国威。蔡京竭力举荐童贯，说他曾经十次出使陕右，非常熟悉五路事宜及将士们的能力，如若前去，定能旗开得胜、马到成功。于是徽宗任命童贯为监军。

童贯领命而行，来到熙州（今甘肃临洮），与主帅王厚、副帅高永年调集十万人马，准备开赴西北。队伍开到湟川，恰巧汴梁的太乙宫失火，宋徽宗十分迷信，以为宫中失火是上天垂兆应免动刀戈，于是火速传一道手谕给童贯，阻止他出兵西战。童贯总想找个机会显显本事，当然不愿半途而废，他看罢手谕马上折起来塞到靴筒里。王厚问："不知陛下何故降旨？"童贯若无其事地说："没有什么，只是陛下敦促我等速取成功罢了。"

在这次战争中，童贯表现倒也低调，他支持、配合领军将领，打了一连串漂亮仗，平息了西北部族的叛乱。在收复四个州的庆功大会上，将领们兴高采烈地领功受赏。

在庆功宴会上，他慢悠悠地拿出皇帝的那份手诏，传示军中将领观看。大家一看之下，无不大吃一惊。领军主将相当惶恐地问他为什么要这样做，童贯回答说："那时士气正盛，这样子止了兵，今后还怎么打？"主将问："那要是打败了可怎么办？"童贯说："这正是我当时不给你们看的原因。打败了，当然由我一人去领罪。"当时众将领"呼啦"一下子跪了一地，大家无不感激佩服。谁都知道，军令如山，何况是违旨，这可真不是闹着玩儿的事儿。若是打败了，童贯可能确实是要掉脑袋。

与此同时，童贯还做了另外一件相当打动人心的事情。开战后，阵亡了一位奋不顾身的将领。当时，这位将领的妻子已经去世，他战死后，他的独生儿子流落街头，成了乞讨儿。童贯下令将他找回来，当众认这孩子为义子。声明一定如己出般的善待遗孤，将他抚养成人。这一手很厉害。那些整日里在生死场上搏杀的将领们十分感动，认定童贯是一位值得为之卖命的上司。从此，童贯牢牢树立起了在西北军队中的威望。可惜，这个改名童师闵的孩子，长大后帮着童贯干了不少坏事，公元1127年的前一年，诛除"六贼"时，与童贯同时被新皇帝下令斩首。

这次战胜，对于大宋帝国极其重要。帝国已经许久没有军事上的光荣与辉煌了，这令帝国君臣民众相当郁闷。要知道，自从“澶渊之盟”，帝国与辽国结成不断钩心斗角的“兄弟之邦”以后，东北、北部地区好歹平静下来了，西北军事就成了帝国心头长久的痛。中国历史上名气极大的一代名臣范仲淹都曾经在这里折戟沉沙，弄得很是灰头土脸。是故，童贯成为宋帝国冉冉升起的一颗耀眼明星，英雄般受到京城朝野上下的热烈欢迎，并且长久地照耀在帝国黑沉沉的西北部上空。

此后，童贯常年出没西北，主持该地区军事。并率兵连打几次胜仗，相继收复了积石军，就是今天的甘肃贵德和洮州。从此，童贯成为名副其实的帝国柱石，撑住了西北方曾经多次险些垮下来的天空。

蔡京一上台，就打起变法的旗帜，把一些正直的官员，不论是保守的或是赞成变法的，一律称作奸党。他还操纵宋徽宗在端礼门前立一块党人碑，把司马光、文彦博、苏轼、苏辙等一百二十人称作元祐（宋哲宗前期的年号）奸党，已经死了的削去官衔，活着的一律降职流放。这样一来，一些正直的官员就全部被排挤出朝，而蔡京的同伙却步步高升了。至于王安石制定的新法，到蔡京手里就完全变了样。像免役法本来可以减轻百姓的劳役负担，蔡京一伙却不断增加雇役的税收，变成敲诈人民的手段。

当时，大观二年（1108 年），童贯与蔡京之间发生了一次严重的龃龉，起因是皇帝下令授童贯为“开府仪同三司”。时人称这一官职为“使相”，一般是在宰相外放为节度使时加官所用，极为尊贵，其含义是待遇、地位、荣耀已经相当于宰相。蔡京说：“童贯以一个宦官之身受封节度使已然过分，使相尊位哪里是他所应该得到的？”蔡京作为宰相拒绝奉诏委任，皇帝也就此不了了之。

实际上，蔡京对童贯的不满已经很长时间了。他认为童贯侵犯了自己作为宰相的尊严与权力。原因是，相当长一段时间以来，童贯在选拔西北地区将校官吏时，已经不通过政府程序，而是直接从皇帝那里取旨任命。有的干脆就是他自作主张，先任命了再说。这使政府首脑蔡京宰相的自尊心大受伤害。因此，决定晓之以颜色。

童贯当然也很恼火。不过，他不动声色，相当冷静地观察着情势。第二年，大观三年，即公元1109年，童贯三管齐下，一举将蔡京拉下相位。这一次，他策动了三个方面的力量：宫中是内廷总管包括自己的徒弟为一路，功夫下在妃嫔和皇帝身上，将蔡京干的坏事在他们耳边不停地吹风；朝中是寻找与蔡京素有怨隙的官员为一路，功夫下在台谏官的身上，最后由中丞和殿中侍御史出面弹劾蔡京；第三路最是剑走偏锋，却也杀伤力最大——由皇帝最为宠信的道士出面，密奏皇帝，说是太阳中出现黑子，主在斥退大臣，否则不祥。徽宗相当惊恐，蔡京屡次求见均被拒之门外。于是，皇帝立即下旨，同意他以太师致仕，贬为太一宫使，并进而将其贬居杭州。

至此，童贯大获全胜。但是，他并没有享受到多少胜利后的快感。原因是继任宰相张商英为政持平，多次劝皇帝“节华侈，息土木，抑侥幸。帝严惮之”，时称其忠直。实际上，徽宗皇帝初政时，张商英就曾经当过宰相，当时，青年皇帝就有点怕他，所以，在修缮宫室时，特别嘱咐工头，看见宰相过来就和工匠们躲开，不要让宰相看到他们。后来，张商英被蔡京列入奸党名录中，实际上人们都知道这是胡扯，是蔡京借此排斥竞争对手而已。因为，张商英拥护变法是众所周知的。如今，将近十年过去，皇帝自我感觉好了许多，张商英却是一点没变，一以贯之地以自己的忠直匡正皇帝与国事，闹得皇帝仍然“严惮之”，就是特别畏惧他的意思。显然，这与童贯的路数差别巨大。

政和元年，即公元1111年，童贯晋升为检校太尉，获得武官最高一级职位。也是这一年的同一个时刻，童贯在皇帝的支持下，做了一件迄今为止前无古人的大事：他以副大使的身份，代表皇帝与国家出使辽国。这件事情是童贯一手策划的，原因是此阶段西线无战事，童贯静极思动，想到东北方向的辽国去看看是否有什么机会。

尽管此时童贯的声望如日中天，然而，毕竟这是代表皇帝与国家出使外国。因此，还是有大臣提出疑义，认为以一个生理不健全的人代表皇帝出使，实在有碍观瞻，会让人小看为偌大一个国家无人可派。但是，徽宗皇帝不作如是想，他相当以童贯为骄傲："契丹人听说我国有一个童贯，屡屡打胜仗，很想见识一下。正好就此派他去考察考察辽国的情形"。于是，把他的官职加为检校太尉，以端明殿学士郑允中为正使，以太尉童贯为副使，前往辽国进行国事访问。从中可以看出徽宗皇帝那浪漫而轻佻的性格，他不大会让自己被世俗的、传统的、刻板的东西所束缚。然而，正如我们所知道的，艺术需要浪漫，而政治恰恰需要刻板，需要一丝不苟的规矩与程序。徽宗皇帝的这一次浪漫，为帝国的灭顶之灾和千万人的家破人亡，埋下了伏笔。

◎宋金结盟抗辽——金变被动为主动

童贯本次出使辽国访问，其实并没有什么重大议题，只是依照两国约为兄弟之邦后的外交惯例，前去祝贺辽国天祚皇帝的生日而已。童贯也无非是留心沿途山川形势，考察一路风土人情。除了辽国一方在接待规格上不算特别崇高隆重，令童贯稍感怏怏之外，一切行礼如仪，没有特别值得讲述的新鲜事儿。进了辽国首都临潢府后，他们看到大街上人流如织，市面相当繁华。再进一步留心，发现原来契丹人与汉人是分地而居的：城北，房屋高大豪华，为契丹人之居住区；城南则低矮简陋，多是以手工、商贩为业的汉人居住。这使使团诸公相对感慨，不一而足。

一个意外的重大收获发生在回国途中。

童贯一行走到卢沟地方，就是今天北京西南郊外的卢沟桥附近时，一位辽国汉人马植深夜来访，向大名鼎鼎的童贯太尉贡献了一条收复燕云、搞垮辽国的奇计。从而，揭开了帝国历史上一个翻天覆地大事件的序幕。

马植听说童贯到了辽国，认为机不可失，时不再来，于是夜见童贯，声称有灭辽之策。

童贯听到这番话后感到很震惊，于是将马植改名为李良嗣，偷偷带回东京进见宋徽宗。

李良嗣向徽宗提出："辽国天祚皇帝荒淫无道，而女真恨辽人入骨，如果宋朝通过海路联络女真，一起夹攻辽国必然成功。"宋徽宗有点动心，但当时参与此谋的人都很反对，主要理由是宋辽两国交好百余年，宋帝国还占了人家不少便宜，没必要为一个小小的女真部落而挑起战端。更重要的是西夏马上就可以拿下了，就算要对契丹动手，也应该先把西夏这边解决干净再说。但李良嗣马上又说："辽国必亡。陛下念旧民遭涂炭之苦，复中国往昔之疆，代天谴责，以治伐乱，王师一出，必壶浆来迎。万一女真得志，先发制人，事不侔矣。"他的意思是说，幽燕本就是大宋的国土，人民急切盼望宋廷来解放他们，大宋要抓紧时间，不然被女真抢了先就麻烦了。

女真这个部落是肃慎或者靺鞨的后裔，跟渤海族也有一定的亲缘关系，生活在辽帝国上京临潢府更北的黄龙府（今吉林长春农安）附近，主要以渔猎为生，也就是只会猎取野生动物，连放牧的技术都还没有掌握，非常落后。

辽帝国是一个典型的多民族国家，主体民族有契丹南院、契丹北院、奚、乙室、汉、渤海六大民族，另有祖卜、女真等49个小部族。宋人应该对六大民族比较了解，但是对49个小部落未必就很熟悉。由于宋帝国有过挑拨辽帝国内部奚、汉、渤海等族叛乱的前科，所以辽人非常防备，一般不允许宋人和辽国其他民族接触，更由于地理位置所限，当时宋人对女真这个部落的了解应该局限于东珠、猎鹰等几种特产上，具体情况只能听李良嗣的一面之词。李良嗣则充分利用这个信息不对称的优势，让宋朝的核心决策层相信了女真部非常强大，而且有意反辽的说法。

原来，辽朝经过几次内乱和各族人民起义力量的打击，渐渐腐朽衰落。在这时期，东北地区的女真族（我国古代少数民族之一）逐渐强大起来。女真人民长期受辽朝贵族的统治和压榨，早就产生了强烈的反抗情绪。

公元1112年的春天，辽天祚帝耶律延禧到东北春州（在今吉林）巡游，兴致勃勃地在混同江（今松花江）捕鱼，并且命令当地的女真各部酋长都到春州朝见。

按照当地风俗，在每年春季最早捉到的鱼，要先给死去的祖先上供，并且摆酒宴庆祝。这一年，辽天祚帝在春州举行了头鱼宴，请酋长们喝酒。辽天祚帝几杯酒下肚，有了几分醉意，叫酋长们给他跳舞。那些酋长虽然不愿意，但是不敢违抗命令，就挨个儿离开座位，跳起民族舞蹈来。

接下去轮到一个青年人，他神情冷漠，两眼直瞪瞪地望着天祚帝，一动也不动。这个青年就是女真族完颜部酋长乌雅束的弟弟，名叫阿骨打。

辽天祚帝见阿骨打居然敢当着大家的面违抗他，很不高兴，一再催他跳；一些酋长怕他得罪天祚帝，也从旁劝他。可是不管好说歹说，阿骨打拿定主意不跳，叫天祚帝下不了台阶。

这场头鱼宴闹得不欢而散。辽天祚帝当场没发作，散席之后，他跟大臣萧奉先说："阿骨打这小子这样跋扈，实在使人没法容忍。不如趁早杀了他，免得发生后患。"

萧奉先认为阿骨打没有大过失，杀了他怕引起其他酋长的不满。就说:"他是个粗人，不懂得礼节，不值得跟他计较。就算他有什么野心，小小一个部落，也成不了气候。"

辽天祚帝觉得萧奉先说得有道理，也就把这件事搁在一边。不久，阿骨打的哥哥乌雅束死去，阿骨打继任完颜部首领，而按辽帝国的民族自治制度，各部落首领由本部世袭选举产生，但也要经过朝廷的认可，并接受朝廷指派的祥稳统领。但政和三年乌雅束卒后，没有向辽帝国告丧，阿骨打直接继位，也没有接受朝廷指派的祥稳，正式脱离辽帝国直辖。随后他建筑城堡，修理武器，训练人马，逐步统一了女真各部，准备反辽。

然而这些行动始终没有引起辽帝国高层的警惕性，仍然认为这是普通的部族滋事，没有把落后的小小女真部落放在眼里。但是他们完全没有想到，这一次是有宋帝国在背后搞鬼，女真在宋帝国的扶植下，短短数年，已经拥有了完善的国家机构和军队组织，完全可以与士气萎靡的辽军一战。

事实上，当时辽国的局势确实不太景气，但还不至于全面崩盘。但是由于宋徽宗、童贯等人对女真的情况实在不了解，又被灭辽这个大功所吸引，几个好大喜功的人终于被李良嗣所利用，成了他成就盖世奇功的工具。

1115年，阿骨打（金太祖）建立金国后，随即向辽朝进攻，辽兵屡败。西夏支持辽朝抗金。徽宗和蔡京、童贯密谋，联金灭辽，乘机收取燕云。1118年，宋朝派武义大夫马政以买马为名，从海上去金朝探听虚实。此后宋金使者往来联络。1120年，宋金商定，金兵攻取辽中京大定府（辽宁昭乌达盟宁城境内），宋兵攻取燕京析津府。辽朝灭后，宋朝将原来贡献给辽朝的"岁币"，全部献给金朝。宋金的第一个所谓协议，宋朝就确认了贡纳岁币的屈辱条件。徽宗君臣一心只想依赖金朝，乘机取利，根本没有积极作战的打算。1122年，金兵攻占辽中京、西京（山西大同）。辽朝的天祚帝逃入夹山。燕京留守耶律淳被辽臣拥立称帝。徽宗、王黼任童贯作统帅，只懂得"太平娱乐"的蔡攸作副统帅，领兵伐辽。这时的辽朝，已处在灭亡的前夕，但童贯、蔡攸统领的宋军仍然不堪辽兵的一击。宋军种师道、辛兴宗部，分东西两路进兵，被辽耶律大石兵战败，退守雄州，辽兵进至雄州城下。

最初，宋军突然采取军事行动，对燕京是一个晴天霹雳，他们再没有想到一向卑躬屈膝的宋国，会在背上插上刀子。耶律淳陷于腹背受敌的危境，他派人晋见童贯说："女真叛变作乱，贵国也应对它厌恶。如果贪图眼前小利，捐弃百年友谊，去交结豺狼，只会种下将来无穷祸根，还请贵国考虑。"童贯不听辽的劝告，继续督军前进。辽国"怨军"司令官郭药师，向宋国投降，献上两州土地。萧皇后（辽穆宗皇后）派遣使节韩昉晋见童贯，奉上降表，请求念及百年敦睦的邦交，不再进攻，辽国愿降为臣属，永为屏藩。童贯一口拒绝，把韩昉叱出帐外，韩昉在庭院中哀号说："辽宋两国，和好百年。盟约誓书，字字俱在。你能欺国，不能欺天。"痛哭而去。童贯在叱走韩昉后，即对燕京奇袭，结果却在辽军迎战下几乎全军覆没，被辽军追击到卢沟桥，宋军将近二十万人，被敌人的铁骑冲刺，死伤殆尽，尸体盈路。辽军作歌传唱，讥刺宋国的无心与无能。

宋兵败退到雄州。童贯为逃避兵败的罪责，密遣使者到金营，要求金军攻打燕京。金国接到宋军溃败的消息，也大吃一惊，他们固然知道宋军衰弱，但不知道衰弱到这种地步，皇帝完颜阿骨打既知宋军不能在古北口（北京密云东北）会师，放弃古北口，径从居庸关（北京昌平）南下，进攻燕京。那些把宋军打得落花流水的契丹兵团，跟金军一经接战，即被击溃，燕京陷落。这种尴尬的情况下，宋依然派遣使者向金索取燕云十六州，金国皇帝完颜阿骨打不顾众大臣的反对，还五州给宋朝。两国遂于 1123 年签订友好和约。无论如何，宋总算站在胜利的一边，收复了丧失一百八十八年之久的领土。赵佶成为宋的救星，童贯被封为王爵，全国狂欢庆祝。

攻燕之战把宋朝的腐朽虚弱暴露无遗，徽宗、王黼、童贯等却自称是“不世之功”，大肆庆贺。童贯上“复燕奏”，把一系列败仗说成是胜仗，吹嘘“凯旋还师”。王黼、童贯、蔡攸等都加官晋爵。百官纷纷上表祝贺，又立“复燕云碑”纪功。北宋王朝亡国在即，徽宗君臣却欺人自欺地陶醉在所谓“复燕云”的“胜利”之中。

徽宗为首的腐朽的统治集团内，也还在相互倾轧。王黼以“复燕功”权势日盛，与太子桓不和，阴谋策划立郓王楷做太子。右相（少宰）李邦彦和蔡攸勾结，排斥王黼。御史中丞何栗弹劾王黼“奸邪专横”，王黼罢相。朱勔力劝徽宗再用蔡京。蔡京年已八十，目盲不能写字，称太师，总领政事，政务都由儿子蔡絛把持。白时中、李邦彦为相（太宰、少宰），一切奉行蔡京父子的意旨。1125 年 4 月，童贯、蔡攸又与白时中、李邦彦等排斥蔡絛。蔡京再度免官，童贯封郡王，蔡攸加太保。北宋王朝在互相争夺中，坐待灭亡。

金兵退后，用主力去追击逃跑的辽天祚帝。金太祖在 1123 年病死，弟吴乞买（完颜晟，金太宗）即位。1125 年 2 月，天祚帝在应州被金兵俘虏。耶律大石等辽贵族西迁。金太宗在消灭辽朝后，就又把侵掠的目标转向了宋朝。1125 年十月，金太宗两路发兵，大规模南侵。一路由完颜宗翰率领，进取太原；一路由完颜宗望率领，进取燕京。两路金兵计划在宋朝的国都东京会合。宗翰向太原进军，童贯慌忙从太原逃回东京。金兵直抵太原城下。宗望军到燕京，宋守将郭药师投降。金兵以郭药师为向导，长驱南下，势如破竹，直向东京进军。

徽宗满以为收取燕京，向金朝屈辱纳币，从此又可"太平娱乐"了。金兵南下，徽宗惊慌不知所措，又赶忙罢除花石纲和内外制造局，想再以此欺骗民众。宋军参议官宇文虚中曾上书亟言朝廷失策，主帅非人，"将有纳侮自焚之祸"，多次建策防边，王黼不理。这时，徽宗问计于宇文虚中。宇文虚中说，今天只有先下诏罪己，改革弊政，来挽回人心。徽宗要宇文虚中代他起草诏书悔过，号召各地驻军"勤王"，入援京师。罪己诏说："多作无益，侈靡成风。利源酤榷已尽，而牟利者尚肆诛求。诸军衣粮不时，而冗食者坐享富贵。战追惟已愆，悔之何及。"又说："望四海勤王之师，宣三边御敌之略。战岂无四方忠义之人，来徇国家一日之急。"诏书下后，又召防御西夏的熙河经略使姚古、秦凤经略使种师中领兵入援。

金兵侵入中山府，距东京只有十日路程，情势更加紧迫。徽宗又想弃国南逃。给事中吴敏去见徽宗，竭力反对逃跑，主张任用有威望的官员，坚持固守。吴敏荐用太常少卿李纲。李纲奏上"御戎"五策。又说，"非传位太子，不足以招徕天下豪杰"，要徽宗宣布退位，"收将士心"。徽宗任吴敏为门下侍郎，辅佐太子。

金兵越来越逼近。徽宗惊慌懊恼，拉着蔡攸的手说："没想到金人会这样！"说着气塞昏迷，跌倒在床前。群臣赶忙灌药急救。徽宗苏醒后，索要纸笔，写道："皇太子可即皇帝位，予以教主道君退处龙德宫。"

十二月，太子桓（钦宗）即位，改年号为靖康。徽宗退位，号教主道君皇帝，称"太上皇"。次年正月初三日，童贯听说金兵已经渡过黄河，决定连夜向南逃窜。徽宗仅带蔡攸及内侍数人，以"烧香"为名，匆匆逃出东京，跑到亳州，又从亳州逃到镇江去避祸。童贯和殿前都指挥使高俅率领胜捷军和禁卫，在泗州境追上徽宗。蔡京也以"扈从"为名带领家人逃到拱州。

长期以来作恶多端的徽宗、童贯、蔡京集团，一旦溃逃，长久压抑在人们心中的愤怒和仇恨，一起迸发了。朝野官民纷纷揭露童贯集团的罪恶。太学生陈东等上书，指童贯、蔡京、王黼、梁师成、李彦、朱勔为六贼，说"六贼异名同罪"，请把他们处死，"传首四方，以谢天下"。钦宗被迫罢免王黼。吴敏、李纲请斩王黼，开封府尹聂昌（聂山）派武士斩王黼首级献上。李彦、梁师成赐死。蔡京、童贯在亳州被贬官流放。蔡京在流放途中死于潭州。虽然童贯被贬谪，人们仍畏他诡诈，畏他勇力，所以，张澄奉诏追斩童贯，不敢轻易动手。张澄一路追到南雄州，先派人上门"拜谒"童贯，假称有圣旨赐给茶叶、药物，要童贯回京担任河北宣抚，明天中使即可到来传旨。童贯信以为真，拈须而笑："还是少不了我！"并留下张澄派来的人。第二天上午，张澄来了，童贯欣然出迎，跪接圣旨，张澄当即宣诏，申童贯十大罪状。待童贯省悟过来为时已晚，被张澄派来的人一刀砍下头颅。

童贯死后没多长时间，金兵就攻下了开封，宋钦宗和宋徽宗都被金兵俘虏，北宋王朝也就此宣告灭亡。

◎后人话童贯：阉割过的王爷不孤独

对每一个经历了“靖康之变”的大宋子民来讲，1127 年都将是他们心口永远的痛。在公元 1127 年上演的巨型历史悲剧中，有一个介乎喜剧与悲剧之间的角色特别引人注目，他就是童贯。

关于童贯，人们对他的印象，大概都来自于《水浒传》：打仗很傻很天真，当官很好很强大。至于历史中真实的童贯是个什么样子，则不免有点糊而涂之，尴而尬之。其实翻一翻《宋史》，首先就能看到对童贯的外貌描述，有三大特点：第一是“颐下生须十数”，颐，便是下巴，也就是说童公公的下巴不同于一般公公，他的下巴是“生须十数”，可毕竟还是比不过一般的成年男人，所以胡子可以数得清楚，只有稀稀拉拉的“十数”。但如果按照古人“须长为美”审美标准，童公公仅凭这“十数”便足以笑傲群宦，评为“第一帅公”了。第二是“状魁梧，伟观视”，说明童公公不但英俊，而且很魁梧，看上去还很伟岸，委实是一个“长身丽人”。第三是“皮骨劲如铁”，这个便不知史官是如何得知了，但也可以大胆地推测一下，童公公是有一定的武术功底。

当时和后来的人们普遍认为，他是公元 1127 年悲剧的主要制造者，即便死上一百次，也不足以赎回他的罪恶。因此，在后来的世代里，一提起他的名字，常常会让人不由自主地联想起舞台上的大花脸，或者鼻梁上涂抹着一大块白粉的角色们。

事实上，童贯的经历，充满了传奇般的悲喜剧色彩。他的一生中，开创了几项中国历史之“最”，肯定已经成为中华民族历史上迄今无人能够打破的纪录，并且可能会永远保持下去。

这几项纪录是：

中国历史上握兵时间最长的宦官；

中国历史上掌控军权最大的宦官；

中国历史上获得爵位最高的宦官；

中国历史上第一位代表国家出使外国的宦官；

中国历史上唯一一位被册封为王的宦官。

没有人能够精确统计出中国历史上的宦官总数。粗粗算来，大约至少应该不低于百万人才对。也有论者估计，认为应该在三四百万左右，极端者甚至认为可能达到千万之众。这些并不重要。重要的是，平心而论，在这数百万人群当中，仅仅凭着这样几项纪录，这个人物就没有理由被漫画化、脸谱化为一个小丑的模样。事实上，如果不带偏见地翻检一下历史记载，我们会发现：在公元1127年的悲剧发生之前，将近二十年时间里，童贯肯定曾经是大宋帝国的骄傲与荣耀，代表了那个时代相当一部分人的光荣与梦想。

第九章

王振：祸国害民的文人太监

他是明朝第一个专权的太监。他本来是一个失败的教书先生，却自阉进宫，得到了明英宗的宠幸，开始擅权，结党营私，干涉朝政，拉开了太监帝国的序幕。为了建立所谓的丰功伟绩，根本不知作战为何物的他，怂恿皇帝亲征来犯的也先，结果是皇帝做了俘虏，自己搭上了性命。明朝宦官祸国害民直接导致了明朝的败亡。

◎采取两面派手法获得宠信

王振，蔚州蔚县（今河北）人，出身教育世家，祖父和父亲都是教官，一向循规蹈矩。王振从小就很聪明，他四五岁时，常看父亲上课，父亲所讲的书中内容，他听一两遍就能背下来，到 7 岁时已熟读古今历史，成为村里有名的神童。王振自小即有才名，长大后便做了教官。作为秀才的他，在随后的多次考试中屡屡失利，或许中举人、考进士这条荣身之路对他而言是太难了些。于是他便想到了进宫当太监。

王振有一定的文化，入宫不久就被派去教小宦官识字，王振善于谄媚逢迎，又比其他宦官会舞文弄墨，很快得到宣宗的注意，被派去侍奉东宫太子朱祁镇。王振与太子朝夕相处，把精力都用在陪太子玩和讨太子喜欢上，为了自己将来控制太子。他还用自己的思想去影响太子，诡计多端的王振很快取得了太子的欢心，也赢得了宣宗的信任。当时宫中也有很多宦官，论奸佞、论狡黠他也未必便是超群的，如宣宗宠爱的太监金英等人，王振并没能夺去金英在宣宗心目中的地位。而他一遇到英宗，便如鱼得到水一样，谁也离不开谁了。

宣宗在宣德十年（1435 年）正月病死，英宗即位，改元正统。其实，英宗很早就得到命运的垂青，出生两个多月便被册立为皇太子，成为有明一代年纪最小的皇储。宣宗结婚十年没有子嗣，对这个姗姗来迟的太子自然十分疼爱，并寄予厚望。宣宗驾崩后，在祖母张太后的主持下，年仅 9 岁（实际年龄只有 7 岁）的朱祁镇顺利登上皇位，君临天下。

此时年纪尚小的英宗，不能亲自处理国家大事，太皇太后张氏（英宗祖母）垂帘听政。张太后虽然秉政，并不处理国家政务，而是把国家一切政务交给内阁大臣：杨士奇、杨荣、杨溥处理，这也是明朝的一个好传统，只有明朝没有太后专权外戚乱政的事。英宗即位后，很自然要重用自己喜爱的人，王振便越过原司礼太监金英等人，出任宦官中权力最大的司礼太监。

司礼监是明代宫廷里24个宦官衙门中最重要的一个，它总管宫中宦官事务，提督东厂等特务机构，替皇帝掌管内外一切章奏和文件，代传皇帝谕旨等，由于此职事关机要，历来都由皇帝心腹宦官担任。后来，随着"票拟"制度的形成，皇帝最后的裁决意见，要由司礼监秉笔太监用红笔批写在奏章上，称为"批红"。明代废相，内阁与各部大臣奏议公事先行"票拟"，由皇帝"朱批"决定可否。由于废相后烦琐朝议使皇帝无力负荷，加以若干君主废弛朝政，遂有秉笔太监代为"批红"的制度。即各部公文奏议交司礼监分类后，拣选其要呈送皇帝。皇帝或亲批，或由秉笔口述大要而皇帝口决，秉笔代为"批红"，发还内阁与各部依据批红撰写正式诏书执行。司礼监以"掌印太监"为首，下设"秉笔太监"数人，首席秉笔主管东厂、诏狱等特务刑讯机构，各秉笔分管各监各司局。司礼监掌印太监是明朝十二监中最具权势的太监职位，负责完成明朝国家决策中"批红"的部分。事实上，几乎所有明代的著名太监都出自司礼监。秉笔太监明朝内宫官制，为司礼监次辅，位尊权重仅次于掌印太监；秉笔太监因各部大臣奏章、票拟意见呈送皇帝或皇帝批示发还，都需经秉笔太监整理，往往在明朝皇帝懈怠国事不理朝政时，给予秉笔太监窃权机会，指挥内、外庭国事形同皇帝；且司礼监管辖明朝著名特务机构东厂，积弊为人诟病之事甚多。宦官掌握了"批红"大权，实际上就成了皇帝的代言人。这些宦官成天在皇帝旁边，善于察言观色以迎合皇帝，又常常利用皇帝深居简出、和外庭官接触少的弱点，欺上瞒下，假传谕旨或歪曲篡改谕旨，以售其奸。英宗把这样一个重要官职交给王振，为他日后擅权开辟了道路。

但是，在王振地位提升后，他的权利欲并没有得到满足，因为朝中张太后垂拱而治，三杨忠心秉政。由于他们都是前朝元老，威望很高，王振自知难与匹敌，还不敢放肆行事，只好采取两面派手法，等待时机，再行窃权。为此，他对张太后和三杨百般殷勤，毕恭毕敬，极尽谄媚之能事，以讨得他们的好感。一次，英宗朱祁镇与小宦官在宫廷内击球玩耍，被王振看见了。第二天，王振故意当着三杨等人的面，向英宗跪奏说："先皇帝为了玩耍，差点误了天下。陛下今天复踵其好，是想把国家社稷引到哪里去？"王振装出一副忠心耿耿、十分关心国家前途命运的样子。杨士奇、杨荣、杨溥听了此话，深受感动，慨叹地说："宦官当中也有这样的人啊！"王振每次到内阁去传达皇帝的旨意，都装得十分恭敬和小心的样子，总是站在门外，不入阁内，深深感动了三杨。后来，王振再来传旨时，三杨打破惯例，特把王振请到屋内就座。三杨中杨荣谋略最高，他知道自己已老，便和杨溥、杨士奇商量，预先把一些正直有才干的人引入内阁，培植外臣势力，一旦自己三人退位，这些人可以有能力对付王振的势力。只是这一步想得晚了一些。

王振表面上讨好三杨，事事顺从，装成不干预政事的样子，但内心仍然按捺不住攫取权利的欲火，一有机会，就想法抓权，干一些干预朝政的勾当。他常趁无人在英宗旁边时，劝英宗用重典制御臣下，反对开"经筵"、倡导文治，建议英宗发展军事、以武治理国家等。因此，英宗曾让他带领朝中文武大臣到朝阳门外阅兵，王振则利用这个机会，压制真正有才能的人，把他的私党隆庆右卫指挥佥事纪广报为骑射第一，一下子提升为都督佥事。

王振是明代宦官专权的始作俑者。与其他太监不同的是，王振在内书堂念过书，是个“文人型”宦官，这是他独具的优势，所以在专权过程中，在如何控制皇帝、如何解除太后对他的防范、如何超越内阁对他的钳制等方面，表现出与众不同的手腕和伎俩。

太皇太后张氏虽然是一介女流，但是她贤明有德，她见王振逐渐有揽权干政的迹象，心中十分不安。她害怕前朝宦官专政的历史重演而断送大明江山，决心进一步提醒英宗严防宦官专政，并准备严惩王振，以打消王振妄图干预朝政的念头。一天，张太后让宫中女官穿上戎装，佩好刀剑，守卫在便殿旁边，肃穆凛然。接着，太后把英宗和英国公张辅、大学士杨士奇、杨荣、杨溥以及尚书胡焕等召到便殿。英宗和五大臣见状，不知道发生了什么事儿，英宗急忙按规定站立东边，五大臣站立西边。太后看了看五大臣，又看了看英宗，然后指着五大臣对英宗说：“这五位大臣是先朝元老，受先皇之命辅佐你治理国家，你有什么事情，必须与他们商量，如果他们不赞成，切不可去做。”接着张太后又把王振找来，喝令跪在地上，声色俱厉地说：“太祖以来就立下了规矩，宦官不得干预政事，违犯者定斩不饶。现在，你侍奉皇帝不守规矩，按照我大明法律，应当赐你一死。”太后的话刚一说完，事先安排好的几个女官应声而上，把刀搁在王振的脖子上。王振顿时吓得面如土色，浑身直打哆嗦。英宗见状也大吃一惊，急忙跪下替王振求情。五大臣也跪下请求太后免王振一死。张太后见状，怒气稍息，改变颜色说：“皇帝年幼，岂知此等宦官自古祸人家国！我看在你们的面上，饶了王振，但是此后不许他干预国政，如有违犯，定斩不饶。”王振听后，连连点头称“是”，不断磕头谢恩。此后，张太后每隔几天就派人到内阁去查问王振办了什么事情，有没有未通过内阁而由王振自己决定的事情。王振受此教训，还真的老实了一段时间。

王振不惜低声下气，小心谨慎地侍奉宫中的皇亲国戚，好不容易当上了司礼太监，在一个时期内，他心花怒放，忘乎所以。哪知，三杨等元老重臣德高望重，张太后对他管制又特别严格，他想控制朝政的愿望难以实现，心中着实不快。但也毫无办法，只好在干预朝政的道路上停一下脚步，采取以屈求伸的办法，等待时机，以求一逞。王振知道，要达到自己的目的，紧紧抓住英宗和培植党羽十分重要。为此，他改变策略，先不去干那些直接干预朝政的事，而去进一步讨好英宗，并在暗地里广交朋友，大量培植私党，为以后专权培养基础。很快就取得了一些大臣的赞誉，也进一步得到了英宗的宠信。

正统六年（1441 年）十月，奉天、华盖、谨身三大殿重建竣工，英宗在皇宫大摆筵宴，进行庆贺。按照明朝宫中制度规定，宦官无论如何也没有资格参加宫宴。可这时的王振已深得英宗宠信，英宗在宴会上见不到王振，就像少了点什么似的，急忙派人前去看望。王振见了来人，自比周公，大发牢骚说："周公辅助成王，为什么唯独我不可以到宴会上去坐一坐呢？"使者将王振的话报告了英宗，英宗不但不怪罪，反倒觉得王振受了委屈，下令打开东华门的中间大门，让王振进入宫中参加宴会。王振刚刚来到门外，宫中百官即向他罗拜，表示欢迎。这件事充分说明，王振虽然受到张太后和其他一些大臣的限制，但他势力仍然逐步强大起来。

◎党同伐异，大耍淫威

太皇太后张氏对王振的整顿一事后，王振大为收敛。但由于票拟的制度使然，王振干预国事还是免不了的，只不过由于有太皇太后在，不敢为非作歹而已。

如此过了一段时间，王振的心思又开始动了。他故意问三杨道："国家大事全靠三位老先生，不过三位老先生年事已高，以后该怎么办？"三杨中为首的杨士奇答道："身为老臣，自然鞠躬尽瘁，死而后已。"王振脸色顿时沉了下来。三杨中杨荣最知兵事，谋略也最高，立即说道："我辈已老，无能为力，应该以人事君。"王振听了大为高兴，第二天就推荐四人入阁。这样，内阁七名大臣，三杨立即势单力孤。杨士奇埋怨杨荣向王振让步。杨荣回答说："王振讨厌我们，我们三人已老，就算不让他如愿以偿，他一定不会甘心。万一他说服皇帝，让某人入阁，我们也无可奈何。倒不如现在让他举荐，谅他还不敢援引小人。这四个到底是我辈中人，何碍？"杨士奇这才明白杨荣的深意，深以为然。结果王振举荐的是自己的同党。

到了这个时候，连三杨这样的元老大臣都不得不开始向王振让步，朝臣中的一般风气可知。但只要三杨在，王振仍然不能为所欲为，所以他势必要铲除三杨才罢休。王振首先将矛头对准了杨荣。杨荣生活作风比较奢侈，好收受贿赂，最容易被王振逮到把柄。靖江王佐敬趁杨荣不在家时，私下送去一些金银财宝。王振得知后，必欲置杨荣于死地而后快。杨士奇不顾年老体衰，亲自为杨荣向皇帝求情，才避免了灾难。正统五年（1440 年），杨荣请假回福建扫墓，归途在杭州病殁，享年七十。

不久后，杨士奇请假回籍，王振趁机大做文章。杨士奇的长子杨稷曾经仗势杀人，王振怂恿言官翻案弹劾，阁议不加法办，只以弹章封寄杨士奇。但言官又列举杨稷横行不法的罪状几十件之多，内阁无法庇护，将杨稷交大理寺拘系。但看在杨士奇的面子上，案子没有立即审理。王振又故意让英宗皇帝下诏安慰杨士奇。这样一来，杨士奇自觉无颜还朝，不肯回到京师。三杨中只剩下杨溥，益发势孤。而其余阁臣都是后进，无力与王振对抗。

对于司礼监太监王振来讲，正统七年，是他命运发生重大转变的一年。这年十月，太皇太后张氏因病去世，王振擅权的障碍都已不复存在，更无顾忌。英宗是一个无脑的皇帝，他并不是贪求淫乐不理朝政，而是过于相信王振，凡是王振说的，他马上就相信，而且认为是最好听、最正确的。而在他晚年，他重用大学士李贤，朝政也是井井有条。是一个有时昏、有时明的皇帝。

王振见阻拦自己掌权的所有障碍都已经被扫除了，当然轻而易举就尽揽明王朝的政权。明朝的开国之君朱元璋吸取以往历朝历代宦官祸国的教训，在建国之初对宦官作了种种限制，规定不许宦官识字，不许兼任外臣，任职不许超过四品，并在宫门外立一铁牌，上书“内臣（宦官）不得干预政事，预者斩”。因此，明初对宦官的控制是非常严格的。朱元璋去世后，明成祖发动靖难之役，继而从侄子手中夺取了皇位，宦官在其中曾起到不小的作用，因而他对宦官多所任用，宦官的地位也逐渐有所提高。到明宣德年间，宫中正式设置了宦官学校“内书堂”，选一些聪明伶俐的小太监入堂读书，并派大学士任教。由此，许多宦官能够粗通文墨，有的甚至能够通古晓今，拟旨援笔立就。此时的王振看到明太祖挂在宫门上那块禁止宦官干预政事的铁牌极其不顺眼，太皇太后死后的第二天，王振就派人将当年朱元璋立在宫门的铁牌销毁。朝野上下对太祖所立铁牌被毁之事一片哗然，但却只是敢怒不敢言。英宗朱祁镇这时候新立钱氏为皇后不久，开始亲自上朝听政，却依旧敬慕和尊重自己以前的老师，对王振的行为听之任之。随后王振又在京城内大兴土木，为自己修建府邸。他还修建智化寺，为自己求福。

王振曾经劝英宗以重典治御臣下，他自己更是如此。谁若顺从和巴结他，就会立即得到提拔和晋升；谁若违背了他，立即受到处罚和贬黜。一些官僚见到王振权势日重，纷纷前来巴结贿赂，以求高升。有位工部郎中，名叫王佑，最会阿谀逢迎。一天，王振问王佑说："王侍郎你为什么没有胡子？"王佑无耻地回答说："老爷你没有胡子，儿子我怎么敢有。"一句话说得王振心里甜滋滋的，立即提拔他为工部侍郎。徐希和王文亦因善于谄媚，被王振提拔为兵部尚书和都御使。王振还把他的两个侄子王山和王林提拔为锦衣卫指挥同知和指挥佥事。又把死心塌地依附于自己的心腹马顺、郭敬、陈官、唐童等，安插在各个重要部门。福建有位参政宋彰将贪污的数以万计的官银送给王振，立即被提拔为布政使。这样，从中央到地方迅速形成了一个以王振为核心的朋党集团。

对于那些稍有不服甚至要和自己分庭抗礼的朝臣，王振的霹雳手段便立即使用上，绝不留情。正统八年（1443 年）的一天，炸雷击坏奉天殿一角，英宗因遭此天灾，特下求言诏，要求群臣极言得失。翰林侍讲刘球上疏提出"皇帝应亲自处理政务，不可使权力下移"等项建议。王振看到刘球的建议有侵己之处，大怒，立即下令逮捕刘球入狱。这时，正直编修官董磷因自己要求任太常卿一事而被王振关进狱中之时，王振便想通过董磷之事置刘球于死地。立即指使其党徒马顺用毒刑拷打、逼迫董磷承认他自己所请太常卿之事是受刘球所指使。王振便以此下令处死刘球，并把刘球的尸体肢解。朝野大臣听说此事，皆不敢上疏言事了。还有驸马都尉石碌，一天在家里责骂用人太监员宝。王振又有了兔死狐悲的感觉，把石碌投入锦衣卫大牢。英宗对王振的所作所为全部赞同，他还总是称王振为先生而不称他的名字，以示尊重。朝臣见皇帝犹如此，只有等而下之，连王侯公主都称王振为翁父，大臣们只能望风便拜，更有无耻者纷纷认王振作干爹。

不过也有宁死不屈服权势的。一次，御史李铎碰到王振没有跪拜，就被逮捕，关进监狱，后被贬官流放到辽东铁岭卫服役。还有，大理寺少卿薛瑄是王振的同乡，但他痛恨王振擅权专政，不和他来往。一次，王振会议东阁，众公卿见王振来到，都俯首揖拜，唯独薛瑄一人不拜。这下可惹恼了王振，遂怀恨在心。后来，北京有位指挥病死，王振的侄子王山欲将其妾岳氏据为己有，但这个指挥的妻子不同意，王山就与岳氏密谋，诬告该妻毒死了自己的丈夫，并逮捕该妻交给都察院审讯。薛瑄在审理这一案件时，发现所告与事实不符，即主持公道，为该妻辨冤，又一次触犯了王振。王振听说这件事以后，大怒，立即指使他的党羽控告薛瑄收了被告贿赂，并将薛瑄问成死罪。临刑时，他的几个儿子争着代父受刑，王振的仆人和侍郎王伟也出来为薛瑄申辩。王振一看众怒难犯，只好免去薛瑄的死罪，但仍罢官削职，放回乡里。

王振把持朝政，心狠手辣又诡计多端，擅权之后，大肆安插亲信，残害忠良，在朝廷内逐渐组成了一个以王振为核心的集团，其实力不断扩张。王振及其亲信大肆收受贿赂，购置良田美宅。而昏庸的英宗竟然更加重用王振，一时间，朝廷内外乌云密布，百官庶民提心吊胆地过日子。

王振不仅喜欢权，更喜欢钱，一些人为了升官发财，每次朝会都向王振送礼。更有一些无耻之徒，为了讨好王振，极力帮助王振收礼，并当众公布礼物数目。比如，王佑就曾在众人面前说，某人以某物送给王振，某人没有送礼等。结果送礼者得到提拔，没有送礼者受到处罚。于是，人们纷纷向王振送礼，多至千金，少亦百金左右。时间一久，向王振送礼成了宫中一项不成文的规定，如果有人不送礼，也要受到惩罚。比如，国子监祭酒李时勉，曾建议改建国子监以发展教育事业。但他比较正直，不向王振献媚，不贿赂不送礼，只是依制接待，引起王振不满。后来，王振便以李时勉砍掉国子监前古树的一些树枝为借口，罚李时勉身戴重枷在国子监门前示众，李时勉身顶烈日，坚持三天，他的学生一千多人伏阙上书，请求释放李时勉。有个学生石大用上书皇帝，愿意自己代替老师受刑。王振看到奏章后，也感到很惭愧。正好国子监助教李继通过太后的父亲孙忠向太后求情，孙太后便告诉了英宗，英宗根本不知道这件事，王振见压力太大，便放了李时勉。还有那位铮铮铁骨的于谦，正统十一年（1446 年）准备进京见皇帝，朋友们都劝他给王振带上一点儿礼物，他坚决不同意，两袖清风，来到京城，结果被王振暗地指使其党羽李锡给他加上对皇帝不满的罪名而关进监狱，并判处死刑。后来在山西、河南两省官民进京伏阙请愿的压力下，王振才免了于谦的死罪。王振倚仗英宗的宠信，大施淫威，虐焰之炽烈已达顶点。

王振就是这样，利用手中权力，一面结党营私，大力提拔那些溜须拍马、谄媚逢迎之徒；一面大打出手，残酷地镇压那些反对自己专权和对自己不恭敬之人。王振则遍受贿赂，大肆贪污，家中财富越来越多。后来王振败迹，籍没其家产时，仅金银就有六十余库，玉盘一百多个，珊瑚树高六七尺者二十余株，其他珍玩则不计其数，足见其贪污受贿的程度。

◎土木之变，终落得可耻下场

王振控制朝政以后在朝廷内专横行事，对外也投机取巧，破坏边防，终于招致了瓦剌贵族对明朝的不满从而大举进攻。

瓦剌是蒙古中的一部。元朝灭亡以后，一部分蒙古族退回蒙古草原和东北等地。后经朱元璋数次打击，内部发生混乱，逐步分裂为鞑靼、瓦剌和兀良哈三部分。在明朝初期，三部分别臣服于明朝，每年都要向明朝献马朝贡。

永乐以后，在蒙古三部之中，瓦剌部日益强大，宣德时，瓦剌逐步控制了鞑靼，正统初年，又征服了兀良哈，统一了蒙古三部。瓦剌统一蒙古以后，对明朝不断骚扰，成为明朝北方的严重边患。

王振擅权，不但不布置加强北方边防，反而接受瓦剌贿赂，与瓦剌贵族进行走私交易。为了获利，王振让他的死党、镇守大同的宦官郭敬，每年私造大量箭支，送给瓦剌，瓦剌则以良马还赠王振作为报答。为了讨好瓦剌，王振还对其贡使加礼款待，赏赐增厚。瓦剌自从与明朝建立“通贡”关系以来，每年都派出贡使携带着良马等货物到明朝朝贡，明朝政府则根据其朝贡物品的多少，相应地给予回赐。一般情况下，回赐物品的价值要稍稍超过朝贡物品的价值，同时，也要给对方贡使一定赏赐。因此，瓦剌为了获取中原财富，非常愿意到明朝来朝贡。按照原来规定，瓦剌每年到明朝的贡使不得超过 50 人。后来，瓦剌贪图明朝回赐的欲望越来越大，贡使人数日益增加。到正统初年，瓦剌贡使的人数经常增加到 2000 余人。王振对瓦剌增加贡使，丝毫不加以限制按数给予赏赐，致使瓦剌的胃口越来越大。

正统十四年（1449 年），瓦剌首领也先竟然派出 2500 多人的贡使集团，为了多领赏物，又虚报为 3000 人。瓦剌贡使冒领赏物，原是习以为常的事情，因王振与瓦剌有勾结，接受也先的贿赂，所以，瓦剌贡使冒领赏物，他都装作不知道。这次，王振却一反常态，叫礼部按实际人数发给赏赐，又轻率地将瓦剌贡马削价五分之四，仅付给瓦剌索求诸物的五分之一。瓦剌贡使没有得到满足，愤怒而归，并添油加醋地向也先做了汇报。也先于是以明朝减少赏赐为借口，兵分四路，大举攻明，并亲率一支大军进攻大同。

瓦剌军来势凶猛，迅速向南推进。明朝守卫西北的将士，几次交战失利，急忙向京师请兵救援。根本不懂军事的王振，对瓦剌的军事进攻没有足够的认识，以为让英宗亲征，就能把瓦剌兵吓跑。所以，他为了侥幸取胜，冒滥边功，便在明朝没有充分准备的情况下，怂恿英宗亲征，让英宗效仿宋真宗亲征的榜样，以便青史留下美名。英宗平日里对王振言听计从，这次听了王振的话，也认为亲征是他大显身手的好机会，便不与大臣们商议，做出亲征的决定，并宣布两天后立即出发。

英宗下诏旨后，兵部尚书邝埜和侍郎于谦，力言明军准备不够，皇帝不宜轻率亲征。吏部尚书王直亦率群臣上疏说："如今秋暑未退，天气炎热，旱气未回，青草不丰，水泉犹塞，士马之用不甚充足。况且车驾既行，四方若有急奏，哪能尽快抵达。其他不测之祸，难保必无。万望皇帝取消亲征之令，另行选将前往征讨。"可英宗听信了王振的话，对众大臣的谏阻，一句也听不进去，非要亲征不可。

王振和英宗在两天之内凑齐了50万大军，胡乱配些粮草和武器，就匆匆出发了。当时，与英宗和王振同行的还有英国公张辅、兵部尚书邝埜、户部尚书王佐及内阁大学士曹鼐、张益等100多名文武官员，但英宗不让他们参与军政事务，把一切军政大权都交给王振一人专断。此次出征，准备仓促，组织不当，大军出发不久，军内自相惊乱，未到大同，军中已经乏粮。不断有人死亡，尸体铺满了道路。再加上连日风雨，人情汹汹，还未到达前线，军心已经不稳。一些随驾官员，见到此种情景，再次请求英宗回军。王振一听，大为恼怒，为了杀一儆百，特罚谏阻最力的兵部尚书邝埜和户部尚书王佐跪于草地之中，直到天黑才准起来。后来，王振的同党彭德清以天象谏阻，王振也不听，仍然逼着大家继续前进。

也先听说英宗御驾亲征，佯装退却，引诱明军进入大同及其以北地区。八月一日，王振和英宗顺利进入大同，他们看到瓦剌军队北撤，以为瓦剌害怕英宗亲征，坚持继续北进。邝埜等人深感途中未见瓦剌一兵一卒，未损一矢，并不是什么好兆头，恐怕瓦剌有诡计。因此，他再次上章请求回军，提醒王振不要中瓦剌埋伏。王振仍然不听。第二天，王振的同党、镇守大同的宦官郭敬把前几天前线惨败的情况密告王振，并说，如果继续北进，“正中瓦剌之计”。王振听了郭敬的话，才害怕起来，急忙传令，第二天撤出大同。

最初，王振想从紫荆关（今河北易县西北）退兵，以便途经他的家乡蔚州，让英宗驾幸他的府第，向家乡父老显示自己的威风。于是。王振下令取道紫荆关回京。王振未与瓦剌接战，即仓皇退兵，军纪更加混乱。走了 40 里以后，王振忽然想起，大队人马经过蔚州，一定会损坏他家乡的田园庄稼，于是，又改变主意，火速传令改道东行，向宣府（今河北宣化）方向行进。这时，瓦剌已知明军不战而逃，急忙整军来追，形势十分紧张。大同参将郭登和大学士曹鼐等向王振建议说：“自此趋紫荆关，只有 40 里，大人应该从紫荆关回京，不应再取道宣府，以免被瓦剌大军追及。”王振不听，一意孤行，坚持折向宣府。

明军迂回奔走，八月十日才退到宣府。这时，瓦剌大军已经追袭而来。英宗急忙派恭顺伯吴克忠、都督吴克勤率兵断后，以掩护英宗撤退。结果，他们都战死沙场。英宗又派成国公朱勇等率骑 3 万前去阻击，朱勇等冒险进军至鹞儿岭，陷入瓦剌重围，虽然英勇奋战，但寡不敌众，3 万大军全部覆没。

王振在朱勇率军阻击瓦剌之时，加紧撤退。十三日，退到土木堡（今河北怀来东南）。这里离怀来城仅 20 里，随行的文武官员都主张进入怀来城宿营。可王振以1000余辆辎重军车没能到达，害怕自己搜刮来的东西受损失，便不顾英宗和数十万军队的安全，传令在土木堡宿营。邝埜一再上章要求英宗先行驰入居庸关，以保证安全，同时组织精锐部队断后拒敌，王振皆置之不理。没有办法，邝埜单身闯入英宗行殿，请求英宗速行。王振见状，怒不可遏，骂道："你这个腐儒，怎么会知道用兵之事，再胡说八道，必死无疑！"即刻命令武士强行把邝埜拖了出去。

第二天，英宗想继续行进，但为时已晚，瓦剌军队已经包围了土木堡。土木堡地势较高，旁无泉水，南面15里处有条河流，也被瓦剌军队占领。明朝数十万军队被围两天，取不到水喝，渴得嗓子直冒烟。没有办法，王振只好让士兵就地挖井，可挖了两丈多深，也不见一个水滴。士兵们急得像热锅上的蚂蚁，怨声载道，骂不绝口，军心进一步涣散。

包围土木堡的瓦剌军知道明军找不到水喝，饥渴难忍，便准备把他们引出堡垒，一举歼灭。十五日，也先派遣使者到明军处假装与王振谈和，以麻痹明军。王振见也先派人来谈判，喜出望外，便不辨真假，满口答应，并通过英宗让曹鼐起草诏书，派两人去也先军营谈判具体议和事宜。

也先为了迷惑明军，假装撤退，故意将土木堡南面河水让出，暗地里则作好埋伏，只等明军争水大乱之际，出兵全歼。王振看到瓦剌军向后撤退，以为瓦剌军真的要议和，遂不加分析，轻易地下令移营就水。饥渴难忍的军士得令后，一哄而起，纷纷奔向河边，正在明军争相乱跑之机，瓦剌伏兵四起，明军溃败。英宗突围无望，索性跳下马来，面向南方，盘膝而坐，等待就缚。不一会儿，瓦剌兵冲上来，一个士兵上前要剥取英宗的衣甲，一看他的衣甲与众不同，心知不是一般人物，便推拥着他去见也先之弟赛刊王。赛刊王在盘问英宗时，英宗反问道："你是谁？是也先，还是伯颜帖木儿，或者是赛刊王。"赛刊王感到英宗说话的口气很大，立即报告也先，也先派遣留在瓦剌军中的明朝使者去辨认，才知道他就是英宗。

英宗被俘后由赛刊王押解见也先，也先大喜，说："我常告天，求大元一统天下，今果有此胜。"将英宗送到伯颜帖木儿营里关押，由被俘的明校尉袁彬伴宿。

英宗命袁彬写信给明廷，告知被俘情况，要皇室以珍宝金银去赎他。原在瓦剌军营的明使者千户梁贵将信送到怀来，当夜转送京师。皇太后孙后和皇后钱后立即装运宫中金宝文绮，于十七日午派太监送到居庸关外瓦剌军营。这时，明英宗已被也先由宣府押解到大同。

土木堡之变，英宗被俘，50万军队被击溃，从征的一百多名文臣武将几乎全部战死沙场。消息传到北京，百官在殿廷上号啕大哭。后来，皇太后忍住眼泪，命令英宗的弟弟王朱祁钰监国。都御使陈鉴等人，面奏郕王，历数王振之罪，他们满怀悲愤地说："王振罪不容诛，死有余辜。殿下如不即正典刑灭其家族，臣等今日皆死在这里。"说罢，跪地不起。这时，王振的死党马顺还为王振遮护，喝逐群臣。给事中王竑见马顺还在装腔作势，怒不可遏，上前一把抓住马顺，拳打脚踢，当场结果了他的性命。愤怒的人们又当场打死了王振的另外两个死党宦官毛贵和王长。接着，王下令杀死王振的侄子王山并族诛王振之党，把马顺的尸首拖到街头示众，王振家族不分老少一律处斩，并籍没王振家产。

◎后人话王振：把皇帝卖给敌人的绝世太监

直接导致土木之变的责任人王振在成祖朱棣一朝便登上了政治舞台，之后更成为24衙门“第一署”司礼监权力膨胀的最大受益者，因而成为明朝开国以来第一个权力最大的宦官。

史学家称明朝为“中国历史上最大的太监帝国”，王振是明朝第一个专权的太监。

王振曾经诱导英宗以重典治御臣下，他自己更是如此。顺我者昌，逆我者亡就是他的不二法门。

当年的失意文人终于完全实现了他对权势的梦想。只是，权势到了他的手中，已经不是当年儒生的理想，不是治天下，而成了乱天下。与此同时，将自己一并掩埋。

第十章

刘瑾：『八虎』之首『立皇帝』

他6岁时被太监刘顺收养，后净身入宫当了太监，遂冒姓刘氏，侍奉太子朱厚照，即后来的明武宗。他善于察言观色，随机应变，深受信任。太子继位后，他数次升迁，爬上司礼监掌印太监的宝座。一旦大权在握，便引诱武宗沉湎于骄奢淫逸中，自己趁机专擅朝政，时人称他为“立皇帝”，武宗为坐皇帝。他排斥异己，陷害忠良，朝中正直官员大都受他迫害。但他最终落得个凌迟处死、千刀万剐的下场，从一个极端走到了另一个极端。

◎悦主受宠，夺得大权

刘瑾原来姓谈，老家在偏远穷困的陕西兴平，他是在代宗景泰年间进的宫，入宫的时候顶多也就五六岁的光景。是一个叫刘顺的老太监把刘瑾领进宫的，从此刘瑾就跟了他的姓。

宪宗成化（1465—1487 年）末年，凭着入宫将近 30 年的资历，刘瑾终于摆脱了低贱的杂役生涯，被任命为教坊司使，掌管宫廷伎乐。虽然地位有所上升，可这不过是一个正九品的芝麻官，而且薪俸少得可怜，根本满足不了他对权力和财富的渴望。那些日子里，他每天都在幻想着平步青云的时刻，幻想着有朝一日能够成为正统年间王振那样权倾中外的大太监。刘瑾在少年和青年时期，苦心钻营，学会了察言观色、见机行事、阳奉阴违、挑拨离间等一系列本领，在孝宗弘治五年（1492 年）三月，被宦官李广推荐，成为皇太子朱厚照的侍臣。刘瑾处处小心谨慎，挖空心思争取太子的欢心。太子朱厚照和孝宗对他都产生了好感。

1505 年，即弘治十八年，明孝宗因病去世，太子顺利即位，这就是明武宗。在武宗周围，有八个太监对他影响最大，即马永成、高凤、罗祥、魏彬、丘聚、谷大用、张永和刘瑾，人称“八虎”。而刘瑾乃“八虎”之首。在刘瑾的领导下，这些宦官想方设法地鼓动武宗游玩享乐，他们则专权跋扈，隐瞒着皇帝为非作歹。刘瑾最受武宗的信任，在内宫监任职，而且掌管着京城的精锐守卫部队。

所以刘瑾一直认为他与朱厚照的相遇是命中注定。是老天爷把他们捆绑在一起的——如老天爷一直把皇帝制度与太监制度同中国人的命运紧紧捆绑在一起一样。

刘瑾进了东宫就像鱼儿游进了水。而朱厚照遇见刘瑾，就像春天里疯狂生长的藤蔓遇见了充足的水分和阳光。那些道貌岸然一本正经的阁老们希望把朱厚照塑造成一个文质彬彬满腹经纶的皇帝，可他们这是瞎子点灯白费蜡。从见到朱厚照的第一眼起，刘瑾就知道，这是一个游戏人间的主儿。江山是他的桎梏，皇冠是他的枷锁。除非它们能为他提供一切好玩的东西并且丝毫不能约束和妨碍他，否则他宁可不要它们。

这就是他们未来的正德皇帝朱厚照。碰上这样的主子是大臣和百姓的不幸，却是宦官奴才们之大幸，亦是年近半百的刘瑾刘太监之大幸。

从进入东宫的那一天起，刘瑾就无所不用其极地诱发并且满足朱厚照的玩性。什么射箭、骑马、踢球、摔跤、打猎、斗鸡、遛鹰、驯豹，等等。把能够想到的好玩的东西都玩了个遍，最后还玩起了打仗。刘瑾经常召集成百上千个宦官，让小太子率领大队人马在东宫里“大动干戈”，每每打得人仰马翻、鸡飞狗跳。刘瑾为了让太子能够按照自己给他浇铸的模子成长，就必须让他远离那些满嘴仁义道德的儒臣，为此刘瑾便怂恿他逃学。朱厚照本来就视读书为畏途，对老夫子们向他灌输的那一套修身治国的大道理厌恶至极，每每在听席上如坐针毡，要不就打瞌睡。刘瑾的建议正中朱厚照的下怀，于是他屡屡找借口推掉了阁老们给他的例行讲读。所以终孝宗一朝，也就是朱厚照登基前读书就学的七年间，一部《论语》都没有读完，更不用说什么《尚书》和《大学衍义》之类的。

刘瑾的才干高于其他人，尤其是伶牙俐齿，善于狡辩，这是刘瑾的一个特点，这使他在后来的官场中如鱼得水。刘瑾的另一个特点是他有强烈的权力欲，群臣的弹劾给刘瑾创造了机会。他对其他宦官说："使瑾入司礼，可使科道结舌，文臣拱手。"他曾经对武宗说："弘治年间，朝权俱为司礼监、内阁所掌，朝廷不过虚名而已。如天下镇守、分守、守备等项内官皆司礼监官举用，大受贿赂。如不信，只将司礼监掌印太监抄了，金银可满三间房屋。若将天下镇守内臣取回，别用一番人，令彼各备银一二万两，进上谢恩，胜赂司礼监。"于是，刘瑾逐渐博得了武宗的宠爱与信任，武宗把刘瑾视为心腹。

刘瑾的羽翼丰满以后，权势不断扩张，完全控制了朝政。他一手栽培的亲信死心为其效力。主掌内阁的大学士焦芳称刘瑾为"千岁"，自称"门下"，凡出自内阁的票拟章奏，都完全遵从刘瑾的旨意。各种公文，均称刘太监而不呼其名。都察院所奏本章，直称刘瑾之名，没有称"刘太监"，刘瑾阅后大发雷霆。都御史闻讯急忙率属下前往刘瑾府中跪伏请罪，才免遭刘瑾的惩治。

群臣见明武宗不顾朝政，不思进取，于是纷纷上书劝谏。这一年的六月，雷声震得奉天殿的鸱吻、太庙的脊兽和天坛的树木四下摇动，宫门房柱也被摧折甚至焚烧了几根。人们都觉得天变异常，是上天震怒以此示警。于是，武宗按照惯例下诏自省，请求臣下进谏。群臣领旨上书，大学士刘健、李东阳、谢迁等人相继上书言事。总结起来主要有五类不同的事情，一是单骑驱驰，轻出宫禁；二是频行监局；三是泛舟海子；四是鹰犬弹射不离左右；五是内侍进献饮膳，不择而食。对于阁臣的进言，明武宗虚应了事，而对一般臣下的进言则不理不睬，甚至加以责罚。因此，很多大臣的进言根本不起作用，明武宗依然我行我素。

同年八月，皇帝准备大婚，册立夏氏为皇后，遣官迎入大内。群臣的进言渐少。不久，大学士刘健等又上疏指出武宗要改正的三件事，武宗虽然表示接受他们的建议，但并未改正。

九月，武宗重开经筵，但就在重开当日就想废除午讲。刘健等人极力劝谏，惹得武宗很不高兴，勉强应付。

从此以后，武宗日益放纵自己，嬉戏玩乐，甚至在宫中模仿市集，设立各种店铺。刘瑾等八人环侍在他的左右，朝夕蛊惑，成为肘腋之患。廷臣见朱厚照日益纵游，倦于视朝，新政不行，诏令不信，而且不知省改，深以为忧。他们对“八虎”早已不满，早想除去。此时，恰逢太监崔杲出事，朝臣便以此为契机，想除去刘瑾等“八虎”。

正德元年（1506年），太监崔杲奉命前往南京监督织造，他上书请求武宗给他盐引作为经费。盐引是为课盐设置的，其税收专门用来准备边防，但武宗却毫不犹豫地答应了崔杲的请求。不久，刘健、李东阳等极力劝谏，请武宗改变诏令，并且指出宦官当权对朝廷的危害。武宗听后很不愉快，他说道：“朝廷难道都是宦官为害吗？历来朝臣坏事的占了十分之六七，你们想必也是知道的。”此后，经刘健等人苦苦劝谏，终于改变了给崔杲盐引作经费的想法。但是，武宗对“八虎”的信任却没有改变。刘健等不知这种情况，开始设计准备除去“八虎”。

此后，李东阳、刘健、谢迁等多人连续给朝廷上奏章，请求正德帝诛除刘瑾等人，清除朝廷的内患。十月十二日，韩文向朝臣们发出了弹劾“八虎”的倡议后，三位阁老和百官皆表示支持。韩文遂成竹在胸，命李梦阳草拟奏疏，并叮嘱他说：“措辞不能太雅，否则皇上看不懂；也不宜太长，太长皇帝不耐烦。”奏疏拟就，韩文便召集阁老、九卿和诸大臣联合署名，随后上呈皇帝。

奏疏呈上，朱厚照傻眼了。这个成天只知道嬉戏玩乐的小皇帝终于意识到，原来屁股下面这张舒服的龙椅也会把人逼入如此左右为难的窘境。一边是帮他治理天下的文臣，一边是让他的人生充满快乐的宦官，而眼下他们却要迫使他做出抉择——要文臣，还是要太监？要逍遥自在，还是要社稷江山？

吏部尚书焦芳却在当天晚上向刘瑾透漏了消息，刘瑾一听，大惊失色，八人相对而泣。不久，他们在刘瑾的带领下入见武宗。刘瑾很快明白了武宗的心理，便用激将法使武宗迁怒于王岳等朝中大臣。

翌日清晨，还没等阁老和大臣们“伏阙面争”，朱厚照就命李荣传旨否决了他们的提议。

阁老们很清楚，昨天晚上一定发生了什么。而不管是什么，都意味着这场大张旗鼓兴师动众的“谏争运动”已经悄然失败了。他们知道，小皇帝宁可荒废朝政，也不肯牺牲享乐；宁可与文臣死磕，也不愿同太监决裂。

当天，刘健和谢迁就主动请求致仕，天子立刻批准。内阁只剩下了一个李东阳。随后，吏部尚书焦芳在刘瑾的干预下进入内阁。朝臣们担心内阁全是刘瑾的人，就经由廷议一致推举刚直敢言的吏部侍郎王鏊随同入阁。刘瑾迫于公论，只好点头同意。自此，朝中大权全部由刘瑾为首的“八虎”掌握，刘瑾权倾天下。

◎疯狂报复，打击异己

当上司礼太监的次月，即正德元年十一月，刘瑾开始着手实施政治清洗，将户部尚书韩文贬为庶民，同时把徐昂、户部郎中陈仁，还有当初负责起草奏疏的李梦阳全部罢黜，狠狠地出了一口恶气。刘瑾打击异己时随心所欲。由于武宗任用刘瑾，使刘瑾的势力成为一股强大的势力，公侯勋戚都被他的威势所压迫，不敢与他平起平坐。

刘健、谢迁诛"八虎"未成，反倒让"八虎"掌握了朝政大权，刘健、李东阳两位阁老被迫辞职。自此，虽然很多有良知的官员不满武宗的所作所为，但敢于挺身而出、上疏武宗的人却很少。给事中刘、吕二人给武宗上奏章，指出两位阁老不能这样辞官离去，提出五个理由，请求皇帝挽留。虽然条条说得在理，但武宗不予理会，而"八虎"却因此怀恨在心。

为了扩大并巩固到手的权力，刘瑾决定把小皇帝彻底架空。刘瑾一边频繁进献各种新鲜好玩的东西让他沉迷，一边总是趁他在兴头上的时候抱着一摞一摞的奏章去请他审决。小皇帝每每怒目圆睁，冲刘瑾喊道："朕要你干什么用？怎么老是拿这些东西来烦朕？"

刘瑾赶紧趴在地上磕头谢罪，可心里却乐开了花。入宫50年了，刘瑾等的就是这句话。

正德二年三月，刘瑾为了证实自己已经成为朱厚照的全权代理人，同时也为了进一步肃清政敌、震慑百官，他以天子名义下诏，将刘健、谢迁、韩文、林瀚、李梦阳、戴铣、王守仁、陈琳、王良臣、蒋钦等53位朝臣列为"奸党"，榜示朝堂。同日，刘瑾令群臣跪于金水桥，宣示奸党名单。列入奸党的有大学士刘健等几十人，罗织的罪状是"递相交通，彼此穿凿，曲意阿附，遂成党比"。宣示奸党，便把异己逐出政治舞台；让廷臣跪而听诏，造成他们心理上更大的压抑感，这是刘瑾树立权威的一个重大步骤。

韩文被赶出朝廷时，给事中徐昂也上疏请求皇帝明断。武宗受"八虎"蛊惑，以徐昂维护朝中大臣、结党营私为由，将其除名。

自此，刘瑾成为"内相"，又被人称为"立地皇帝"。武宗贪玩好动，不理朝政，将臣下奏章转由刘瑾代为处理，此后，刘瑾权势如日中天。

朝中大臣有如与一只老虎搏斗，未能成功，反被虎吞噬，刘瑾窃取朝廷军政大权后，对朝臣肆意报复，利用东、西厂和锦衣卫诛除异己。

刘瑾知道负责劝谏的言官们对他的威胁很大，在掌权后，对言官也不放过。除了借故进行罢免、廷杖以及诬陷定罪外，在平时还制裁威胁这些言官，命令他们在早晨寅时（3点到5点）入朝，一直到下午的酉时（5点到7点）才让走。一天上班时间竟达14个小时左右，刘瑾的目的就是让他们不得休息，让他们没精力弹劾自己。

刘瑾打击异己时随心所欲，对于在平时只对他作揖而没有磕头行大礼的翰林院的官员，他也不放过。找了个借口一次就把二十余官员或赶至南京任职，或削职为民。

刘瑾为了排挤异己，特别是儒生文臣，只要他们犯有小的过错便严厉惩处。正德三年（1508年），刘瑾改变旧例，规定凡是省亲、丁忧、养病的人都作托故营私旷职处理，三个月内可以宽恕，四、五个月则罚其俸禄，六、七个月则逮捕讯问，八、九个月则算自动去职，十月以上则作削去官籍处理。此后，吏部共查出违例文武官员146人，都按照刘瑾制定的新规则处理，因此而罢官的人特别多。

由于武宗任用刘瑾，使刘瑾的势力成为一股强大的势力，公侯勋戚都被他的威势所压迫，不敢与他平起平坐。每次去拜谒刘瑾时，他们总是跪拜，而刘瑾也毫不谦让。如果公侯勋戚有什么地方让他不满意，他总是大声呵斥，有如指使自己手下的奴仆。群臣劾人自保或劾人献媚者不乏其人。正德五年（1510年），兵科给事中高为向刘瑾献媚，弹劾包括他父亲在内的官员共61名，为时人所不齿。文武官员为了避祸自保，无不顺从或保持缄默，不敢讨论时政。在刘瑾专权横行时，只有罗侨上疏得以幸免。

事情是这样的：正德五年，北京大旱，罗侨怀揣着奏章，请求皇帝不再游戏，摒弃小人，并惩办刘瑾等人。他抱定必死的决心，命令家人携带棺材跟随，在朝房静候皇上的旨意。刘瑾读完奏章，勃然大怒，矫诏下旨让廷臣议罪。大学士李东阳为他求情，终于赦免了他的死罪，但将他降为江西原籍教职。朝臣原以为罗侨会遭遇不测，然而，他却只被降职，因此，他们都感到万分惊奇。

明武宗花钱如流水，加上宦官巧取豪夺，不久国库空虚，内库告急，北部边防地区粮储空虚，边防危机随时可能爆发。在这种情况下，宦官刘瑾给明武宗提出了一个绝妙的主意，这就是官吏罚米法，以罚代罪。

明武宗颁布的罚米法对缓解国家财政危机确实帮助很大，由于所罚米数从一二百石到上千石不等，因此，仅正德三年（1508 年）就有 182 名官员被罚俸禄，运往京师的有六千多石，加上那些尚未缴纳的罚米所得超过一万石。此外，还有近百倍的粮食运往边镇地区。对官吏胡乱罚米，虽然一时奏效，但弊病特别多，最后受损的还是国家。由于罚谁、罚多少的大权操纵在刘瑾的手中，因此刘瑾成了最大的受益者。此外，这种对官吏漫无标准的罚米法也成为刘瑾及其党徒公报私仇的有力工具。许多忠臣被削职为民，很多清廉官员因此倾家荡产。因公事受到罚米的人为求免罪避祸，往往向刘瑾行贿，就连平日号称忠直的人士也常为免受械杖之苦而走后门。刘瑾因此大发横财。

自从武宗即位后，刘瑾便为武宗建起豹房，使武宗沉湎游戏玩乐，不思进取。而刘瑾则矫旨行事，任意处置群臣，排除异己，结党营私。至此，宦官当政，厂卫横行。

为镇压官民的不满情绪，谷大用等人派出大量特务四出侦察。消息传出后，各地惊恐万分，只要看见口操京腔的人，便奔走相告，甚至以重金贡献以求自保。

东、西厂特务横行无忌时，刘瑾又于正德三年在荣府旧仓创立了“内行厂”，亲自管理以监督东、西二厂。此后，内行厂和东西二厂等特务机构成为刘瑾专权的工具。他不仅派特务胡作非为，而且让特务刺探官员的隐私。大学士王鏊对刘瑾的所作所为心怀不满，但又清楚自己无力回天，整日长吁短叹。不久，王鏊见刘瑾派特务暗随，自觉无趣，请求罢官归隐。刘瑾因未能抓到他的罪证，只好让其体面退休，这在当时也是一件令人称奇的事。

◎专权擅势，纳贿自肥

在将异己的大臣们都清除后，刘瑾便随心所欲地专权了，他很会控制皇帝为他所用。有了权势之后，刘瑾和很多贪官一样也开始敛财。他的手法没有什么创新，索贿、受贿、贪污，都是一般的手法。只不过他的胆子比一般的贪官大了很多，因为他的上边仅是一个皇帝。

刘瑾自从利用东西二厂排挤异己之后，不需再经过吏部、兵部和礼部审查，可以直接传旨让他所亲信的人升官。罢黜官吏也由刘瑾决定，吏部、礼部和兵部只需备案。

如果吏部要升任重要官吏，一定要让刘瑾过目，他每次都要吏部再三推举数人，从中选出自己满意的人，否则就不经过吏部直接选人。可以说刘瑾用人完全根据他自己的意愿，想用就用，不想用就废。没过多久，刘瑾的人便掌握了要职。

为了彻底掌握内阁，在打击反对派官僚的同时，刘瑾也在拉拢一批官僚：最早与他结交的焦芳，人品、才干均不足道。他既是行贿者，又是分赃者，“四方赂瑾者，首具三分之一赂芳以转及瑾，亡不如愿”。此时他将焦芳安排在内阁任职，焦芳则事事仰刘瑾的鼻息行事，这就开了内阁辅臣听从太监指挥的恶例。

除了内阁，政权机关就是六部了，刘瑾又将自己的手下同党安排到了六部，刘瑾专横的程度让人无法想象，有时，他仅在张纸上写谁做什么官，六部便要照他的意思安排。那些地位很好的公侯们见了刘瑾也是跪拜，不敢直视。

刘瑾的水平有限，为了批阅奏章，他就将大臣的奏章拿回家里，让在礼部做官的妹夫替他写，再拿到内阁让焦芳修改。所以，当时的人们都在暗地里叫他“立皇帝”。

有了权势之后，刘瑾和很多贪官一样也开始敛财。他的手法也没有什么创新，索贿、受贿、贪污，都是一般的手法。只不过他的胆子比一般的贪官大了很多，因为他的上边仅是一个皇帝。

接受别人贿赂之后，刘瑾还枉法行事，直至制造冤狱。御史葛浩原来因为触犯了刘瑾，被杖责后贬为平民，刘瑾却收下了葛浩仇人的贿赂，找借口又将葛浩押进京城，处杖三十。有一段时间，刘瑾这个大贪官竟然拒贿了，而且还把行贿的人治罪，他这是听从了亲信的话才这么做的。亲信的话很有道理，大意是说那些给他行贿的人的钱不是盗取的官银，便是剥削百姓所得，假借刘瑾的名义损公肥私，但给刘瑾的钱仅是十分之一，而今后百姓的怨气却都要集中到刘瑾身上。刘瑾听了觉得很有道理，于是开始拒绝贿赂，像个清官一样惩罚行贿者。但他不可能从根本上改掉贪婪的性格。后来一有机会还是照贪不误。

刘瑾在权势的路上越走越远，最后竟动了篡位之心，他私自刻了印玺，暗造弓箭，私藏盔甲，企图寻机夺位。然而他的举止却被其他的七虎时刻注视着。

刘瑾虽然广植党羽，但是不能很好地团结其余七虎。不久，七虎见刘瑾专权越来越严重，对刘瑾很不满，都离刘瑾而去。刘瑾为与张永争权，准备将张永调往南京。张永知道后，立即跑到武宗面前，诉说刘瑾准备谋害自己。虽然武宗后来让谷大用置酒劝解了此事，但是，刘瑾因为得罪了七虎，特别是因为他得罪了同样拥有实权的张永，从而加速了他的覆亡。

正德五年（1510年）四月，宁夏发生了安化王朱寘璠反叛事件。他以反刘瑾起兵，得到许多武臣的拥戴。朱寘璠之变也最后决定了刘瑾的命运。五月，朝廷以泾阳伯神英为总兵，右都御史杨一清为提督，太监张永总督军务，率兵讨寘璠。刚一出兵，寘璠即被擒。回师路上，杨一清要张永利用奏捷的机会，揭发刘瑾的奸恶，张永本来与刘瑾就有矛盾，听了杨一清的鼓动，欣然应允。

由于刘瑾想立功，于是想出了整顿军屯，从而引发了安化王叛乱，其口号就是要除刘瑾。1510年四月，明武宗派都御史杨一清和七虎之一太监张永去平定安化王的叛乱。叛乱平定之后，张永在向武宗报告战况时，揭发了刘瑾的十七条大罪。武宗先不以为然，后张永以死相争，说如果江山被刘瑾夺了，皇上该去向何处？武宗终于同意抓刘瑾，命令将刘瑾抓捕审问。第二天，武宗亲自出马，去抄刘瑾的家。结果发现了印玺、玉带等禁止百姓和官员私自拥有的禁物，在刘瑾经常拿着的扇子中也发现了两把匕首。武宗见了大怒，终于相信了刘瑾谋反的事实。

◎多行不义必自毙，终被铲除

正德五年二月，已经20岁的天子朱厚照对刘瑾的专权生出了一些不满，于是特意起用与刘瑾素有嫌隙的张永，想对刘瑾进行制衡。

正德五年四月，封藩于宁夏的安化王朱寘璠发动叛乱。天子急命右都御史杨一清总制宁夏、延绥、甘凉军务，以张永为监军提督宁夏军务，一同出征，讨伐朱寘璠。天子一身戎装亲临东华门为他们送行，宠遇甚隆。这时，一场铲除刘瑾的密谋就在前线部队中展开。

可出人意料的是，他们刚刚走到半路，游击将军仇钺就已经将叛乱平定了。这场叛乱前后历时仅 19 天。天子遂命杨一清和张永前往宁夏安抚，并将朱寘璠及一干乱党押解回京。

就是这次出征，让杨一清和张永缔结成了一个政治同盟，并迅速把矛头对准了刘瑾。

杨一清原是陕西一带的军事统帅，在训练士卒、加强边防方面立过功。因他为人正直，不附和刘瑾，遭其诬陷迫害，后经大臣们营救，才被释放回乡。这回武宗为了平定藩王叛乱，才重新起用他。杨一清到了宁夏，叛乱已经被杨一清原来的部将平定，朱寘璠也成了俘虏，准备押解到北京杀头。

杨一清早就有心除掉刘瑾，他打听到“八虎”之一的张永与刘瑾有矛盾，就决心拉拢张永。回京路上，杨一清极力说服张永，称一旦大功告成就可以名垂青史，张永被说动，决定迅速展开行动。

刘瑾意识到自己的好日子就快到头了，于是决定采取行动……

八月初，刘瑾在朝中担任都督同知的兄长刘景祥病卒，刘瑾决定于八月十五日发丧，趁百官莅临送葬时将他们劫持，发动政变。刘瑾奏请天子推迟张永回朝献俘的日期，准备发动政变后再回头收拾张永。不料消息突然走漏，有人立刻飞报张永。张永遂押着朱寘璠等人昼夜兼程地赶回京城，于八月十一日抵达。

天子亲出东华门，并举办了一场盛大的献俘礼，同时设宴犒劳张永，命刘瑾和马永成等人陪坐。那天在酒席上，刘瑾和张永一直在用目光进行无声的对峙。

由于心情恶劣，宴席未完刘瑾便拂袖而去。

可刘瑾绝没有想到，这场酒宴一结束，他的灭顶之灾就随之降临了。

刘瑾刚走，张永立刻向天子当面密奏他的反状，并从袖中拿出早已拟好的奏章，上面罗列了他的17项罪状。当时天子朱厚照已经喝得醉醺醺了，斜了张永一眼，说："别说了！喝酒吧。"

张永大恐，不住叩首说："离此一步，臣不复见陛下也！"

天子问："刘瑾想干什么？"

"取天下！"张永说。

"天下？"天子一边打着酒嗝，一边笑着说，"天下……任他取好了。"

张永抬起头来，盯着天子的眼睛，一字一顿地说："若此，将置陛下于何地？！"

天子一怔。他想了好一会儿，才从嘴里缓缓地吐出三个字："奴、负、我。"张永脸上掠过一阵狂喜。他再次伏首说："此不可缓！缓则奴辈成齑粉，陛下亦将不知所归！"

此时，马永成等人也在一旁拼命附和。最后天子终于颁下一道口谕——缉拿刘瑾。刘瑾的末日就这么降临了。

八月十一日夜，大约三更时分，刘瑾在熟睡中被一阵杂沓的脚步声惊醒。刘瑾凭直觉就能判断出——来的是禁军。

刘瑾入狱后，张永和阁臣李东阳均担心他被复用，于是一再奏请武宗抄没他的家产。他们料定，只要刘瑾的财产被公之于世，他绝对难逃一死。随后朝廷果然搜出了刘瑾五年来苦心经营的那座金山银山，以及一大堆证实他谋反的违禁物品。天子终于勃然大怒，命三法司、锦衣卫会同百官，在午门外对刘瑾进行公审。

八月十三日公审那天，刘瑾依旧用一种傲慢的眼神环视着这帮准备审讯他的文武百官，忽然笑道："公卿多出我门，谁敢审我？"

不久前刚刚被刘瑾提拔为刑部尚书的刘璟赶紧把头垂了下去，其余百官也纷纷躲闪着他的目光。驸马都尉蔡震见状，站出来说："我是国戚，并非出自你的门下，该有资格审你了吧？"随即命人左右开弓地扇他的耳光，同时厉声说："公卿皆为朝廷所用，还敢说是你的人？说，你为何私藏盔甲和弓弩？"

刘瑾坦然自若地说："为保护皇上。"

蔡震冷笑："若为保护皇上，为何藏在密室？"

刘瑾顿时语塞。

当天，刘瑾的谋反之罪定谳，奏疏中罗列了刘瑾的19项罪名。数日后，刘瑾的心腹党羽焦芳、刘宇、张彩、刘璟等60余人全部被捕，其中内阁大学士3人，北京及南京六部尚书9人、侍郎12人，都察院19人，大理寺4人，翰林院4人，通政司3人，太常寺2人，尚宝司2人，等等。这些人或被诛杀，或被下狱，或被贬谪，或被罢黜，几天内便被清除殆尽，朝堂几乎为之一空。同时，刘瑾的家人共有15人被斩首，妇女皆发配浣衣局。

60年来刘瑾费尽心机所追逐的一切、5年来刘瑾不择手段所建立的一切，转眼之间都成了梦幻泡影……

在那个与平常并无不同的秋日早晨，在那片与刘瑾初入宫时一样纯净而蔚蓝的天空下，刘瑾的凌迟之刑终于开始了。

凌迟是中国历史上最不人道、最黑暗的刑罚，但用在曾害人无数的刘瑾身上，也算是他的报应，这可能就是所谓的迟来的正义吧！

3357刀，死神的3357个吻。这个过程整整持续了三天。

行刑当天，全城百姓赶赴刑场。许多曾受他迫害的人竟花钱换取刘瑾的一小块肉生吞，以此来发泄自己心中的怨恨之情。全国百姓在得知刘瑾被处死一事之后，无不欢呼雀跃。一个轰轰烈烈的刘瑾时代就此落下了帷幕。

然而，皇权专制下的大明王朝仍在宦官滥权干政的阴影里徘徊、轮替，在刘瑾死后百余年，又出现了登峰造极的“九千岁”魏忠贤，这时明朝已无药可救，离灭亡不远了。正是因为明代宦官专权的教训太惨重，入关后的满洲人始终保持着高度警惕，清一代都没有出现阉党作乱的祸患。

◎后人话刘瑾：史上最富有的太监

据清赵翼《二十二史札记》所载，刘瑾被抄家时有黄金250万两，白银5000余万两。其他珍宝细软未计。刘瑾家产仅金银一项和当时国库年收入的白银差不多。一个太监是如何积攒起如此多的财富呢？

权力的集中刺激了刘瑾的贪欲。有了权势之后，刘瑾和很多贪官一样也开始敛财。作为一个太监，刘瑾的性格和一般的贪官还不一样，如果他向你伸手要钱，你就必须给他，否则太监那种狭窄的心胸，报复起来比一般的贪官更心狠手毒。有一个人刚升迁，刘瑾便向他要“贺印钱”，其实就是索要贿赂，言外之意是：没有我同意，你根本就做不上这个官。那个人不肯给，刘瑾马上就下令让他退休回老家。

刘瑾受起贿来也是来者不拒，有的为了得到高官向他行贿，例如刘宇，刚上任巡抚时，用万金向刘瑾行贿，使刘瑾喜不自胜。后来刘宇又先后给了刘瑾几万两银子，结果一直升迁到兵部尚书的位子上。其他的官员多数是害怕刘瑾对自己打击报复，于是各地官员进京朝拜述职时总是要向刘瑾行贿，叫作“拜见礼”。少的要上千两，多的则五千两，有一年，考察地方官时，竟有贿赂两万两银子的。如果升了官要立即使用重金“谢”刘瑾，叫作“谢礼”。送少了还不行，否则要马上撤职，但如果你赶紧追加银子，官职又能马上恢复。官位基本上成了刘瑾手中卖钱的商品。

刘瑾的专权使朝政混乱，他的索贿受贿直接导致了地方矛盾的激化。官员们向他行贿后，必然要加重剥削百姓，逼得百姓走投无路，只好反抗。

刘瑾在权势的路上越走越远，最后竟动了篡位之心，他私自刻了印玺，暗造弓箭，企图寻机夺位。

公元1510年八月，刘瑾被处以凌迟刑，即千刀万剐，剐出的肉片如指甲般大小。在封建社会，除非谋反、杀父母亲等属于“十恶”的大罪，一般的死刑犯要等到秋天的霜降以后，在冬至以前才能处死。这是顺应天时（季节变化），而春天万物生长的时候禁止行刑，也禁止捕杀幼小的鸟禽和走兽。但刘瑾属于谋反的第一重罪，所以不等到秋天的霜降到来就行刑了。原来受过其害的人家纷纷用一文钱买下刘瑾已被割成细条块的肉吃下，以解心头之恨。

明朝的宦官专权使清朝充分总结了教训，所以在清朝对太监管束很严，没有再出现过太监专权的情况。

第十一章

魏忠贤：空古绝今的九千岁

他本是一市井恶少，目不识丁，却谙熟拍马绝技，入宫不久，得太监王安提拔，又与皇孙奶娘客印月打得火热，并接近万历皇帝，地位和权势与日俱进。明熹宗朱由校即位后，他和客印月开始揽权干政。他恩将仇报除王安，逼走魏朝，杖杀朝臣，大兴冤狱，捕杀东林党，私植党羽，自称“九千岁”，为历代阉官专权乱国的最高峰。他不仅献春药怂恿皇帝淫逸，自己娶妻纳妾，抢夺天下民女，害死多少薄命红颜。

◎净身入宫，察色邀宠

魏忠贤，生于隆庆二年（1568年）正月，原本是河间府肃宁的一个市井无赖，已成家并有一女。魏忠贤没上过一天学，大字不识一个。不过，魏家也不是赤贫，起码还有几亩薄田，否则魏忠贤也不会在17岁那年娶上媳妇，更不会经常和村中的无赖在一起酗酒赌博。在一次豪赌中，他输掉了自己微薄的家产，而且输掉了借来的赌资。在汹汹的逼债声中，生性果敢的魏忠贤带着几分愤慨，做出了一个日后影响大明王朝政治历史的大决定，就是“与群恶少博，不胜，为所苦，恚而自宫”，即准备去当太监。

但是，想当太监并不是一件容易的事。摆在魏四面前的有三大难题。首先，净身需要交一大笔手术费，手术、疗养、饮食、医药等费用，合起来最低也要二十多两银子，这笔钱对他家来说无疑是天文数字。其次，当时的净身手术师虽然有一定经验，但一无麻醉，二无消毒，死亡率很高，特别是成年人的净身手术，死亡率更高。最后，也是最重要的一点，是净了身也不一定能当上太监。

有明一代，太监人数之多，创了历史纪录。高峰时是十万人，直到明亡，留在宫中的太监仍有七万之众。然而，如此庞大的数目，仍然满足不了无路可走者的求职需要。明朝中叶，一次宫中大规模招收太监，初定名额是1500人，结果有两万多人蜂拥来报名，不少人面试前都做了净身手术。面对如此汹涌的求职潮，政府只好一再扩大名额，从1500人扩大到3000人，再从3000人扩大到4500人，可是到最后，还是不免有一万多人落选。社会上对这些落选者有一个专门的称呼：“无名白”，也就是净过了身却没门子进宫的人。

每一次饥荒过后，京城里就会增加许多“无名白”，到魏忠贤的时代，流落在京城的无名白仍然有一万多人。

这些人的出路只有两条：一条是在京城各寺院附设的浴池里专门为太监们擦澡，地位仅强于乞丐，收入十分可怜，糊口而已。然而这个工作只能容纳几千人。剩下的大多数“无名白”只有参加死乞强夺的丐阉团伙，“其稍弱者则群聚乞钱，其强者辄勒马衔索犒”。看着这些女声女气的汉子赖在自己马前，死乞活要，谁都恶心，只好捏着鼻子给两个钱打发了事。因此，乞丐倒成了大部分人的专业。再剩下的人，只好去当小偷或者加入黑社会，成为社会治安的不稳定因素。

面对这样险恶的前途，魏忠贤的决定实在可以说是铤而走险，成功率不大于百分之五十。然而，他的血液里天生有一股天不怕地不怕的鲁劲。他说动家里，同意他去做此生死一赌，家里居然被他说服了。毕竟，这次赌博成本不大，成功了，一家从此脱离苦海，上升到中产阶级乃至更高的阶层；失败了，就算少了一个浪荡子。连他分家出去另过的哥哥也卖了家里的一头驴，来资助他这次悲壮的冒险。

河北肃宁历来是出太监的地方。魏忠贤很快打听到了进宫的门路，和专管招收太监的吴公公搭上了线。然后，他揣着家里东拼西凑来的银子，到京城净身。他的运气不错，伤口没有感染，顺利度过了危险期。可是家人带来的消息让他发愁：房子已经卖了，全家搬进村边的土地庙，然而用这点钱作见面礼，吴公公根本不收。事情到了这一步，就已经成了全家的投资，不能眼看着半途而废，让他当“无名白”。哥哥魏钊早已分家单过，狠了狠心，把仅有的三亩薄田卖了，让侄子把钱送了来。

这回吴公公收是收了，能不能进宫，却绝口不提。秋去冬来，魏忠贤整天窝在京城乞丐们聚集的龙华寺的偏房里，吃不饱，穿不暖。万历十七年（1589 年）腊月十四，在龙华寺待了四个月的魏四终于赶上了那一年的最后一次挑选。

这一年，他 22 岁。

进了宫，管人事的太监给了他一个新的名字，叫“李进忠”。他被安排到司礼监掌管东厂的太监孙暹手下当差，他一开始干的，大概也就是扫地、倒马桶一类的活儿。此后，在宫中默默无闻三十余年。

后来，他渐渐琢磨出升迁的门道，就开始巴结颇有权势的东宫近侍魏朝，拿出他烧菜的手艺同魏朝吃吃喝喝，还结拜成了“金兰兄弟”。魏朝一高兴，就常常在秉笔太监王安面前说他的好话，他也不失时机地开始巴结王安，王安一高兴，就安排他在储备粮棉的甲子库办事，开始有了些油水。随后，又安排他主管东宫王才人的膳事。从这时起，他才脱离了底层太监的行列，一年能有个百十两银子的“外落”。

万历三十三年（1605 年），就在李进忠伺候东宫王才人不久，这位相貌平常的才人，居然为太子生了一个儿子，而且是长子。李进忠因为侍候王才人，自然而然也兼管小皇孙的伙食。能承担如此重任，他感激涕零。对王才人与小皇孙，他有一种出于本性的忠诚与依恋。当时，人们对这位太子并不看好，因为皇帝喜爱郑贵妃，总想把郑贵妃的儿子换成太子。但李进忠不管这些，既然是他的主子，他就无条件地忠心耿耿，尽职尽责。才人一高兴，就让他恢复了本姓，改名叫魏进忠。不久，又提拔他为东宫“典膳”，即整个东宫的膳食总监。

按明宫的规矩，后妃不亲自抚养婴儿，皇子是在奶妈、太监和宫女们的照顾下长大的。小皇孙朱由校还未出生，皇宫里就开始张罗为他找奶妈了，这个找来的奶妈就是客氏。

客氏原是河北定兴县农民的妻子，当时生下一个女婴没有成活。

她长得眉清目秀，肌肤白皙，奶汁充足，便被选入宫中。这是一个很有城府的女人，做事也非常狠毒。客氏也知道，朱由校早晚都是皇帝，因此总是极力讨好他。按照皇宫的规矩，孩子长到 3 岁，断奶了，奶妈就应出宫回家。有趣的是，朱由校对这个奶妈特别依恋，离开了她就大哭大闹，不吃不喝，生母王才人无奈，只得破例又把客氏请回宫中。朱由校的母亲去世后，小由校就很自然地把这位叫“客巴巴”的女人，当成了自己的母亲。魏进忠看出客氏在朱由校心目中占有很重要的位置，于是便向客氏大献殷勤，渐渐取得了客氏的欢心。

朱由校渐渐长大后，出阁读书的事根本无人过问，所以他从小就没有受过良好的教育，只是个贪玩的孩子。少年之后，他对木匠活产生了强烈的兴趣，显示出了杰出的工艺天赋。从那时起，魏进忠开始刻意地给这个帝国未来的继承人制造和提供各种新奇古怪、机关巧妙的玩具，并以此博得了孩子的欢心。一老一少的感情也在日常生活的积淀中逐渐稳定而牢不可破。在朱由校的眼中，这个忠诚好玩的老仆，给他郁闷飘摇的皇子生活注入了非凡的活力，更多的时候，他都愿意与这个鬓发渐白的太监待在一起，这不光是因为魏进忠能给他带来许多新奇的玩具，最重要的是在与魏的相处中，朱由校真正地体会到了一个人少年时代应有的轻松和乐趣。而这种直接积淀自童年的情感，就成了魏进忠日后翻云覆雨的最大资本。

◎平步青云，谋害异己

万历四十八年（1620 年），魏进忠 53 岁。这一年，是他命运发生转折的一年。

万历皇帝宠爱郑贵妃，更是将郑贵妃的儿子福王朱常洵视若掌上明珠，加上郑贵妃整天在万历皇帝枕边吹风，万历皇帝早就有废长立幼的想法。万历先是封了郑氏为贵妃，而长子的母亲王氏却只封为恭妃，这是不合古制的；其次是在朱常洛长大后迟迟不让他上学，然后又想出了三王并封的主意，将众皇子都封为王以降低长子的地位，好在这些伎俩被大臣们识破，总算没有得逞。之后爆发国本之争，众大臣用生命和鲜血为皇长子朱常洛争来了这个太子之位。

当上太子之后的朱常洛并没有就此安定下来，宫内、宫外的斗争始终都在威胁着他的地位，甚至生命。好在朱常洛在残酷的斗争中已经渐渐成熟，各方面表现中规中矩，让万历皇帝也无话可说。

首先，这一年的七月，万历皇帝死了，不管如何，战战兢兢做了多年太子的朱常洛终于登基，成了君临天下的帝王。魏进忠所在的皇长孙居所一下子成了准东宫。更出人意料的是，明光宗登基才一个月，也一命呜呼。转眼之间，由魏进忠一手操持长大的朱由校即位，成了皇帝，史称熹宗。但是抚养朱由校的皇妃李选侍以明熹宗生母早逝为由，将熹宗扣留。

群臣非常着急，纷纷上书请李选侍放还熹宗。但是李选侍根本不听，仍旧将新皇扣留，幸亏太监王安从大局出发，将皇子骗了出来，交给了群臣。

李选侍见此，就赖在乾清宫不走，以此要挟群臣给她皇太后的封号。按古制皇帝即位后，应该立即迁入乾清宫居住，但是无人奈何得了李选侍。劝李移宫的奏章如雪片飞来，李选侍根本不理。群臣终于被激怒了，杨涟代表众大臣向李选侍下达最后通牒，让她即日离宫，新皇朱由校也下旨，让李选侍移宫，加上大太监王安对李选侍百般威吓，李选侍只好带宫女灰溜溜迁出了乾清宫。九月庚辰日奉朱由校继位。

第二年改年号为“天启”，是为大明熹宗皇帝。史称此事件为“移宫案”，为明朝宫廷三大案之一。

熹宗继位时年仅16岁，可以说是举目无亲，步履维艰。每到这个时候，他游移的目光最后总是落在他忠诚的教父身上，魏进忠恭谨谦卑，三言两语，总是把事情安排得妥妥帖帖。

小皇帝朱由校绝对信任的另一个人是他的奶妈客氏。熹宗即位后，客氏被封为“奉圣夫人”，她的儿子封为锦衣卫指挥，给了两千亩香火田。她成了后宫里的实权派。

明代有24监，司礼监为24监之首，尽管魏进忠目不识丁，但朱由校还是叫他做了司礼监秉笔太监，并且赐名“忠贤”。

在熹宗的权力逐渐落到魏忠贤的手中之后，他和客氏开始勾结起来，明宫中盛行宦官与宫女结成假夫妻的行为，称为“对食”。客氏原先和魏朝“对食”，魏忠贤入主东宫膳食后，同这位漂亮的东宫奶妈朝夕相处，他也看上了客氏。他本来就是个无赖之徒，哪里还顾得上什么“金兰之交”、提携之情，横刀夺爱，立马把这个狐媚妖俏的客氏揽入了自己的怀中。

魏朝与魏忠贤争客氏，意义不止于争一女，而是争宠于熹宗，自然更为激烈，甚至夜间于宫中喧闹。一天夜里，魏朝带着几分酒意，把个忘恩负义小皇帝朱由校也被吵醒了，魏朝、魏忠贤并排跪在小皇帝面前。客氏知道此事跟她有关，也不声不响地跪在一旁。

熹宗也竟然过问起此事，他问客氏看中了谁，由他做主安排。客氏选择了魏忠贤。当年的客氏刚满40岁，正是丰韵犹存，而魏忠贤已经是53岁的老头。看来，这个重感情的“憨而壮”的老太监身上确实有某种人格魅力，让当时这个宫中最尊贵的女人心动不已。

不论如何，成为客氏的“对食”成了魏忠贤一生中最重要的转折点。

客氏的亲信就是皇帝的亲信，从此，他成了皇帝最信任的太监。

魏忠贤与客氏合谋，矫旨将魏朝打发回凤阳，派人在途中将他杀死。魏朝也是熹宗心腹，二人经常同卧起，连皇帝也不能庇护他，可见魏忠贤在宫中的权势。

魏忠贤和客氏合流，则朝里、朝外，都是他一家的天下了。这两个人阴狠毒辣，不遗余力地清除政敌，为他们的擅权奠定了牢实的基础。

魏忠贤的阴狠首先表现在对待有恩于他的“金兰好友”魏朝身上。首先他以“惊动圣驾”为由，把魏朝发配到凤阳去守皇家的祖陵；接着，又假传了一道“魏朝谋反，途中伏法”的圣旨。据《酌中志》卷十五记：“魏朝中途截至献县缢杀之。”

下一个受害者是地位更高的王安。太监王安为人正直，在后宫是三朝元老，其地位是不易动摇的。熹宗即位之初，曾秉承父皇遗命，在绢扇上亲书“辅朕为仁明之主”赐给王安。这份殊荣，在大内无人能比。当时御史方震孺上疏，请逐客氏和魏忠贤。王安也感觉到魏忠贤的威胁，奏明熹宗，欲加惩处。但真要处治时，他又手软了，只是令他改过自新。客氏出宫，魏忠贤一时无所作为。谁知熹宗比他更离不开客氏，若失魂魄，不食数日。不久，又把她召回宫中。魏忠贤和客氏在外朝官僚中寻找伙伴，找到魏的同乡、给事中霍维华，随后，魏忠贤唆使给事中霍维华上疏，攻击王安埋葬宦官冯保的骸骨，是有意彰显神宗的过失。接着，魏忠贤又以王安对“惊动圣驾”的魏朝管教不严为由，把王安降到南海子当差。

南海子是明朝的皇家林苑，是个安置有罪或待罪宦官的地方。更为恶毒的是，魏忠贤又派人把他杀害。按照资历，王安本应掌司礼监。他一死，魏忠贤升为司礼秉笔大监。这打破了常规，因为他不识字，原没有资格任司礼监。熹宗皇后张氏，“性严正”，多次向熹宗谈起客氏、魏忠贤的过失。皇后主持后宫事务，有权直接处置客氏。她没有这样做，或因投鼠忌器，或希望熹宗决断。一次，张后看书，熹宗问她在看什么书，她答曰："《赵高传》。"张后用意很明确，熹宗默然。客、魏二人知道了，又恨又怕，扬言张氏非国丈张国纪女，而是盗犯所出，借以治张家罪。另一太监王体乾说，熹宗重夫妇兄弟情谊，"脱有变，我辈无类矣"。这才保全了张后家族。

尽管如此，张皇后还是深受伤害。在她有身孕时，客氏和魏忠贤派亲信服侍，致使其流产。熹宗一共有过三个皇子，但都在一岁左右夭折，没有留下后代，后世学者推断，这大约都是"客巴巴"的杰作。

另外一些得罪客、魏的妃嫔，连性命也难保。光宗选侍赵氏为二人所恶，被迫自缢。熹宗裕妃张氏为客氏所妒，以有孕之身被禁闭，绝饮食而死。冯贵人劝熹宗罢内操，被责为诽谤，赐死。李成妃被革封禁闭，要不是她接受张裕妃的教训，事先储备下食物，也将被饿死。所谓内操，指挑选、装备宦官，在禁中操练。这出自魏忠贤的建议，当然不只因为他喜爱武功，更主要是为了炫耀权势，培植自己的私人武装。内操之日，锣鼓之声震动禁中。据说，皇子诞生，就惊惧而亡。御史刘之凤上疏发问道："假令刘瑾拥甲士三千，能束手就擒乎？"魏忠贤不止甲士三千，他掌握了内标万人，全副武装。一次试用铁枪，险些伤到熹宗，臣僚们皆惶恐不安。

史载："帝性机巧，好亲斧锯髹漆之事，积岁不倦。"魏忠贤每每趁熹宗兴致勃勃埋头干活时，传奏紧急公文。熹宗一边干活，一边心不在焉地说："朕已悉矣，汝辈好为之。"既然皇帝听任大权旁落而无所顾惜，魏忠贤以司礼监秉笔太监兼总督东厂太监的身份把持朝政，就毫无障碍了。

熹宗对魏忠贤的忠诚从不怀疑，对他的褒奖是至高无上的："尔忠贤之念急公家，勋高磐石故特举尔大节，载在汗青，以作楷一时，流芳百世。朕用是耳目四达，政事肇新。皆赖尔任劳任怨于一身，展经展纶于三事，苦心茂绩，秩古冠今。”

◎擅权乱政，残害东林党

明代是中国历史上昏君最多的一代，也是忠臣辈出的一代。昏君与忠臣相辅相成，正如同阴与阳，高与下，黑与白，相互对立又相互依存。

天启初年，标榜清流的士大夫都以东林党人自居，或被认为是东林党人。经历一二十年政治舞台上的风云，他们不但仍然具有左右舆论的力量，而且占据了一些重要的位置。

天启元年（1620 年），叶向高成为内阁首辅，孙慎行任礼部尚书，邹元标任都御史；天启二年，孙承宗入阁，兼掌兵部事，赵南星任都御史，第二年改吏部尚书。此外，高攀龙任左副都御史，杨涟也升至左副都御史，左光斗升至佥都御史。

开始，魏忠贤与这派官僚的关系还不太紧张。他敬重赵南星，在熹宗面前对他大加称赞。二人并坐弘政门议事，赵南星郑重告诫魏忠贤：“主上冲年，内外臣子，会各努力为善。”这话虽使魏忠贤心中不快，也还没有到翻脸的程度。

天启三年（1623 年）是个重要的年份。魏忠贤受命提督东厂，顾秉谦、魏广微等选入内阁。顾、魏不断受到言路的弹劾，不为清流所容。赵南星与魏广微之父魏允贞是朋友，但他三拒魏广微于门外，公开说魏允贞无子。魏忠贤需要外朝官僚的配合，不为清流所容的官僚也需要投靠魏忠贤，他们很自然形成一个政治派别。

有明一代死于廷杖的官员不可数计。偏偏忠臣对此毫无畏惧，甚至他们还渴望死亡，因为这样会使他们在忠臣榜上得到最高的荣誉。他们虽然被打得遍体鳞伤，奄奄一息，对皇帝也毫无怨言。杨涟被打得肌肉腐烂，筋骨暴露，自知必死，给皇帝上书说："雷霆雨露，莫非天恩。但愿国家强固，圣德刚明，海内长享太平之福，涟即身无完肉，尸供蛆蚁，原所甘心。"

东林党人就是这样一群忠臣。他们反对魏忠贤，原因不在于魏忠贤的水平太低，也不在于政治见解的不同，而在于魏忠贤的身份。明朝祖制，太监不可干政。即使魏忠贤真的才略能经天纬地，也不能由他来代天理政。因此，在魏氏掌权之后，各种反对的奏疏就一上再上。

天启二年，刚刚踏入官场的初生牛犊，新科状元文震孟上了一道奏折，指责皇帝没有真正承担起经国大任："皇上昧爽临朝，寒暑靡辍，于政非不勤矣，而勤政之实未见也。鸿胪引奏，跪拜起立，帝如傀儡之登场，了无生意。"

文震孟直言不讳地指出了当时政治现象的不正常：虽然皇帝按时上下班，从不迟到早退，可不过就是一具傀儡，被人操纵。这位新科状元显然掌握了历代忠臣上书的诀窍，用语尖刻，一针见血，让人无法回避。魏忠贤见疏大怒，立刻下旨，要对文震孟廷杖八十。然而，朝臣们坚决反对，大力救护，文震孟被免除了廷杖，仅被贬秩调外而已。

通过这一回合，魏忠贤第一次明确认识到，朝廷上下有一股反对自己的巨大势力。这仅仅是个开始，后来，此类奏疏越来越多。天启三年，周建宗上书把魏忠贤比作前朝太监刘瑾，说他祸国殃民，要求立予罢斥。紧接着，给事中刘化弘、陈良训，御史方大任、黄尊素等人数次从不同角度直接或间接地攻击魏忠贤。天启四年六月，东林党人的代表，左副都御史杨涟上书历数魏忠贤二十四条大罪，指责魏忠贤夺皇帝之权，恣意专擅；指责魏忠贤擅改成例，破坏法度；指责魏忠贤僭越，出行时俨然是天子的派头。

这一上书实际上成了东林群臣对魏忠贤发起总攻的动员号令。六、七、八月，弹劾魏氏的奏折蜂拥而至。从大学士、尚书，到普通的京官，都加入了这一行列。一时间，紫禁城上空乌云密布。

见到这些铺天盖地的奏折，“担当能断”的魏忠贤心中真的惶惶无主了。一方面，他感觉委屈，自己一心一意为大明朝做事，换来的却是这样的结果；另一方面，他也越来越心虚，毕竟，他也知道，太监干政，历来都是不合社会正统观念的。朝臣们的咄咄逼人，让他无比明确地感觉到了头上的危险，一旦身败名裂，等待自己的必然是最惨的下场。然而，权力的滋味一旦品尝了，就决难舍弃。魏忠贤是个凭本能生活的人，维护既得利益的本能毫不犹豫地控制了他，他立刻找到了客氏，一起到皇帝面前去乞求庇护。

和历代小皇帝一样，天启帝对这些朝臣们没有好感，也不信任。在他眼里，这些成天板着脸的大臣既陌生又可怕，同时还讨厌。而魏忠贤的忠诚他从不怀疑，这个在自己身边侍候了几十年的老仆像狗一样驯服听话，善解人意，对他关心备至。主仆二人情深谊厚，这种情谊是几十年共同生活中一点一滴积累起来的，绝难打破。因此，在魏忠贤和客氏“日夜哭诉”之后，他坚定地站在魏忠贤一边，同意魏忠贤把杨涟的奏折留中不发，也就是不予答复。同时，以皇帝的名义颁旨表彰魏氏的忠与贤，维护魏忠贤的权威。在以后的日子里，皇帝对魏忠贤的信任从未动摇，他与魏氏风雨同舟，义无反顾地做了魏忠贤的坚强靠山。

对皇帝的庇护，慷慨激烈的东林党人毫无办法。他们可以对皇帝直言不讳，可以一针见血，可以指责，甚至可以讽刺，但对皇帝的决定却不能不执行。毕竟，皇帝是他们的主人，他们是皇帝的附属物。虽然皇帝昏庸，然而大明天下是皇帝的私产，他要怎么处理，奴才们无权干涉。他们所能做的，只能是冒死进谏而已。

皇帝的庇护就像金钟罩，刀箭不伤。对于这一发现，魏忠贤满心惊喜。没想到满朝“正人君子”黑云压城气势汹汹的攻击最后竟然没损及他一根毫毛。他擦了擦额头的冷汗，惊魂初定。然而，他没想到的事还在后头。

执政之初，除了皇帝的信任之外，魏忠贤在朝中并没有政治基础，所有人都对他的能力和合法性表示怀疑。在东林党人向魏忠贤发起攻击之初，满朝大臣都拭目以待。东林党人一次次无功而返，让朝廷的政治天平发生了不知不觉的变化，越来越多的人意识到魏忠贤的地位不可动摇。

魏忠贤与东林党的斗争已超出朝廷的范围，在社会上引起强烈的反响。魏忠贤在用刑狱对付反对派官僚的同时，还命其党羽编纂《三朝要典》，重新记述和评价“三案”，为打击异己制造舆论。魏忠贤的地位不断提升，相当一部分官僚出于各种原因，向他靠拢，协助他控制局面，打击反对派，他们被称为魏党或阉党。

天启四年春，内阁大学士魏广微第一个敏锐地感觉到魏忠贤势力已成，急忙以同乡兼同姓的身份交结魏忠贤。头一回得到文臣的支持，魏忠贤受宠若惊，对魏广微也相当感激尊重。两个人一时间打得火热。魏广微上书给魏忠贤，封面上都写“内阁家报”，公私合璧，可谓一大发明。

天启四年八月，巡按御史崔呈秀由于贪污受贿，被革职查问，将被惩以重罪。危急之下，他通过熟人的引见，趁夜造访魏宅，痛哭叩头，一面申诉自己受了东林党人的排挤，一面要求做魏忠贤的养子。“当是时，忠贤为廷臣交攻，愤甚，方思得外臣为助。得呈秀，相见恨晚。”两人一拍即合。崔呈秀很快复职，以后又迅速当上左都御史、少傅兼太子太傅，成为朝廷重臣。

很短的时间内，一批大臣就聚拢在魏忠贤身边，而且形成了滚雪球效应，越聚越多。内阁首席大学士，身份相当于丞相的顾秉谦，竟然在一次家宴中对魏忠贤叩拜道："本欲拜依膝下，恐不喜此白须儿，故令稚子认孙。"拐弯抹角地硬要给魏忠贤当儿子。而另一位曾经的兵部侍郎衔总督川贵的张我续手法更高明，他因有一个女仆是魏忠贤的本家，于是"加于嫡妻之上，进京八抬，称'魏太太'"，公然以魏家姑爷自居。

这些人都是饱读诗书之辈，明代及其以前各代的依附太监者，无一不身败名裂，这一点他们不会不知道。然而，巨大的现实利益让他们顾不了太多了，这群末世赌徒，把一生的赌注都押在了魏忠贤身上，一旦拥有了权力，就急不可待地贪污纳贿，卖官鬻爵，安置私人，挟嫌报复，要在最短的时间内赚足利息。至于国势如何衰微，政局如何混乱，那就与其全然无关了。一个国家在魏忠贤集团的领导下，不论怎样的天昏地暗，大概也不值得奇怪。

东林党攻击之初，他确实惶恐不已，以为末日到了。然而此时，自卑、恐慌一扫而空，他对自己的力量充满了自信。现在，有那么多心腹给自己出谋划策，"担当能断"的他更加有恃无恐。很快，他就向东林党人发起了进攻。

为了斩草除根，魏忠贤启动了所谓的"熊廷弼案"。

原来，天启二年时，明军与后金作战，丧军6万人，经略熊廷弼被下狱，判斩首。熊廷弼想托汪文言用4万银子贿赂掌权的东林党人以求缓刑，但没成功。此时，阉党就用酷刑逼汪文言诬供，说杨涟受贿，汪文言活活被打死，临死大叫："哪有受贿的杨大洪（杨涟）啊！"

但是，阉党捏造口供，逮捕了大批的东林党人，如杨涟、周朝瑞、左光斗、魏大中、顾大章、袁化中等，关在锦衣卫的监狱里，锦衣卫镇抚司头目许显纯假借皇帝名义，"五日一追比"。所谓"追比"，即用大刑逼他们退赃。实际上六十天就"追比"了二十四次。第一次"追比"后，"诸人裳上浓血如染，狱卒挟持才能移步"；第二次则"股肉俱腐"；第五次，"杨公大号无回声，左公声呦呦如小儿啼"；第六次，"杨、左伏地若死人"。先后有六人因酷刑毙命，史称"东林六君子"。

接着，魏忠贤开列黑名单，用皇帝的名义发布了《东林党人榜》，上榜的有三百多人，按名搜捕还健在的东林党人。

天启六年（1626 年）二月，魏忠贤假借圣旨，逮捕了东林党又一批主要人物：周起元、周宗建、缪昌期、周顺昌、黄尊素、李应升、高攀龙七人。除高攀龙以"大臣受辱则辱国"，拒赴诏狱，当晚投池水自尽外，其他六人在狱中受尽折磨而死，史称"东林七君子"。

魏良卿旧宅有两大狮子，目下视，"魏太监怒之，榜石工至死"。

魏忠贤统领下的厂卫，所用刑罚之酷，更是令人发指。被称为"六君子"的杨涟、左光斗、魏大中、袁化中、周朝瑞、顾大章六人都受过全刑，各打四十棍，拶敲五十，夹杠五十。杨涟受刑最多，五日一审。许显纯令将他头面乱打，齿颊尽脱；钢针作刷，遍体扫烂如丝；以铜锤击胸，肋骨寸断；最后用铁钉贯顶，立刻致死。死后七日，方许领尸，止存血衣数片，残骨几根。左光斗估计，锦衣卫狱对他，或是"亟鞫以毙之"，或是"阴害于狱中"，如果送到法司，或无死理，于是"靡焉承顺"。他也被五日一审，"诃话百出，裸体辱之。弛扭则受拶，弛镣则受夹，弛抄与夹，则仍戴扭镣以受棍"。

另如周顺昌在狱中大骂许显纯，许显纯用铜锤击周顺昌齿，齿俱落。

周宗建骂魏忠贤不识一丁，魏忠贤命以铁钉钉之，又使他穿绵衣，以沸汤浇之，顷刻皮肤卷烂，赤肉满身。魏忠贤在他的谋士指使下，寻找各种借口，组织人对东林党人进行弹劾，然后再以皇帝名义加以罢免。东林党人好面子，有的时候，不用魏氏罢免，遭到弹劾的大臣自己就提出了辞职。数月之间，东林党人就已被清洗殆尽。

对那些曾经指责自己统治不合法、能力低下、出身卑贱的人，魏忠贤报复起来残酷无比。魏忠贤之所以如此恶毒，就是因为他确实出身卑贱，能力低下，统治不合法。

◎多行不义，自缢而亡

东林党被镇压后，魏忠贤的权势已达到登峰造极的地步。一批无赖投机之人，如傅木魁、阮大铖等纷纷投其门下，争当他的干儿义孙。在魏忠贤的干儿义孙中，较出名的还有五虎、五彪、十狗、十孩儿、四十孙等。他们为虎作伥，无恶不作，是魏忠贤迫害反对者的助手。

祠，即祠堂，原本是祭祀死去的祖先或先贤的处所。为活着的人建造的祠堂，称为“生祠”。

围绕在魏忠贤周围的无耻之徒，为讨好魏忠贤，还想出了为其建生祠、塑雕像等无耻的招数。浙江巡抚潘汝桢在杭州西湖边为魏忠贤建立生祠，其规模超过了岳飞庙与关公庙。其后，各地都抚大吏，甚至一般商人、无赖都纷起仿效，还请皇帝为他们建立的魏忠贤生祠赐名。这些人对魏忠贤的泥胎五拜三稽首，山呼九千岁，大江南北，一片乌烟瘴气。对魏忠贤的歌颂之声不绝于耳，这些人为了表示对魏忠贤的尊敬，不再呼其名，而称“厂臣”。如大学士代皇帝所批奏折上也写“朕与厂臣”，阉党魏忠贤的气势何其盛也！

明朝规定，秉笔太监不得在城外住或远出。但魏忠贤却常常出游，且每次出游千骑，随从上万，射响箭，有礼乐，百姓焚香，大员侧跪，他所穿衣服上龙的纹样比藩王仅差一爪，颜色比皇袍只逊一色。魏忠贤的生日是正月三十，从正月十五开始，祝寿送礼的每日挤满乾清宫台阶。三十日那天，群臣拥来祝寿，高呼“九千岁”之声，响彻云霄。其权势之重，堪称登峰造极。

天启七年（1627年）五月，熹宗在西苑湖中荡舟，不慎落水，既感寒凉，又受惊吓，染病后医治无效，于八月死去，年仅23岁。熹宗没有儿子，临终前召他的弟弟信王朱由检继位。他叮嘱乃弟说：“魏忠贤忠贞，可计大事。”说罢，才撒手归西。

这时，朱由检大概是悲喜交集：皇兄英年早逝，自己当然很悲痛；皇兄之死，竟意外地把自己推上了皇帝的宝座，心里自然有一阵欣喜之感。可是，魏忠贤权倾朝野，自己能否坐稳龙椅，朱由检也是心里没数。此番心境，是局外人难以体会的。

所以，在天启驾崩后，朱由检就在乾清宫里坐着，绝不轻易开口，一切顺其自然，没有人能摸透他的心思。

过了几天，朱由检正式登基。至于《即位诏书》，还是老一套：先是歌颂列祖列宗，再对刚刚过世的天启帝大唱赞歌，然后是叙述登基经过，公布新朝的年号“崇祯”，最后以新天子的口吻说出了他的“治国大计”：

“朕以冲龄统承鸿业。祖功宗德，惟祗服于典章；吏治民艰，将求宜于变通。毗尔中外文武之贤，赞予股肱耳目之用，光昭旧绪，愈茂新猷。”

不过，这份《即位诏书》只是内阁大学士们的杰作，并不代表新天子的“真意”，因为内阁这时仍然是由阉党分子把持，所以在字里行间自然也充溢着魏忠贤的“旨意”。在某种程度上，这是魏忠贤给新天子今后的大政方针划出了一个“框框”，大有“既定方针”的味道。

与前朝皇帝大不一样的是，崇祯对朝政是事必躬亲，认认真真地处理。

对于魏忠贤，崇祯像皇兄天启一样非常器重，该赏赐的照样赏赐，绝不吝啬。至于皇兄天启帝原来准备赐给魏忠贤的匾额，崇祯也照赐不误。所以，人们似乎看不出新天子和魏忠贤之间有什么“不和”的迹象。不过，人们也不免有些怀疑：他们两个人之间果真如此融洽吗？就是新鞍配老马，也还需要一段“磨合期”，更何况是两个活生生的人呢？

最后，就连魏忠贤也感到有点不对劲！九月初一，魏忠贤终于沉不住气了，便来了一个以退为进，假意提出辞去“东厂提督”一职，以试探崇祯的态度。奇怪的是，崇祯非但没有批准，反而好言相劝，命他安心任职。所以，魏忠贤这一招就像打在棉花上，没有发出力来。

当时，崇祯的处境依然非常险恶，因为他孤身入宫，周围全是魏忠贤的党羽，政府各部门也大多是由魏忠贤的死党把持。在这种情况下，崇祯帝连自己的生命安全都成问题，哪还敢贸然出击呢？

不过，崇祯深知魏忠贤的为人，也明白魏阉一日不除，自己就无法亲掌大权，更谈不上什么“中兴大业”。所以，他还得耐心等待机会！崇祯心里非常清楚，新天子即位后，总会有人跳出来，或者是想翻旧案，或者是想投机，讨好新天子，而把矛头指向魏忠贤及其党羽。

在阉党中，第一个倒霉的是兵部尚书崔呈秀。他不仅位高权重，而且手握兵权，一直是魏忠贤最得力的助手。所以，崇祯就把矛头首先指向崔呈秀，利用阉党的内部矛盾，迫使他于十月初辞职。崔呈秀的垮台，既斩断了魏忠贤的一条臂膀，又发出了一个政治信号——魏忠贤快要完蛋了。

于是，许多官员闻风而动，攻击的矛头也开始直指魏忠贤。十月二十六日，嘉兴贡生钱嘉征上疏，公开声讨魏忠贤的“十大罪状”：“并帝、蔑后、弄兵、无君、克剥、无圣、滥爵、滥冒武功、建生祠、通关节”！

自从天启四年（1624年）杨涟弹劾魏忠贤“二十四大罪”以来，还没有人如此公开尖锐地弹劾魏忠贤。所以，魏忠贤非常恐慌，急忙跑到崇祯面前，连呼冤枉，痛哭流涕。虽说“男儿有泪不轻弹”，但魏忠贤是一个太监，可能已经算不上男儿，而且痛哭流涕对他来说也是“家常便饭”，想当初，杨涟上疏弹劾时，魏阉就是用痛哭流涕取得天启的同情和支持，从而反败为胜的。不过，他这一次却是失算了：崇祯似乎根本不相信他的眼泪，反而让人当场宣读钱贡生的奏疏，还要魏忠贤洗耳恭听，魏忠贤当时的心情如何，就不难想象了！

魏忠贤实在是受不了这种“羞辱”，立即称病辞职。在权力场上，“病”真是一个好东西，说有就有，说没有就没有。魏忠贤本来是想以“病”为托词，躲过这个风头，好以退为进。没想到，崇祯竟然来了一个“将计就计”，命他去白虎殿为天启守灵。

这时，魏忠贤就像一个输红了眼的“赌徒”似的，上疏辞去爵位、诰券、田宅。崇祯倒好，也来了一个“得理不饶人”，竟然全部批准，并趁机对朝廷的人事安排进行调整。

这一次，魏忠贤是彻底失算了！或许魏阉自作聪明，想以退为进，伺机东山再起；或许他高估了自己，没想到自己会有那么多对手。无论如何，他走了一步“臭棋”！

现在，魏忠贤既然已经是一条“落水狗”，许多人便赶来痛打。于是，讨伐魏阉的奏章就像雪片一样飞进皇宫，送到崇祯皇帝的龙书案旁。或许，崇祯要的就是这种效果！这也是中国传统政治的特点。

最后，对魏忠贤进行“总清算”的时机成熟了。十一月一日，崇祯公开宣布魏忠贤的罪行：“朕闻去恶务尽，驭世之大权；人臣无将，有位之炯戒。我国家明悬三尺，严惩大憝，典至重也。朕览诸臣屡列逆恶魏忠贤罪状，俱已洞悉。窃思先帝以左右微劳，稍假恩宠，忠贤不报国酬遇，专逞私植党，盗弄国柄，擅作威福，难以枚举，略数其概……”

结果，魏忠贤被发配到凤阳祖陵，客氏被送到浣衣局，他们的家产也全部被查抄。没几天，这一对狗男女就双双自杀，到地下追随天启皇帝去了。

到了崇祯元年（1628年）正月，崇祯又对魏忠贤、客氏、崔呈秀这三位“祸首”加重处罚，虽然他们本人已死，但他们的尸体仍然被处以“凌迟”的极刑。

魏忠贤擅权乱政7年，使本来已趋于没落的王朝更加危急；十八年后，在风起云涌的农民起义打击下，大明王朝彻底灭亡。

◎后人话魏忠贤：“骑在万岁头上的九千岁”及其另一面

自明中期以后，宦官逐渐在中枢决策中取得了独特的权位，其政治作用丝毫不亚于外朝文官，但他们在士人眼中始终都是邪恶势力的代表，是朝政日趋腐败的根源。加之天启年间魏忠贤的倒行逆施，更加败坏了他们的形象。

魏忠贤专权时期，厂卫横行，造成了超过历次宦官专权的恐怖环境，这恐怕也是魏忠贤给后世留下的最深刻印象。魏忠贤本人、他的亲属和党羽，利用一切机会，谋求显赫的地位。像田尔耕加少师兼太子太师，许显纯加太子太保，却是不多见的。魏忠贤的族人中，荫封锦衣卫指挥使的有十七人，他的族孙和姻亲中有多人官至左、右都督及都督同知、佥事等。他的侄子魏良卿地位最高，封宁国公，加太师。另一个侄子魏良栋封东安侯，加太子太保，侄孙魏鹏翼封安平伯，加少师。后两人都还是襁褓中稚子。在名义上，魏忠贤本人除了司礼大监和提督东厂太监职务以外，还进上公，加恩三等。再者有熹宗所赐印鉴，文曰“顾命元臣”。而实际上，他的权势远不止这些。对他本人有九千岁的称呼，对他的雕像行五拜三稽首之礼。最轰动的事件是魏忠贤去涿州进香，“铁骑之拥簇如云，蟒玉之追随耀日，登跸传呼，清尘垫道，人人以为驾幸涿州，及其归也，以舆夫为迟，改驾四马，羽幢青盖，夹护双遮，则已俨然乘舆矣”。凡朝中草疏，李永贞必遣人急速驰白，即百里外，亦一日往返，传达魏忠贤之意，票拟始敢批发。魏忠贤是否有心篡位，这并不重要，而他权势的发展，已经威胁到皇权，这一点就足以决定他的命运了。

魏忠贤这个人，由于他和控制舆论的文官集团的矛盾，他的坏处被无限放大了。其实，魏忠贤在事关国家民族存亡的大事上，还是很讲原则的。

明熹宗临死前曾专门叮嘱崇祯说，魏忠贤“恪谨忠贞，可计大事”。“人之将死，其言也善。”朱由校在生命最后时刻对魏忠贤给予如此高的评价，固然掺杂着个人私情，但最主要的是他认识到了魏忠贤在处理“大事”方面的清醒和果决，尤其是在维护大局、知人善任、赏罚分明的关键问题上，在事关国家、民族生死存亡的政治立场上，所表现出来的深明大义和远见卓识。

平心而论，魏忠贤为巩固个人权势，未免有党同伐异、残忍歹毒的罪恶一面，但从他曾经力排众议、大胆起用辽阳战败后遭受谗言的熊廷弼，不徇私情、果断罢免宁锦一战中畏缩不出的袁崇焕，抛开私怨、违心推荐赵南星、孙承宗等一批能臣直臣等诸多方面，可以看出他还是心系国家、讲求原则的。魏忠贤主政期间，国内形势良好，辽东局势平稳，这层能力、这种魄力、这份功绩，还是应该被认同和肯定的。

崇祯即位的时候，海内难民揭竿四起、关外清兵虎视眈眈，在这种内忧外患的严峻形势下，朝廷迫切需要一位魏忠贤这样富有处理军国大事经验和把握动荡时局能力的“能人”来独当一面，虽然无法扭转国势日衰、积重难返的败亡趋势，但也不至于在短时间内坍塌崩溃。但崇祯为了整饬内政和平息民愤，更是为了报仇雪恨和独掌大权，借着朝廷文武大臣的“倒魏”怒潮，以迅雷之势彻底肃清了以魏忠贤为首的阉党集团。

第十二章

李莲英：清代厚黑第一阉

他在清宫长达53年，是慈禧太后最宠爱的贴身太监，也是清代品阶最高、权势最大、财富最多、任职时间最长的一位大宦官。他对主子的奴才嘴脸和对同类的凶狠残暴，达到了登峰造极的地步。他狐假虎威，有恃无恐，置诸侯于脑后，视军机大臣为等闲，朝中大员及外省督抚，无不对其巴结奉承，仰其鼻息。举凡国政朝纲、清廷要务，无不与闻，无不参与。

◎自阉进宫，受到宠信

顺治十年（1653年），顺治皇帝颁布了一道上谕，对太监做出了“职司之外，不许干涉一事”等六条严厉规定。康熙皇帝说太监不过是“最为下贱，虫蚁一般之人”。雍正皇帝规定“太监品级以四品为限”。乾隆皇帝说，太监是“乡野愚民，至微极贱，得入宫闱，叨赐品秩，已属非分隆恩”。这些圣训列入了皇室的祖宗家法之中，要求子孙后代严格遵守。

然而这些祖制到了晚清，随着慈禧太后和太监李莲英的出现，发生了变化。慈禧太后因李莲英而突破了祖上传下来的规矩，赏李莲英戴二品顶戴花翎，黄马褂，使得李莲英位极人臣，这在整个清朝太监中是独一号的。

李莲英出生在顺天府大城县，今河北大城县臧屯乡李家村人。他的爷爷李老头想给孙子起个响亮点的名字，于是便来到了远处一个算命先生处，奉上自己的礼物后，请求他给孙子起个好名字。算命先生沉思片刻后说道：“就叫英泰吧。”李老头回家后又按当地的人杰地灵的意思给孩子取了个小名，叫灵杰。事实上老李头是李莲英父亲李玉的一个远房叔叔。

7岁的小机灵，每天早晨到学堂把地扫一遍，把老师烟管箩里的烟梗挑出来，晚上下学以后，帮老师烧烧炕，很得老师的喜爱。李灵杰从小就是这种有心计的人。

1854年的秋天，灵杰的腿部长出来一个疮，没几天工夫，整条腿就都肿了起来，疮上不停地向外流脓水。随着脓疮的出现，小灵杰结实的身体很快就垮了下去。随着时间的流逝，灵杰又开始进入昏迷状态，由于家里穷，没有足够的钱请医生，他们只能看在眼里，疼在心里。有一天，母亲曹氏正流着泪在炕边守护着儿子，忽然听到有江湖郎中在吆喝，所以把她请进来一试。这老道给小灵杰英算了一卦，其中的一句偈语是："不入空门入皇门。"小灵杰听后，竟晕乎乎地犹如腾云驾雾一般，忍不住地大叫："我一定要当公公！"

天有不测风云，就在小机灵7岁的这年年根底下，老李头一命呜呼了。而他家那点家产也让近支的侄子们眼红，结果李玉被同宗家族挤出了李家村，也就是李灵杰来北京的原因。

李玉家火红日子被搅散了，家产眼看保不住了，当然是满肚子气。这些摆在李玉和曹氏面前的事，自然要深思熟虑。再要想回到乡里，吐气扬眉，唯一的一条近路是让孩子当太监。小机灵已经8岁了，正是阉割的年岁。

用李莲英自己的话说："父亲只知道怎样挣钱养家，把钱看得非常重，对孩子的感情比较淡薄，只有妈妈对儿子感情特别重。我自动请求净身的时候，妈妈浑身颤抖，唯一的安慰是找一个好的净身师。托人情请出一位河间姓沈的老太监，转求到小刀刘的门下。因为是内宫里的太监出来求情，所以小刀刘的一切挂名、验身的花销都免了。"

小刀刘是御用的净身师，据说是六品顶戴，家传的技术，在后门方砖胡同路北一个四合院住，后院有个地窖作净身房。每个季度要给宫里交纳几十个净好身的孩子，这是他的职业。他做净身这一行的技术，算是最好的了。

也许李灵杰在净了身之后，没有直接到皇宫当差，而成了一位专门做熟皮子工作的硝皮工，被人称为"皮硝李"。李灵杰做这个活实在做得腻了，心想这种活即使做一辈子，也永远没有出头之日。后来他听说宫里要找一名会梳头的太监。李灵杰一听，自己机会来了。自己虽然没有梳过头，但自己整天和皮毛打交道，说起处理毛发的功夫简直是小菜一碟。于是他托老乡——大太监沈兰玉的介绍，由郑亲王端华送进皇宫而当上了一名太监。李灵杰入宫后名叫李进喜，先后在奏事处和东路景仁宫当差，直到同治三年，即公元1864年，他16岁时，才调到长春宫慈禧跟前侍候。14年后，慈禧太后给他起名叫李莲英。

李莲英是个十分聪明乖巧的人，他很明白应该如何摆正主子和奴才之间的关系。李莲英不仅学会了揣摩主子的脾气和爱好，千方百计地讨主子欢喜，还能时时处处谨慎小心。后来李莲英的墓志铭中说他“事上以敬，事下以宽，如是有年，未尝稍懈。”也就是对主子恭敬，对下属宽厚，多少年来不敢松懈，这也算是李莲英成功的秘诀吧！

不过，李莲英最成功的秘诀，还在于他掌握着让慈禧高兴舒心的头上技艺，也就掌握了一套为女人梳理新发型的技术，当时人称“小篦李”。甚至后来朝中大臣弹劾李莲英时，还在奏章里把李莲英称作“小篦李”。李莲英为何会有这种让慈禧舒心高兴的头上技艺呢？

进宫后，李莲英在其同乡、大太监沈兰玉的帮助下，做了“梳头房”的小太监，其职责仅仅是帮助梳头太监准备工具，还轮不到他直接为妃嫔们梳头。

当时慈禧乃是咸丰皇帝的贵妃，既是渴望权力的强人，也是爱美的女人，很喜欢在服饰打扮和发型变化上做文章，常常弄得梳头太监非常紧张。由于经常挨骂，梳头太监们成天唉声叹气。李莲英得知这个情况后，决定抓住机遇出头，便借故告假三天，直奔青楼妓院而去。

青楼妓院是勾引男人厮混的场所，妓女为了引人注目，其打扮和发型，往往别出心裁，这就是李莲英此行的目的。三天之中，李莲英进了多家青楼妓院，偷学了妓女头上的多种发型样式。

回宫后，李莲英天天苦练梳头本领，感到火候已成，便找到为慈禧的梳头太监和同乡沈兰玉，反复恳请他们向慈禧推荐自己。第一次给慈禧梳头的时候，他大着胆子将青楼妓女的发型梳在了慈禧的头上。梳头完毕，慈禧对着镜子反复察看，随后不禁凤颜大悦，脸上乐开了花。就这样，李莲英获得了梳头太监的地位，能够天天接近慈禧，从此迅速发迹。三天的青楼妓院的厮混，成了李莲英人生轨迹的拐点。

实际上李莲英从进宫当太监到坐上太监总管的位子也是经过了几十年的时间。他进宫之初并没有在慈禧太后身边当差，更谈不上替慈禧太后梳头。刚刚进宫的时候，李莲英像其他的小太监一样被安排在奏事处当差。直到同治三年（1864年），李莲英才被调到慈禧居住的长春宫服役。此时，他仍然不过是一个打杂的小太监，连品阶也没有。此时在慈禧面前得宠的还是安德海，根本轮不上李莲英这个小太监。后来安德海因为过于张扬，在南巡替慈禧置办龙衣的时候，被山东巡抚丁宝桢以“违背祖制，擅离京师”的罪名斩于山东。安德海死后的最初几年中李莲英也没有在慈禧面前得宠。

清代最讲究国法礼仪，各种维护封建统治的典章礼仪制度严谨完备，定制极其严明。这从宫廷筵礼仪中可见一斑。清代宫廷不仅对皇帝饮膳、筵宴设立专档，还将重要的筵宴定为制度，如除夕、元旦、端阳、中秋、重阳、冬至等宴列为法定宴日。法定宴日的礼仪极其烦琐。比如乾隆二年除夕，自下午两点开始摆设宴席：乾清宫正中南向坐北摆皇帝金龙大宴桌，左侧面西坐东摆皇后金龙宴桌，下面东西一字排开摆设内廷主位宴桌。西边头桌贵妃，二桌纯妃，三桌海贵人、裕常在；东边二桌林妃，三桌嘉妃、陈贵人。另设陪宴若干桌。三点半左右，乾清宫两廊下奏中和韶乐，乾隆帝御殿升座。乐上，后妃入座，筵宴开始。首先进热膳。先送皇后汤饭一对盒，接着送内廷主位汤饭一盒，各用份位碗。再进奶茶。后妃，太监总管向皇帝进奶茶。皇帝饮后，才送皇后奶茶及内廷主位奶茶。第三进酒馔。总管太监跪进“万岁爷酒”，皇帝饮尽后，就送皇后酒，妃嫔等位酒。最后进果肴。先呈进皇帝，再送皇后、妃嫔等。宴毕，皇帝离座，女乐起，后妃出座跪送皇帝还宫后，才各回住处。礼仪制度无小事。清律还规定，如果“失仪”，最轻者也要罚俸，重的还会降级、丢官甚至判刑。

可见，要想在后宫混得好，仅靠溜须拍马、阿谀奉承是远远不够的，必须要有“真才实学”。李莲英就是宫中不可多得的“人才”。他虽然读书不多，却心思灵巧，并勤于学习，对于后宫礼仪、事务颇为精通，像祭祀大典、皇帝“大婚”等大型活动，宫中物品的陈设位置和礼仪程序，无不烂熟于心。李莲英又善于统筹协调，安排调拨，宫中大事都能完成得很出色。他接任总管后做的第一件大事即为同治帝筹办婚事，通过精心部署，婚礼办得异常壮观，得到了慈禧的夸赞。后来，宫里的太监遇到难题都会向他请教，甚至王公大臣家有什么喜事，特别是慈禧要“临幸”时，往往都请他前来指点礼仪和布置，以讨得慈禧的欢心。

李莲英为人乖巧圆滑，左右逢源，他工于心计，知道如何讨主子的欢心。一次，在慈禧太后看完著名演员杨小楼的戏后，把他召到眼前，指着满桌子的糕点说：“这一些赐给你，带回去吧！”

杨小楼叩头谢恩，他不想要糕点，便壮着胆子说：“叩谢老佛爷，这些贵重之物，奴才不敢领，请……另外恩赐点……”

“要什么？”慈禧心情不错，并未发怒。

杨小楼又叩头说：“老佛爷洪福齐天，不知可否赐个‘字’给奴才。”慈禧听了，一时高兴，便让太监捧来笔墨纸砚。慈禧举笔一挥，就写了一个“福”字。

站在一旁的小王爷，看了慈禧写的字，悄悄地说：“福字是‘礻’字旁，不是‘衣’字旁的呢！”杨小楼一看，这字写错了，若拿回去必遭人议论，岂非是欺君之罪？不拿回去也不好，慈禧太后一怒就要自己的命。要也不是，不要也不是，他急得直冒冷汗。

气氛一下子紧张起来，慈禧太后也觉得挺不好意思，既不想让杨小楼拿去错字，又不好意思再要过来。

旁边的李莲英脑子一动，笑呵呵地说："老佛爷之福，比世上任何人都要多出一‘点’呀！”杨小楼一听，脑筋转过弯来，连忙叩首道："老佛爷福多，这万人之上之福，奴才怎么敢领呢！”慈禧太后正为下不了台而发愁，听这么一说，急忙顺水推舟，笑着说："好吧，隔天再赐你吧。”就这样，李莲英为二人解脱了窘境。

机灵的李莲英很快便受到了慈禧太后的赏识。同治十一年（1872年），李莲英被赏戴六品顶戴。同治十三年，26岁的李莲英又被慈禧太后任命为储秀宫掌案首领大太监。光绪五年，李莲英被慈禧赏戴四品花翎，这已经是清朝祖制规定的赏于太监的最高的品位了。但是，由于李莲英实在是讨慈禧太后的欢心，光绪二十年，又被赏戴了二品顶戴花翎。虽说这只是一种荣誉的象征，但这是太监中从未有过的。雍正皇帝规定太监品级以四品为限，慈禧却为李莲英突破了祖上传下来的规矩。李莲英就这样成为慈禧太后面前的大红人。

◎权力日盛，肆意妄为

李莲英在慈禧身边走红之后，并没有像前一任权监安德海那么得志便猖狂。他还是像以前做小太监时候一样在主子面前老老实实做人。无论是对宫外的王公大臣，还是对宫里的宫女太监。李莲英总是拿出一幅宽以待人的样子。李莲英的这些做法也为他在宫里宫外赢得了不错的口碑，慈禧太后也更加喜欢他。

从安德海那里，李莲英多少吸取了一些教训。他不像安德海那样张扬，而是注重放长线钓大鱼，在讨得慈禧欢心的同时，也兼顾到周围；在为高升而处心积虑的同时，也想办法为自己留一条后路。为此，他使出浑身解数，真正做到了左右逢源、八面玲珑，成为宫中不可多得的“人才”。

同治帝驾崩后，在立嗣一事上，为垂帘听政，慈禧太后与孝哲皇后发生正面冲突。西太后为此气愤不已。善于察言观色的李莲英洞察了慈禧欲废后的心思，于是便借刀杀人，成为慈禧除去一位政治劲敌的帮凶。

咸丰帝晚年，对户部尚书肃顺非常器重。有一次，咸丰帝向肃顺谈起懿贵妃有可能在自己死后母以子贵，专权用事。两人计议应当早除去懿贵妃。这样惊人的谈话内容被李莲英听到了，他连夜从皇宫中的狗洞子里爬出去，到懿贵妃的妹夫醇亲王家报信。几经周折后，懿贵妃终于安然无恙。从此懿贵妃把李莲英视为心腹。在除掉肃顺等顾命八大臣，夺取政权的惊心动魄过程中，李莲英是直接向北京与恭亲王进行接洽并把西太后的密诏交给恭亲王之人。消灭肃顺等政敌后，慈禧太后开始了垂帘听政的过程。

李莲英非常善于揣摩慈禧太后的心思，挖空心思地投其所好。慈禧太后也习惯于听从李莲英安排起居，甚至包括对声色的喜好。如李莲英在宫中设置暗房，让年少守寡，又不安于现状的慈禧太后取乐。一刻也离不开李莲英的慈禧太后，在安德海被杀后把内廷大总管职务转赐李莲英，并打破了清制宦官最高四品官职的限制，亲赐李莲英二品顶戴，其受宠程度可以想见。

李莲英为讨好慈禧太后而不惜做出许多可笑的行径。如慈禧太后偶尔到李莲英的值班房小坐，李莲英把慈禧太后曾坐过的椅子用黄缎包上，不让他人再坐，以至于十把椅子有八把包上了黄缎。慈禧太后六十大寿时，李莲英费尽心机地训练好了十余笼鸟，在放生时再飞回笼中，说皇太后的浩荡皇恩感动得鸟儿都不忍离开。他还把一百桶鲤鱼饿了三天，然后把食物放在湖边石阶下。当这些鱼被放回湖里时，鱼儿赶紧觅食，整齐地排在湖边。李莲英称这是鱼儿感念太后的恩德，不想游走。心花怒放的慈禧太后当场把脖子上的大明珠赏赐给李莲英。

同治十三年（1874 年）十二月初五，同治帝崩于皇宫养心殿。由于同治帝经常去妓院寻花问柳，使他染上了花柳病，医治无效身亡。同治之死，慈禧将责任栽到皇后头上。皇后阿鲁特氏见同治皇帝死，大恸大悲，不思饮食，吞金自杀，获救得生。皇后之父崇绮，奏告慈禧皇太后。皇太后回答："可随大行皇帝去吧！"皇帝死了，尚未入葬，称大行皇帝，就是说可以随夫殉死。崇绮将此话告诉女儿。而且慈禧不为同治立嗣，却让同治堂弟兼姨表弟载湉继承皇位，实际上是不为皇后留余地。皇后只有自尽一条路可走。光绪元年（1875 年）二月，同治帝死后 75 天，皇后阿鲁特氏"遽尔崩逝"，年二十二。野史或谓：皇后阿鲁特氏怀孕，慈禧恐其生男孩，将来继承大统，自己不能垂帘听政，故逼其死。

软弱的同治皇帝病危时，曾希望立一个年龄稍大的皇帝，防止其重蹈自己的覆辙。大权在握的慈禧太后撕毁了同治帝的遗诏，立其妹夫醇亲王 4 岁的儿子即位，是为光绪帝。开始了自己新一轮的垂帘听政。对于光绪帝的傀儡地位，李莲英是深知的。他倚仗着慈禧太后的宠信，把光绪帝也不放在眼里。常在慈禧太后面前说光绪最宠爱的珍妃的坏话，终使慈禧太后在八国联军入侵后西逃的前夕，恶毒地把珍妃推入井中。

李莲英还帮助慈禧太后除掉了潜在威胁。东太后慈安为人宽厚、威信颇高。咸丰帝曾给其一道密旨：一旦慈禧太后恃子不法，就用家法对她进行处治。李莲英探得这个秘密后，向慈禧太后献出了“割肉疗亲”的计谋。当慈安太后生病时，西太后把用上好的千年老参和其他补药做成的所谓的“人参臂肉汤”端给东太后，并用白布包着臂膀。善良的东太后信以为真，当场把咸丰的密旨烧掉。有恃无恐的慈禧太后遂与李莲英密谋，在东太后饭中下毒，毒死了东太后。

1886年四月，北洋海军建设初具规模，李鸿章奏请朝廷派员前来检视阅兵，慈禧拟派醇亲王奕譞。作为光绪的生父，城府很深的奕譞生怕慈禧猜忌他擅权，便主动要求让慈禧身边的红人李莲英陪同前去，以表示自己没有二心。慈禧也想趁机让李莲英出去见见世面，于是奕譞便作为朝廷正使、李莲英作为副使，前去视察北洋海军。太监作为朝廷钦差大臣外出视察，在清代历史上还是第一次。为了堵住悠悠众口，李莲英出发前特意把慈禧破格赏赐的二品顶戴换成四品顶戴（按理太监最高只能获得四品顶戴）。一路上，李莲英也丝毫不摆钦差大臣的架子，而是每天穿着朴实，拿着一支旱烟袋跟在奕譞的后面，随时装烟、递烟好生伺候，就连晚上洗脚，都亲自给奕譞打热水。李莲英牢记安德海的教训，回到住处则关门闭户不见一个访客，这让想要巴结他的地方官员大失所望。检阅的时候，李莲英也是刻意和奕譞、李鸿章保持距离，他拿着奕譞的大烟袋，低眉敛目，远远地跟着，让人误以为他是给奕譞站班伺候的。这次出差，李莲英给慈禧挣足了面子，慈禧后来喜滋滋地说：“总算没白疼他。”

李莲英为讨好慈禧，无所不用其极。但是在保住自己地位的同时，也乘机大发横财。京外大员进奉，必经李莲英之手，即地方进贡物品，须先由他呈明太后过目，这就给这个贪鄙成性的阉官开了一道发财的方便之门。

刚毅在广东巡抚任上时，为求职升迁，便乘入京为慈禧祝寿之机，献各国大小金银钱于李莲英，计千余元，无一雷同，大得李莲英欢心，遂为太后宠信，爬上朝廷枢臣高位。李莲英陪太后西行途中，华阴县令所进最多，李莲英便在慈禧面前为他说一句好话，便使该县令擢为知州。河南知府文悌，孝敬李莲英一万两银子，李对他刮目相看，他可以手拿烟袋在李莲英屋内随意出入，后亦得擢升。李西逃一到西安，就大搞“市官”，仅一次把陕西的秋隘道道员的官位卖给姓施的浙江人，就获一万两白银。袁世凯为获高官，巨款行贿李莲英，李将20万两银子装入私囊，然后在慈禧前面美言几句使袁得顺利封官。袁后来得去天津小站练兵，就是李莲英推荐而经慈禧批准的。李鸿章垂涎两广总督遗缺，便以大笔白银及珍宝古玩贿赂李莲英，结果如愿以偿。盛宣怀在天津海关道任上因贪污被人弹劾，他辇巨金致李莲英求解，结果不但没有下台，反而得插手铁路、遥控汉冶萍煤矿，把持轮船、电报、纺织及银行业务，成为近代经济史上举足轻重之人。

相反，对于那些敢于藐视自己、拒绝奉承巴结行贿的人，李莲英就寻机报复。户部侍郎张荫桓赴英国贺英女王六十大寿回国，买一红宝石进献光绪帝，一祖母绿宝石给慈禧，就价值而论，绿贵于红。但由于张没有送礼给李莲英，所以当慈禧赏玩绿宝石时，李不阴不阳地挑唆说：“难为他分得如此明白，难道说咱们这边就不配用红的吗？”按清习俗，妻妾嫡庶衣饰区别极严，正妻方可披红裙，而妾媵则只能着绿色衣饰。慈禧本来就常为自己是“西宫”耿耿于怀，李之挑唆，引发其妒忌之心，不禁勃然大怒，当即命人将绿宝石退还给张，不久又借口户部存粮亏空事把张荫桓谪发新疆，后来又杀张于新疆戍所。

李莲英通过收受贿赂聚敛的钱财是惊人的，仅在老家河北大城县就有36顷田产，家有白银300余万两。

◎朝臣抨击，暴病而亡

光绪十四年（1888年），18岁的光绪帝载湉已经是一位风度翩翩的青年了。顺治帝14岁大婚，雍正帝成婚不晚于14岁，嘉庆帝和同治帝均为17岁成婚。慈禧对以前清帝的成婚年龄是非常清楚的，那为什么光绪帝到18岁了还不给他成婚呢？其原因是显而易见的。光绪帝一旦成婚就意味着成年，成年了就要亲政，自己就得“归政”交权。这对嗜权如命的慈禧来说，比失去什么都难受。精力旺盛、权力欲极强的慈禧不甘心就此隐居幕后，退出政治舞台，她要为自己提前做好安排，以便即使光绪亲政，自己也还能实际操纵大清朝的政权。李莲英进言说慈禧的弟弟、副都统袭承恩公桂祥的小女儿很合适。慈禧认为那个姑娘长得丑，怕皇帝看不上，李莲英却认为，皇帝对慈禧言听计从，只要慈禧同意，皇帝必定得听从。慈禧认为李莲英说得对，于是开始为皇帝谋划这一亲事。

慈禧欲将自己的侄女立为皇后与推迟光绪帝的婚期的目的是一样的，都是为了一个“权”字。首先，亲上加亲，可以使光绪帝更加俯首帖耳地听自己摆布。其二，将自己的侄女立为皇后，常伴在光绪帝的身边，等于是在光绪帝身边安置了一个最忠实可靠的耳目和密探。这样，光绪帝的一举一动、一言一行都在慈禧的掌握之中。特别是在慈禧归政、长期居住颐和园以后，这一安排显得尤为重要和必要。

光绪帝掌政后，仍然必须听从慈禧的安排。

光绪帝慢慢长大以后，希望掌握实权，并力主变法强国。他大胆启用康有为、梁启超等维新志士，模仿西方，在全国实行变法维新。他的这一举措，触动了以慈禧太后为首的保守派的利益，慈禧太后与光绪帝的矛盾日益升级。最后，慈禧太后发动了戊戌政变，囚禁了光绪帝，并将珍妃打入了冷宫。这次政变虽然是帝后两党长期的权力斗争所导致的必然结果，但李莲英经常在慈禧身边搬弄是非，使慈禧太后与光绪帝关系进一步恶化也是其中因素。

此时，慈禧与李莲英几十年形成的感情已非同一般。几十年来，慈禧身边的奴婢换了一茬又一茬，善解人意的，除了安德海就只有李莲英了。晚清太监刘兴桥等人回忆说，慈禧与李莲英之间的感情十分深厚，能化解慈禧的烦恼并最会服侍她的只有李莲英。

每天三顿饭，早晚起居，他俩都互派太监或当面问候……在西苑、颐和园居住的时候，慈禧太后还经常来找李莲英："莲英啊！咱们遛弯去呀！"慈禧太后有时还把李莲英召到她的寝宫，谈些黄老长生之术，两人常常谈到深夜。

实际上，李莲英实际上成为晚年慈禧生活中一刻也不能离开的"伴"。

慈禧对李莲英的宠信与日俱增，确实引起朝野的议论和不安。他们纷纷上书，希望慈禧限制李莲英的发展，但慈禧不为所动。

李莲英第一次遭到朝臣抨击是在光绪十二年（1886年）。北洋大臣李鸿章奏请钦派大臣校阅北洋海军。慈禧太后派总理海军大臣醇亲王奕譞亲往巡阅，由于奕譞是光绪皇帝的生父，身份尊贵，因此加派太监、御医随行，"以时调护"。奕譞主动要求太后派李莲英随行，以表明心迹。检阅水师进行得很顺利，唯因太监李莲英随行，在朝廷掀起了一阵旋风。按照清朝的制度，太监随同亲王阅兵，并无先例。监察御史朱一新上折谏曰："今夏巡阅海军。太监李莲英随至天津，道路哗传，士庶骇谔，意深宫或别有不得已苦衷，匪外庭所能喻。然宗藩至戚，阅军大典，而令刑余之辈厕乎其间，其将何以诘戎兵崇体制？"朱一新可是为了维护朝廷尊严而说的话，揣测朝廷让李莲英参加校阅海军是有苦衷的，但从国家威严出发这绝对有辱国家海军的尊严。慈禧看了奏折极为不满，她颁懿旨亲自为李莲英辩解，斥责朱一新是"危词耸听""附会不经"，大骂他"书生迂拘""才识执谬"把他降为主事。

光绪二十年，北洋海军在甲午战争中吃了大败仗，全国舆论一片哗然。人们不敢直接批评慈禧，就把矛头指向北洋大臣、直隶总督李鸿章，同时捎上了李莲英。

陕西道监察御史恩溥、福建道监察御史安维峻、吏科给事中褚成博等人纷纷上折，指责北洋海军将领贻误军机，并与总管太监李莲英暗中来往，相互包庇。其中，安维峻奏折中有"和议出自皇太后，李莲英实左右之"，说对日本的决策看起来是皇太后决定的，实际已被李莲英左右了。这句话成为人们抨击李莲英干预朝政的一大证据。

实际上，安维峻本意是要求慈禧不要再事事牵制皇帝，并应严惩李鸿章。奏折中尽管涉及李莲英，但只不过是用来做铺垫陪衬而已。

慈禧异常震怒，以皇帝的名义发上谕说，天下事都要听皇太后的。随后，安维峻以"离间"皇太后与皇帝的罪名，被革职充军。

朝臣们对李莲英的抨击都没有结果，主要是因为攻击都是仅凭道听途说，拿不出真凭实据。

说李莲英干预政事虽然证据不足，但他贪财却是千真万确的。1900年，八国联军打入北京，慈禧率光绪及百官出逃，吴永在随驾西行途中任粮台会办，掌握钱粮大权。他回忆，到山西后，太后的排场越来越大，一切费用都要地方承担，太监们则趁机勒索钱财。

像首领太监以及有点权力的小太监，都需要几两或十几两银子打发。但总管太监就不同了，没有个一百两左右是绝对不行的。

不仅如此，李莲英等还千方百计敲诈勒索朝中办事官员。江宁织造是内务府设在南京的机构，负责办理绸缎服装并采买各种御用物品。江宁织造每次织办服装衣料时，都要向宫中太监请示并领回画样，按图制作，这便是李莲英一伙太监索要钱财的机会。

光绪十二年八月初三，江宁织造驻京人员来煜在给江宁织造广厚的信中说，李莲英借他们拿图样勒索白银120两。来煜在信中说，要是别人还能用好言好语去磨，唯有这位李总管不好对付。

以慈禧的精明老练，她不可能不知道身边太监有些胡作非为，但只要他们不干预政事，把她自己侍候得舒舒服服，太监们贪点钱财在她眼里根本算不了什么。

慈禧与光绪不和，深受慈禧宠爱的李莲英如何在两人之间相处呢?两面讨好、八面玲珑的做法，是他始终立于不败之地和自我保全的策略。

光绪二十六年，八国联军攻打京师。当年七月二十一日天未明，慈禧太后率皇上等空身离开宁寿宫，出神武门，有车数辆，太后、皇上、后妃、大阿哥等皆乘车，各妈妈女子等也乘车，太监等总管首领也有车有马，其余太监步行。出德胜门后不善步行的太监，逃去者甚多。到了颐和园仁寿殿，只剩下三十余名。太后对大众哭道。“谁是我母子的亲人哪？你们就是我们母子的亲人！皇上，你还不给谙达行个礼！（谙达，即满语皇上老师的意思）。”光绪即将行礼，李莲英急忙抱住，大众哭声震天。

次日李莲英看见皇上抖身寒战，近前视之说：“万岁爷冷吧！”光绪说：“出宫时，仅穿一布衫，如何不冷。”李莲英急忙将身上的绸棉袄脱下，跪而进上说：“不嫌奴才脏，请穿上。”说罢泪珠满面。

光绪说："谙达你呢？"李莲英说："奴才冻死一万个有何可惜！"光绪在一路之上，一切都由李莲英伺候。皇上能够安然抵达太原皆是李莲英的保护。

及至太原，听说庆亲王、李鸿章和留守大臣与外使议和，外使均主张以光绪皇帝为主体，因此，光绪皇帝骤然有了权威。

光绪在太后面前很是幼态，常告妃嫔的状。他说："皇爸爸，他们欺负我。"太后说："谁敢欺负皇上。"光绪指后妃和溥隽说："她、她、他。"太后说："这还得了。"话音未落，帝已拳击溥隽两下，转打皇后和瑾妃。皇太后急忙制止说："皇帝别伤你手腕，我替你出气。"于是，命太监掌刑，后妃、溥儁各责打二十竹竿。从此太后皇上母子慈孝复旧。

西巡回銮之后，光绪对李莲英不忍忘其旧情，每至太后宫，必与李莲英闲谈，意极亲切。

及至光绪三十四年十月二十日之前夕，光绪病重，李莲英暗里告诉皇后说："万岁爷病已沉重，皇后何不去瀛台看视。"皇后说："没有太后的旨意怎么敢去呢。"李莲英说："老佛爷也病重，这是非常时候。"皇后因此到了瀛台，太监回话："皇后驾到。"当时光绪病在床上，首领太监领进，光绪与皇后相见，涕泪交流。皇上命太监回避，有密旨两道：一杀袁世凯，二是特殊待遇李莲英。

戊戌变法后，李莲英出言谨慎，没有鲜明地表态站在慈禧一边，慈禧从此在感情上对他有些疏远。西逃回到北京后，李莲英认为自己这一辈子侍候皇家还是尽职尽责的，可以考虑退休了。

光绪三十四年（1908 年）十月二十二日，慈禧死于北京西苑的仪鸾殿。主心骨没了，李莲英顿生离去之意。慈禧丧期不满百日时，"及太上孝钦显皇后升遐，公之退志决矣"。宣统元年（1909 年）二月初二，他提出要离开了生活五十多年的皇宫，当时内宫主政的隆裕太后，准其“原品休致”，享受在当差时的待遇，这个待遇在太监中是绝无仅有的。

李莲英出宫两年后，于宣统三年（1911 年）二月初四病死在自己的北京寓所，时年 64 岁。隆裕太后下令赐银千两，赏埋京西恩济庄太监茔地一个独立的院落里，他的坟墓前面有石柱桥及牌坊，牌坊横眉上书“钦赐李大总管之墓”，院内东西侧各有亭子一座。其墓顶用三合土建筑，墓碑是用汉白玉制成。这种丧葬规格在清宫太监中又是最高的。

◎后人话李莲英：亦正亦邪，陪伴女主一生

作为一个太监，李莲英的皇室奴仆身份和千百个太监一样，他们一样有着苦难、屈辱的童年，有着残缺的身体和残缺的生活，享受不到家庭和亲情的温暖。不同的是，李莲英由于得到慈禧太后的赏识和宠信，在慈禧太后的庇荫下，他的后半生发生了奇迹般的变化，得到了宫内前所未有的权力和地位，金钱财富任其享用一生。

纵观李莲英的一生，他的后宫生涯游刃有余，得到善终。秘诀无外乎奉迎、谨慎两点。奉迎让他飞黄腾达；谨慎让他长保富贵。可以说他的太监“事业”是成功的。但由于他的名字一直和慈禧太后紧密捆绑在一起，在人们印象里他俩自然是一丘之貉，都是中国近代史上臭名昭著的人物，这顶帽子甭想摘掉。

曾经有人这样评价李莲英，说他是“有清以来太监中官品最高、权威最大、财富最多、任职时间最长的权监”。作为一位如此著名的

大太监。李莲英也给我们后人留下了许多疑案。

后人读史，常被历史的尘埃困扰。李莲英留给人们一般的印象，不外是“坏蛋”一个。然本文让我们看到了另一个李莲英。

李莲是清朝著名的宦官。自 8 岁入宫到 61 岁离宫，共 53 年，几乎伴随了慈禧的一生，参与了辛酉政变、戊戌政变等与慈禧有关的许多重大政治事件。因为慈禧的臭名昭著，加上自身存在敛财等许多问题，李莲英几乎被定格在历史的耻辱柱上。本着读史明智，不因人废言的态度，细细考察他实际掌管清廷后宫长达 30 年的历史岁月，也不乏可圈可点、可资借鉴之处。

李莲英对他服侍的主子慈禧太后，忠心耿耿，细心周全，真正做到了患难与共。《晚清宫廷生活见闻》记载：每天三顿饭，早晚起居，李莲英都会派太监或当面向慈禧问候。患难之时最能见真情！八国联军侵入北京，在仓皇“西狩”的路上，李莲英对慈禧更是“呵护”备至。一次暴雨过后，路面极滑，在慈禧的骡车即将翻入深山之际，李莲英挺身而出，用身体拦住了下滑的骡车，不顾生命危险使慈禧脱险，而且在身受重伤的情况下，仍不忘询问慈禧的安危。人非草木，孰能无情？面对这样的服务，慈禧怎能不感动？

实际上，不仅对于慈禧，就是对与慈禧不和的光绪，李莲英也尽到了“奴才”的本分，还算厚道。参与过维新变法的晚清文人王照曾经写过这样一首诗：“炎凉世态不堪论，蔑主惟知太后尊。丙夜垂裳恭待旦，膝前呜咽老黄门。”诗中讲述了这样一个故事：慈禧和光绪西逃回京途中，走到保定住下。李莲英伺候慈禧睡下后，来到光绪的住处探望，发现里面居然一个太监都没有，只有光绪一个人对着油灯枯坐，一问才知道原来是因为没有铺盖，在隆冬季节无法睡觉。李莲英慌忙跪下抱着光绪的腿痛哭道：“奴才们真是罪该万死！”随后便赶紧把自己的被褥抱来让光绪使用。光绪从小就因为受到他的看护而夸他“忠心事主”，这次回到北京以后，回忆西逃的苦楚，更是经常念叨：“若没有李谙答，我恐怕活不到今日。”光绪的最后十年，经常被慈禧为难，李莲英不但没有落井下石，还尽可能地给他照顾，相比其他趋炎附势的太监来说，真是云泥之别。不过也有人说李莲英两面讨好，若是讨好能做到这一步，也足以令人翘大拇指了。

历史上，包括赵高、魏忠贤在内曾经不可一世的宦官，几乎没有善终的。其中一个重要原因，就是不能与外官和谐相处，要么结党营私、干预政事，要么仗势欺人、张扬跋扈，触犯了外官的心理底线。安德海就是李莲英的前车之鉴。

作为李莲英之前最受慈禧宠爱、信任的太监，安德海为人嚣张，弄权纳贿，做事不留余地，结果自取其咎。同治八年，安德海一路招摇地去南方置办宫中用品，走到山东被巡抚丁宝桢拿获，以“宦竖私出，非制。且大臣未闻有命，必诈无疑”。拘捕上奏，随即处死。生米煮成熟饭，慈禧对此也无可奈何，只能怪安德海过于狂妄了。安德海之死对李莲英震动很大。他充分吸取教训，深刻认识到如何摆正主子和奴才、外官和宦官之间的关系，做到了敛财而不干政，营私而不结党，并且时时谨慎，处处低调。后来的史实也证明了这一点。

光绪三十四年（1908 年），慈禧死于北京西苑的仪鸾殿。李莲英办理完慈禧的丧事后，于宣统元年离开了生活 53 年的皇宫。

李莲英，一个普通家庭的孩子，自阉入宫后，凭着自己的机警与勤奋，从一个梳头太监成长为一个一人之下、万人之上的太监总管，参与了与西太后有关的几次重要政治事件，是中国历史上有名的太监。

总结来看，李莲英的服务受到了清廷的高度认可，当时内宫主政的隆裕太后，特准其“原品休致”。李莲英死时，清廷还出一千两白银为他在北京恩济庄的太监墓地修造了一座豪华坟墓。一个太监做到这一步，夫复何求？

第十三章

小德张：皇后的主心骨

他幼年家贫，遭人耻笑，愤而自宫做了太监。小德张入宫之后，左右逢迎，依靠隆裕太后对自己的宠爱，逐渐从一个低级的小太监做到了太监总管的位子，成为继李莲英之后的又一个清宫权宦。

◎自宫入皇门，慈禧赐名号

光绪二年（1876年）十月十一日，小德张出生在今天的天津静海吕官屯一个穷苦人家。他的父亲以打鱼为生，有时也给财主当雇工，母亲是一般的农村妇女。小德张在家中排行老二，胸无文墨的父亲请人为他取名张祥瑞。

张祥瑞12岁时，即光绪十四年，正逢天下大旱，家无隔夜之粮，饥寒交迫。这年正月初二，张祥瑞冒着凛冽的寒风，穿着褴褛，随哥哥张月峰同到财主姑奶奶家拜年。在他姑奶奶家的院子里，停着辆大套车很讲究，张祥瑞便夸这套车真漂亮。这时，他表兄弟王思勉（小名大杏）挖苦张祥瑞说："走开！你们家一辈子也置不起这大套车。"表兄弟的傲慢气焰刺伤了张祥瑞的自尊心，他一怒之下，愤然离去。

到家后，张祥瑞便把在姑奶奶家里受人奚落的遭遇讲给他母亲听。他知道，人家之所以瞧不起他，是因为他太穷。他仰头问自己的母亲，怎样才能发财致富，不受别人的歧视。张祥瑞的母亲伤感地说：穷人家想发财也只能干皇差，当"公公"。公公即民间对太监的称呼，然后又把怎样阉割才能当"公公"的过程，简单地讲述了一番。说者无心，听者有意。经母亲这么一说，张祥瑞真的动了心，也是母亲这句话，让张祥瑞永远放弃了当男人的资格和条件。在这样的冲动和强烈的发财欲望的驱使下，张祥瑞一夜没有睡，翻来覆去地想，一定要发财，一定要发大财！一定要盖过姑奶奶家去，比他们强十倍、强一百倍，绝不能让他们狗眼看人低！可是一想，怎么发财呢？想来想去，只有一条路可走，就像母亲说的那样，像李莲英似的，把"老公"割去，成为太监，伺候皇上、娘娘、太后去，就能发财啦！想来想去，只有走这条路能发财。主意已定，他再也睡不着，偷偷地下了炕，摸了挂在墙上割草的镰刀，找块磨镰石磨了磨，就进了牲口棚，自己动手“净身”。顿时伤口血流如注，疼得昏死过去。张祥瑞的母亲发现后，悲痛欲绝，后悔莫及，赶快用香灰急救，张祥瑞就这样昏迷了6天，才醒转过来，留下了一条性命。

张祥瑞告别了家乡和亲人，怀着强烈而又美好的发财愿望来到了北京城。他没有立刻进入宫廷，在一个裕姓的旗人家里当用人，等待着进宫的时机，后又认裕家的男女主人为干爹、干妈，他利用这种关系让裕家人四处托人、花钱为张祥瑞找门路，争取早日让他达到目的。光绪七年（1891年），张祥瑞的干爹终于花50两白银为他买下了一个宫号。这一年，宫内死了一个老太监，空出一个宫号，张祥瑞这才进入了宫中。这一年他虚岁16岁。

入宫后改名叫张兰德。在他等待的三年间，他尝尽了人间冷暖，心底更加坚定，此番进宫，一定要出人头地，发大财，买下一百辆一千辆华丽漂亮的大车，也让那些曾经耻笑过自己的人看看。

虽然入宫当了太监，但是事情不像张兰德这个没有见过世面的小孩子想得那么简单，刚开始并不是每个太监都有机会侍候皇帝、太后的。他们要被分配到各个“部门”，“拜师学艺”。像总管太监、各宫的首领太监和各处、房、所的总监这一类人，徒弟们拜师父，学规矩礼法，而当师父的呢？一方面把徒弟当成仆役，一个师父如果能有几个“出息”了的徒弟，不但有面子，还有实际好处。那么，拜了师父学什么呢？它既没有书，也没文字条例规定，只是靠师父的随时指点，比如叩头、请安就有多少种礼法，对什么人，什么时候，怎样跪拜，都有一定的形式，错一点儿也不行；梳头、端茶、送水、摆膳，服侍上边穿衣服、传事、回话……都有一定的做法，光会这些还不行，还必须学会看上边的眼色行事，能摸出主子的心情，投其所好，那才叫有“出息”呢！还有在宫里讲话，有不少的忌讳，忌讳的话是绝不许上口的。比如，慈禧太后是属羊的，对羊肉不能说羊肉，只能说成“寿肉”或“福肉”。才到宫里的童监，师父就是自己的主人，把师父服侍好就是自己的第一任务。早晨天不亮就得起来，给师父准备漱口水、洗脸水，到起床的钟点了，要轻轻地走到师父炕边，轻轻地叫醒他，服侍他穿衣服，每日三餐都由徒弟送到师父面前，等到师父吃饱以后，自己再吃那剩下的饭菜，一些身体不好的童监，常常因此而得病死去。到了夜里，要等师父睡下以后，自己才敢休息，而且还要睡得机灵一些，师父什么时候呼唤，就要立刻应声，否则就要受到责骂。别看童监这么辛苦，可是俸银却拿得最少。

张兰德入宫后，拜一个叫哈哈李的太监为师，在茶房当小伙计。这个“哈哈李”性格乖戾，欺上压下，刚愎自用，以打小伙计狠出名。张兰德也不例外，所挨之打不计其数。进宫一个多月，张兰德便明白了，这茶坊不要说见皇上，连太后、皇后、太妃、贵妃，甚至连出头露面的总管太监也见不到，能见到的顶大的也就是个首领太监——哈哈李了。张兰德想，这下子算完了，我本打算进宫伺候皇上，发财的，如今在茶坊这个鬼地方，工作这么辛苦，俸禄又这么少，整天还受这个“哈哈李”的虐待。张兰德进宫一年，在茶坊里侍候哈哈李一年，也挨打挨了一年。身上青一块、紫一块的不说，头上的疙瘩是大疙瘩旁边有中疙瘩，中疙瘩旁边有小疙瘩，大疙瘩上头还有小疙瘩，一句话，就是疙瘩上摞疙瘩，疙瘩空里挤疙瘩，旧疙瘩没下去，新疙瘩又长起来。张兰德暗下决心，绝不能就这样下去，自己的发财梦不能就这样结束，与其在这里被人活活打死，还不如奋力一搏。一定要走出茶房这个鬼地方。于是他想出一个办法，和哈哈李装疯卖傻，只要见到哈哈李就一会儿哭、一会儿笑，或者对着哈哈李胡说八道，哈哈李以为张兰德精神上出了问题，他害怕这个疯子给他闯下大祸，便想出了一个鬼主意，他想到升平署是宫里边太监当差最苦最累的地方，就把张兰德调到升平署学戏。

升平署，始于康熙年间。南府隶属内务府，曾收罗民间艺人，教习年轻太监和艺人子弟以为宫廷应承演出。乾隆十六年（1751 年），选征苏州籍艺人进宫当差，命名为外学，令住景山，仍属南府管辖。原习艺太监命名为内学。内外学的人数都在 1000 人以上，所唱为昆腔、弋腔。宫内演戏，先由升平署缮写进呈皇太后，皇帝阅览的“安殿戏单”上列演出地点、日期、开戏时间、剧目及主要演员。道光七年（1827 年），将外学撤销，艺人俱回原籍。又将十番学并入中和乐内，增设档案房，改南府为升平署，仍主持宫内演出事务。嗣后又兼管召选宫外艺人进宫当差演戏或充作教习的事务，直到宣统三年（1911 年），历时 162 年。

升平署这个名字虽然是乾隆赐的，可是下边人嫌它叫起来不明快，干脆叫它为“南府戏班”。这个名字一叫开，把“升平署”的名称倒盖过去了，除了王公大臣届时对慈禧或光绪称它为“升平署”以外，下边人都叫它为“南府戏班”了。正是因为这个戏班是专为最高统治者们观看的，所以比外边的戏班要求更为严格，表演上不但要高水平，而且不能有半点儿差错。这个戏班在以前是专为皇上们演出的，可是到了同治、光绪年间，就不过是个名义了，实际上是专为慈禧太后演出了。张兰德机灵乖巧，他白天当差外，晚间就积极地练功。初进戏班时，张兰德还不能演主角，但他还是抽时间积极练功，这样苦练了三年，学会了武小生的全套跟斗。很快就从一个当下手，跑龙套的小角色，变成戏班的主角武生。由于他做戏认真，加上他的扮相英俊，张兰德很快就得到了慈禧太后的赞赏，被赐名为“小德张”。光绪二十四年(1898年)小德张22岁时，被慈禧太后提升为后宫太监回事，开始有了出头之日。

◎为讨慈禧欢心使出浑身解数

初入戏班时，小德张给大伙儿当个下手，跑龙套，也学一些武功的套子活等基本功，没出半年，就会翻跟头了，也能凑合着配戏。就在小德张初次登台演出时，他就抓住了一个千载难逢的好机会，并由此改变了自己的命运。这一天，慈禧太后要看《盗仙草》，小德张出演鹿童——一个跑龙套的角色，虽然只是一个小角色，但由于是他第一次正式登台为“老佛爷”演出，难免有些兴奋。但他很快控制住自己的情绪，集中精力准备演好这一跑龙套的角色。此时，饰白蛇的小太监踩着跷打出手的时候，他一脚将一个长枪踢飞，长枪直奔台下飞去，眼看一场横祸就要发生，在场的所有太监戏子都惊呆了。这时，小德张饰演的鹿童一个跟头翻过去，用两只脚把枪给挑起来了。一场虚惊过去，谁也不曾想到小德张有这种化险为夷的本事。慈禧太后看到后，大为喜欢，并夸奖差当得好，赏了全班500两银子。因为小德张不是正式应工武生，大伙儿平时也不注意，可是今天他给圆了场。下了场全把小德张围上说：“没有你这一招，全得开锅了！”这出戏是外请教师杨隆寿教的，他比谁都喜欢。当时，他就和管戏班的说：“小德张是一个演戏的好材料，让他学武生和小生吧。”这意味着小德张从此以后再也不用默默无闻地跑龙套、演配角了。

小德张跑龙套受到了太后老佛爷的夸奖，初步尝到了甜头，这给他莫大的鼓舞，他向上爬的心劲更足了，一心想出人头地的心更铁了，练习功夫的劲头也就更大了，除了披星戴月地练武功以外，还起大早吊嗓子，因为要演好袍带武生戏，光靠武功是不行的，这仅仅是一步，还得要有一副好嗓子。他入戏班晚，有不好的一面，也有好的一面，就是嗓子倒仓过去了。演武生戏，身子僵硬、跟头不利索、落脚沉重，把台板踏得咚咚山响、亮相不美、动作不灵都不行。就是这些功夫都具备了，还得有清亮高亢的嗓音，咬字要清、要准，唱调要圆、要润，这些都是武生必备的素质和条件。演净角或者演老生，那是走场面端架子唱的，气好调，气息也匀，唱出来容易字正音圆。而武生则不同了，有不少戏是在打了之后唱，或者是边打边唱的，这难度就大多了。张兰德是从实践中体会到这一点的。不下苦功夫是不成的。小德张除白天当差外，夜间练私功。每天只睡三个小时，就这样苦练了三年，学会了武小生的全套跟头，小德张的腿练得跟面条一样，伸腿过颈（朝天蹬），起霸过眉，穿上厚底靴子也能翻旋子，杨小楼的“七步到台口”小德张也能做到。小德张学会了 30 余出戏。

19 岁小德张正式登台主演，有一天慈禧太后传旨演《岳家庄》。当小德张得知这出戏是慈禧老佛爷亲自点的、还要观看的时候，他那心里既是高兴又是紧张。他熬星星，熬月亮，苦学苦练，直摔得鼻青脸肿，不就是为了这一天，不就是为了让太后老佛爷看吗？可是他也想到，这出戏若演好了，自然在老佛爷那儿挂上了号，对自己向上爬是大好良机；但是，如若演砸了，让慈禧老佛爷的脑海里印上一个坏印象，这一辈子的前途就算断送了。所以这一场戏是只能演好，不能演坏。在化装的时候，尽管他的心咚咚地直跳，他还是不断地告诫自己，要沉住气，不要慌，不要忙，忙中就会有错，等前台锣鼓一响，小德张脚踏着家伙点，循序而出。

为了讨得慈禧老佛爷的欢心与夸奖，小德张使出了浑身的解数，把三年练的功夫都使了出来。接着小德张又演了几出让慈禧满意的戏，慈禧把小德张叫过去让给她说瞎话。这突如其来的问题，使小德张一时难以想出办法。慈禧太后一句逼一句地让他说瞎话，小德张跪在地上一再声称自己不会说，慈禧太后叫来散秩太监打小德张四十竹竿，小德张咬紧牙关还是说不会。慈禧太后又命人打了他四十竹竿。此时小德张皮开肉绽，但仍咬定不会说瞎话。事后，慈禧太后自命几名太医轮流看护，治疗小德张的外伤，小德张此时更加明白，这一顿皮肉之苦不会白挨。伤势刚见好转，他就挣扎着去给老佛爷请安。慈禧太后问他记不记仇，小德张则说生是太后的人，死是太后的鬼。慈禧太后又赏小德张两件皮袄。小德张非常高兴，他高兴的不是这两件皮袄，而是他经受住了老佛爷的“严峻考验”。光绪二十四年（1898 年）小德张被提升为后宫太监回事。此时的小德张年仅 22 岁，入宫当太监的时间还不到十年。

小德张从入宫到南府戏班时候起，李莲英就成了小德张研究的对象。李莲英是怎样在慈禧太后那儿说一不二的，他把李莲英的行动、说话、做事，甚至连一些小动作，都精心刻画，一切都和李莲英相像，尤其在做了李莲英的徒弟之后更是如此。

由于小德张侍候太后老佛爷尽职尽责，很得慈禧欢心，常夸奖说：“小德张很会当差。莲英啊！你可真是慧眼识英才哪！”“这是老佛爷对待下人好，再者奴才伺候好老佛爷这也是应该的。”李莲英说。小德张忙跪下道：“奴才当的差还不够好，这都是老佛爷的恩典，就是做好了一件两件的，也是李大总管对奴才教导的。”

别看小德张话说得不多，可是这个马屁拍得对慈禧和李莲英都恰到好处，慈禧听了心里很受用，李莲英听了心里也挺舒服，心说：行，这小子还没忘本。小德张暗自高兴，心中想道，有了慈禧和李莲英给我撑腰，还怕他不提拔吗?

小德张不仅得到了慈禧的宠信，他还在监管被囚禁的光绪皇帝时，偷偷善待光绪，为自己日后的发达留下一条后路。

◎两面逢迎，机灵留后路

小德张通过入宫五年，以他敏锐的观察和对宫内宫外国家大事的分析，使他清楚地认识到，大清王朝的天下，尽管有皇上、王爷、文武大臣等，实际上却是慈禧太后一个人的天下，而能左右慈禧太后的，也只有李莲英一人，要想攀上高枝，能得到慈禧的信任，只有首先得到李莲英的信任，否则便一事无成。李莲英是慈禧太后——叶赫那拉氏派系里的风云人物，现在做了快四十年太平总管了。

小德张是在光绪十七年入宫的，当时，慈禧太后在表面上虽然不再垂帘听政，可是在实际上仍然操纵着大清王朝的实权，她高坐在慈宁宫内，看来好像什么事也不管，但仍然总揽国家大事。光绪皇帝在中和殿接见王公大臣，所议论的事情，还有下边递上来的奏折，他在阅过之后，是不敢擅自做主的，必须转到慈禧太后宫中，由慈禧太后批阅训示之后，光绪只有照办，如没有太后的谕示是不算数的。由中和殿到慈禧太后的慈宁宫之间，传递这个奏折的人就是小德张。这个时候的小德张，早已经不是初入宫的时候在茶坊当小太监的那个张祥瑞的样子了。他通过李莲英的门路，已经成了慈禧太后十分信任的心腹之人。不过他也清楚，慈禧太后年事已高，等过几年太后死了，光绪掌权，决不会像现在一样，处处受李莲英等太监的牵制，自己必须在光绪这里买好，给自己留一条后路。

他每天奔走在慈禧太后的慈宁宫和光绪皇帝的中和殿之间，并监视着光绪。可是表现呢，他一进中和殿，便低着头轻声不快不慢地走到光绪皇帝面前，双膝跪倒，双手上举，把头略略抬起，从光绪皇帝身边太监手中接过那盛奏折的金漆木匣，而后站起来，猫腰低头，一步一步向后退去，屁股和后脑勺不能冲着皇上，直到离殿门不远了，这才能转身出殿。到了慈禧太后的慈宁宫，也是如此。到了慈禧太后的寝宫门口，先有守门的太监禀报，小德张送奏折来了，得到允许，小德张才能进去，也是低着头轻声用不快不慢的脚步，来到慈禧太后的不远处跪倒，双手把盛奏折的金漆木匣高举过顶，如李莲英在，则由李莲英接过去，转呈给慈禧太后；李莲英不在，则由别的太监接过去，转呈给慈禧太后。

如若慈禧问皇上在干什么，或者跟谁在谈话，小德张便如实回奏，不过他得偷看慈禧的神色，或者李莲英的神色，更多的还是看李莲英的神色，因为偷看太后的御容是犯罪的。小德张根据李莲英的微微点头，或者是摇头，来确定讲什么或者不讲什么，所以小德张对慈禧的禀奏，经常得到慈禧的欢心和满意。这固然是有了李莲英的暗示，但更重要的是小德张自己脑筋的灵活。

在慈禧批了之后，小德张再退下来把奏折交给光绪皇帝，光绪皇帝为了解和掌握慈禧的思想动态，也向小德张询问慈禧在批阅奏折时的神情和说了一些什么。小德张在向光绪禀奏时，就不必那么小心翼翼地寻思着说了，因为他无论说了什么，光绪帝不过是为了知道一下慈禧的态度，少触些太后老佛爷亲爸爸的圣怒罢了。不过小德张虽然是“后党”，但他与李莲英不同，不肯把事做绝，光绪说的话，对慈禧能不讲便不讲；而慈禧说的光绪的好话，他便一五一十地都讲了，而对光绪不利的话，也委婉地渗透过去，让光绪自己去琢磨。光绪在慈禧那儿也设有耳目，所得来的信息，与小德张说的大致相同，所以光绪对小德张还是不那么十分戒备的。

1898年六月，光绪在康有为、梁启超、谭嗣同的辅佐下推行新法，即所谓“戊戌变法”，这一举动遭到慈禧太后为首的旧势力极力反对，慈禧太后在颐和园召开秘密会议，准备在十月初利用帝、后同到天津阅兵之际，发动政变，废掉光绪皇帝。九月十八日谭嗣同密访袁世凯，请他在阅兵时，救出光绪皇帝脱险，把国家大权由太后宫夺取过来，把慈禧太后困居颐和园中，不让她再干预、把持朝政。袁世凯阳奉阴违，向慈禧太后的亲信大臣荣禄出卖了光绪等人。荣禄连夜直奔颐和园，原原本本地密报给慈禧太后。慈禧太后下令把康、梁等人的奏折全部抄出，并把光绪皇上囚禁到中南海的瀛台，拉起吊桥，关闭宫门，任何人不得私自出宫。光绪事败后，想法派出心腹太监聂八十、寇连才密传旨意，放走了康有为、梁启超。这时，慈禧太后也派人去抓捕，前后脚的工夫扑了个空。此事被查明后，慈禧太后盛怒之下，传下口谕：“太监聂八十立毙杖下，寇连才发配新疆，永禁不回。”

大清皇室帝、后角逐，引起轩然大波，慈禧太后把光绪皇帝圈在高墙内。光绪的一举一动，均有专管太监随时记载。皇帝用膳时，严令冷粥凉菜，就是非要等饭菜凉了才能吃，说是他犯了家法。更不准皇后、妃、嫔随便接触，隆裕皇后系慈禧太后的娘家侄女，准其每月初一、十五这两天到瀛台探望，三言两语问安后即退出，有时光绪一言不发，以目送之。光绪变法时，珍妃曾参与出谋划策，而变法失败后派出太监聂八十、寇连才出宫送信的真正主使人是珍妃。所以也把珍妃的住处圈了高墙。不许她与光绪见面，每天也是冷粥凉菜。小德张被派去监管光绪，并负责送皇帝的一日三餐。

小德张想的是，皇上才三十来岁，而慈禧已六十多岁了，从年龄上讲慈禧是熬不过光绪的，这是第一件；慈禧虽然立了溥儁为大阿哥，可是慈禧的兄弟桂祥就反对这件事，因为他是光绪的舅舅，也是岳父，慈禧在世他是国舅爷，慈禧不在了，光绪依然正位，他就是国丈承恩公了，这是第二件；光绪的皇后、慈禧的侄女——皇后叶赫那拉氏，因为光绪宠爱珍妃，不喜欢她，而嫉恨光绪，时常在慈禧那儿说光绪的坏话，把光绪囚在瀛宫，此时监视光绪的差役由小德张来执行。对光绪吃的午饭，慈禧是经常检查的，给得很不好，可在半路上，小德张总给换上几样光绪爱吃的菜，让光绪吃得好一点，吃得饱一点。本来皇后叶赫那拉氏对光绪是不满意的，但后来见慈禧把光绪的牙都打掉了，又想另立皇上，她才有点怕了。不过她是个老实人，她不敢说自己的姑姑——慈禧太后，但是见到光绪的吃食那样恶劣，也觉得伤心，可是她既不敢说，又不敢劝。后来见到小德张给光绪换上几样可口的菜，嘴里虽然没说什么，心里却暗暗感激这个小太监，因而对小德张渐渐有了好感。

光绪帝在被囚禁时，以拆钟表消愁解闷，有时表情若狂，神志失常，夜间说梦话，叨念珍妃。太后宫去人时，他就打听珍妃的情况，但是始终也没有把珍妃的消息打听到。光绪皇帝是六月二十八日的生日，年年庆寿。1899 年过生日时正在高墙内，头一天夜里，小德张睡不着觉，想想个法子让光绪借过生日的机会能和珍妃的姐姐瑾妃说几句私房话。转天，隆裕皇后和瑾妃奉太后的旨意探视皇上，由小德张跟着向皇上祝万寿。到瀛台后，小德张支开监视光绪的太监，光绪终于从瑾妃那里知道了珍妃被圈高墙和正在病中得了天花的消息。后来光绪皇帝收买了太监，去北三所探望了珍妃一次。此后，小德张再送奏折时，光绪皇上的脸色变得温和多了。

当时，慈禧太后虽是临朝亲政，但按规定，签放大员事先必须由军机处通过阁议，签奏请准，并由光绪盖章，慈禧不能代替皇上行对外之权。有一次，军机处签放了一名海关监督，送请光绪盖章，光绪拒绝盖章，而被签放人又急于谋到这个差缺，就通过关系，许给小德张 20 万两银子，请求光绪盖章。小德张一求，光绪果然就把印盖了，这一笔他就得了 20 万两银子。得到主子的宠信，便可以给别人办事从中渔利，这正是小德张所梦想的生活。如果自己能够当上大总管，求他的人就更多，来的银子也就更多。小德张暗下决心，一定要尽快实现那一天。要尽快实现这一天，只能使出浑身解数讨好主子，受到主子的宠信。

1900 年八国联军攻占天津大沽口，北京告急，慈禧携光绪逃往西安，小德张也随行。由于小德张聪明乖巧，很讨慈禧欢心，1902 年庚子回銮后的第二年，慈禧太后提升小德张为御膳房掌案，官至三品顶戴。当了掌案的，小德张费尽脑汁，考虑怎样做出菜来使慈禧吃得好，吃得香。每天亲自下厨，烹、炒、煎、炸练手艺。最后居然炒出几样菜来慈禧特别爱吃。最拿手的爆羊肉慈禧太后最爱吃，吃了这顿还要留出下顿来。由于李莲英年龄已大，精力不够，小德张名为御膳房掌案，实则已经总管太后宫里的一切事宜。由于操劳过度，体力不支，大口咯血，体重锐减，因而病倒。慈禧太后知道他得了病，叫最好的御医给他看病，并且还看望他一次，可见慈禧对其非常宠信。

光绪皇帝和慈禧太后先后神秘驾崩之后，光绪皇帝的皇后隆裕太后成为宫中的主子，在宫中权力争斗的关键时刻，小德张明确地选择了支持隆裕太后，并利用自己在宫中的势力，力保隆裕太后把持朝政。使自己很快由慈禧太后眼前的红人，变成为隆裕太后眼前的红人。并取代李莲英登上了清朝末年太监大总管的宝座。

◎保隆裕太后之位，身居要职

光绪三十四年十月，慈禧太后73岁，因病卧床不起了。恰在此时，光绪也病倒了。慈禧太后在病重之时，对身后国事作了安排，立皇嗣、封太后、三天里下了13道懿旨。慈禧太后传旨，立光绪之弟载沣之子溥仪继承皇位，继承同治皇帝，兼祧光绪皇帝，并让小德张到王府接天子，把溥仪抱进宫去。第二天慈禧太后病得更厉害了，迷迷糊糊的，时而明白过来，还派太监探问光绪皇上的病情，虽然慈禧太后喘气紧一阵子，松一阵子，仍旧耗时刻，要听光绪皇上晏驾的信。直到传来万岁爷驾崩，慈禧好像出了一口气地说："他毕竟还是死在我的头里了。"紧接着，慈禧太后又传了一道懿旨：隆裕皇后升为皇太后，授命载沣为摄政王，遇有重大国事必须请皇太后懿旨，这也是慈禧的最后一道命令。传完这道旨，慈禧便咽了气，前后与光绪晏驾相差仅七个小时。

慈禧太后死后，李莲英走出皇宫，在宫中再也看不到他的影子，他在北京或是在京外居住，别人也不追问，只是宫中大总管的职位还缺着。这可是个权力遮天的位子。小德张心里抑制不住喜悦，大总管的位子正是他梦寐以求的，是他人生的最高追求。从进宫那一天，一直梦寐以求的位置离他越来越近了。慈禧死了，剩下的最大的主子就是隆裕太后了。隆裕比慈禧太后可是一个好对付的角色。只要自己把握好隆裕太后，不怕自己不能如愿以偿。他观察到隆裕太后处处都想学着慈禧，只要自己顺应隆裕，必然能得到她的欢心。于是，小德张安插自己的亲信耳目，在宫里的各个角落，及时掌握着时局的动态变化。慈禧太后、光绪宾天后，小德张随隆裕皇太后跟灵车到东陵奉安。陵寝安置完了，最后封地宫门时，皇家亲族及妃、嫔们，在寅时行家祭礼朝拜，然后才回宫。在地皇门将封之前，小德张突接徒弟们密报，穆宗同治的三位皇妃已经启程先回宫了。

原来，宣统是同治的继承人，兼祧光绪，同治时期的三位妃子瑜妃、珣妃、瑨妃等人也是宣统的母亲，太后应该在同治三位妃嫔中产生。而且慈禧也是以贵妃的身份成为太后的。隆裕不过是仗着是慈禧的内侄女才得到太后之尊的。慈禧下葬后，同治的三位妃子赌气说不回宫了，要在东陵为慈禧守陵。面对这种突然发生的情况，隆裕乱了方寸。虽然自己现在已是太后，但是她在皇宫多年，只学会了一件事情，那就是察言观色，无条件服从慈禧的意志。以前后宫之事都有慈禧太后为自己做主，她早就习惯了请示和服从，现在慈禧死了，隆裕根本没有独立解决问题的能力，她顿时不知所措，不知该如何对付三位皇妃。还是小德张反应快，他赶忙对三位妃嫔说，既然这样，皇太后就马上替各位在东陵盖房子，成全各位守陵的孝心。瑜妃等人并非要真心想要守陵，不过是不愿意从此开始受隆裕的管制，半是赌气，半是让隆裕难堪罢了，结果小德张却让她们哑巴吃黄连。三位妃子心有不甘，又在身边太监的怂恿下，所以才决定赶在隆裕回宫之前抢回太后的金印。

小德张把三位贵妃已先回京的消息告诉隆裕皇后，但是按照她的意思，要行家祭礼完毕后，天亮时再回宫。小德张对隆裕皇后说："千万别含糊！立即启程，如果三个皇妃先进了坤宁宫取走太后金印，你的太后座位就难保住。"三位皇妃乘坐的是轿车，虽然提前走了有好几个小时，但终归不如隆裕皇后的马车跑得快，小德张传话给车把式快马加鞭，一路上也不歇脚地往京城里赶。到了北京已经是深夜，三位皇妃也已经进了神武门，以为稳拿啦！不曾想到小德张陪隆裕皇后由东华门进了坤宁宫，把皇太后的宝印先拿到手了。前后时间相差十几分钟。紧跟着，摄政王也从东陵赶了回来，把“合符子”请出来，军机处颁发诏书，隆裕皇后遵照太皇太后生前的懿旨，草诏为皇太后。小德张在宣统元年（1909）33 岁时，终于登上了清朝末年太监大总管的宝座。

小德张从裕隆太后的后位抢夺战中彻底明白了一个道理：要在宫中安身立命并不容易，在皇宫之中，防人之心不可缺，害人之心也不可缺，仅仅学会防人远远不够，防御的最佳手段就是进攻，要想往上爬就得一步步清理掉绊脚石。先下手为强，后下手遭殃，成功和失败之间的差别往往就决定于谁先动手的那短短的瞬间。要想治人，不能心慈手软，不留后患，斩草务必除根。隆裕被册封为太后之后，小德张向隆裕进言，认为三位同治妃子平日安分寡言，突然在太后即位这件事上闹得如此沸沸扬扬，全都是身边那些高级太监惹的祸。他们无非是希望主子们中有一个当上太后，自己也好鸡犬升天，因此必须把那些有野心的太监赶出宫，否则难得安宁。小德张拟了一张单子，上面列有以三品总管杜兰德为首的 36 名高级太监的姓名，小德张说这些人在宫中号称“三十六友”，平日拉帮结派，朋比为奸，经常向各自的主子进谗言，不除去不足以整顿后宫。隆裕并不是会弄权之人，真要将这些太监遣返，未免有些不忍。而且如果加上由他们管理的小太监，后宫因此空缺了三分之一的职位，数量太多了。但她禁不住小德张反复的劝说，最后手谕内务府，将 36 名太监和与之关系亲近的太监，共 932 名宦官遣散出后宫。

头脑简单的隆裕万万没有想到，小德张通过这个手段，固然让同治三妃身边少了出谋划策之人，更重要的是，他趁这次事件，将自己在后宫中的异己通通都清除干净，而且还在后妃身边全都安插了自己的亲信。

李莲英当大总管是月俸五千两银子，小德张升了大总管也一样拿这个数目。宣统元年，隆裕太后赐拨帑银十万两，又为小德张盖建住宅一所，占地 50 亩，房舍有几百间，当地人称“极乐寺总管府”。小德张从此权焰冲天，后宫上下简直无人能敌。

◎倚仗宠信，大肆敛财

隆裕在抢先当上太后之后，对小德张不仅信任，而且更加依赖和纵容。而小德张也仗着隆裕对自己的恩宠，拼命为自己谋私利，中饱私囊。

隆裕这位太后用简单的话说，便是“庸碌无识”，较之姑姑慈禧则远远不如。例如慈禧对于政治上虽然残暴，经济上严重自私，但遇事尚有个人见解，不完全受弄于李莲英及某些王公之手，对于王公大臣亦有一定的笼络手段。而隆裕则不同了，不仅政治上毫无见解，而经济上的自私却远远地超过慈禧，故而隆裕的一切行动皆为小德张所操纵，个人毫无主张。隆裕在抢先当上太后之后，对小德张不仅信任，而且更加依赖和纵容。而小德张也仗着隆裕对自己的恩宠，拼命为自己谋私利，中饱私囊。隆裕刚成为太后，还需要为光绪和慈禧守孝，应该将自己黄色的轿子换成青色的，这本不需要多少钱，但是由于是小德张经手，最后结算下来，制轿费竟然高达 70 万两，大量白银被小德张中饱私囊。此事过后，小德张又故技重演，要求重新装修宫中数座破败的佛殿。

慈禧过去搜刮的民脂民膏，据估计，总计约在 2500 万两白银。在慈禧死前，李莲英私下送给隆裕太后的价值200万两；慈禧死后，填在棺材里，约值800万两，剩下的还有1500万两以上。这下可成了小德张发财的大好时机。据说慈禧有珠履一双，这双鞋子甚为名贵，四周都嵌以巨珠，颗粒都相当大。据说造这双珠履时，花费了白银70万两，小德张把这双珠履就扣下了。在清朝灭亡之后，小德张将这双珠履脱售，标价50万元，后被一英国商人以32万元成交。这些佛殿，慈禧在时就已经废弃不用了，小德张乘机向隆裕进言，希望重新装修，由于延熙宫、西式铁楼两项工程的开工，工无竣期，款无定额，国库不足，宫廷内部任小德张拆毁，帑项恣其滥用，报销的花费超过200万两，当时有熟悉装修的内务大臣弹劾小德张报销不实，暗中为自己牟取私利，还拿着贪污的钱在外开了不少当铺和绸缎庄。隆裕却沉默不言，对奏折置之不理，实在被大臣们的奏折逼得没办法了，就说比小德张严重的人多的是，一个穷太监弄几个钱算不了什么，只要不干涉朝政就可以了。有了隆裕的这句话，小德张的胆子越来越大了。就在宫中大动土木工程之时，中元节又到，孝钦显皇后，也就是慈禧太皇太后的梓宫，尚未奉安。“中元节”就是农历的七月十五，是中国人给死去的人烧纸的日子。隆裕太后不忘慈恩，在小德张的设计下，特饬造大法船一只，用纸扎成，长18丈有零，宽有2丈，船上扎有楼台亭榭，各种陈设俱备，侍从篙工数十人，高与人等，人虽是假的，却都穿真衣、戴真帽。上设宝座，两旁站立太监、宫女，以及一切器用，下面跪着身穿官服的官员，仿佛平日召见臣子之状，这些假人的衣帽，也都完全是真的。中间悬以黄缎巨帆，上书“普渡中元”四个大字。船外围绕无数的江莲，内燃巨烛，在北京住了一辈子的人，既没见过，也从没有听说过，这是空前绝后的第一大法船。祭毕，将这大法船运至东华门外，敬谨焚化。一时之间，京中男女老幼，都来观瞻，一齐叹为古今罕见。这项报销，据说又花了70万元，当然小德张又捞了一把，慈禧太皇太后的这场丧事，比光绪皇帝的丧事花的银子可多多了。有人算过这笔账，慈禧的丧事费用，比光绪皇帝的葬礼费用多两倍还多。光绪皇帝的梓宫奉安，较早半年，彼时只用银45万两，而慈禧太皇太后的奉安，却费银125万余两，当然这次丧葬费用，都是小德张安排的，不用人说明，大家也会猜想得到，小德张在其中又是狠狠地捞了一把的。后来，他看到隆裕寂寞空虚，就趁机劝隆裕在北海建“水晶宫”。所谓“水晶宫”，就是将外墙做成玻璃幕墙，使墙体透明的宫殿，而且宫殿打破过去传统建筑依水而建的模式，准备让“水晶宫”四面环水，这样景色更宜人。方案是在院中砌一个直径数丈的水池，在池中建起一座三层的圆形宫殿。以铜铁为梁柱，以玻璃为墙壁，地板也都以玻璃砖为之，屋顶上安放玻璃鱼缸数口。这在当时是非常新奇的建筑，而且可以抗拒火灾了，隆裕本来长年深居内宫，不谙国事，现在好不容易熬到太后，也有了享受之心。但是，工程只进行到一半，就因辛亥革命被中断了。

宣统元年（1909年），隆裕太后遵慈禧遗嘱任小德张为太监大总管，并赐帑银10万两于北京安定门内建造总管府。为清除异己，小德张提出“清君侧”的主张，逐千余名太监出宫，均换上其心腹。同年，衣锦还乡，静海知县宋公迪亲为其背绳拉纤。小德张居大总管时，权倾一时，隆裕和宣统帝也惧他三分。重建光绪陵墓、颁布皇帝退位诏书等宫中大事，隆裕均按小德张的意愿传旨。小德张素日广交私党，张勋、马福祥、冯国璋等均为他的换帖兄弟，载涛、袁世凯等和他交情甚深。

宣统三年，辛亥革命爆发，各地纷纷宣布独立，大势已经不可逆转。隆裕太后召开御前会议。王公大臣，满汉官员的想法与看法都不一致。有的说跟革命党打，有的说退位，议来议去也，不见个眉目。此时的内阁总理大臣袁世凯狼子野心，一心称帝。因此他借机一方面与革命军交好，另一方面，向清廷施加压力，最后孙中山在担任临时大总统之际，表示只要袁世凯拥护共和，使清帝退位，自己愿拥他为总统。一旦当了大总统离自己的皇帝梦也就越来越近，而且还可以控制局势，窃取辛亥革命的果实。于是，袁世凯找到小德张，许以巨额金钱，借他之口向隆裕太后施以威胁利诱的手段，劝其用清廷退位的方式，保证一生的平安与安逸。以隆裕太后为主的清廷在穷途末路之际接受了袁世凯的条件。公元1912年2月12日，清帝溥仪退位的诏书向全国颁布，宣统皇帝的年号保留了下来，小德张的地位也暂时维持住了。自宣布共和之后，小德张为了另攀高枝，他也猜透了袁世凯要当皇上的企图，便露出了在袁的宫内仍当大内总管的想法。可是这时袁世凯已经看出小德张对自己来说没有用了，便借口今后是共和了，应仿效国际通例，宫中不再用太监而婉言谢绝了。不过，袁世凯还算对得起小德张，问小德张愿意在哪儿住，小德张说愿在天津，于是袁世凯在天津给小德张定了两所房子。隆裕太后在公元1913年去世，小德张在宫中的靠山不复存在，他也厌倦了宫中的生活，便主动请长假离开整整生活了二十五年的清宫，结束了自己的宦官生涯。

◎弄权作势，穷奢极侈

别看大清国完了，小德张可没完。他告老离宫后，最初住在北京永康胡同自己修的一所穷奢极侈的大宅里，过着大富豪的生活。建立民国之后，他为了躲避原来大清的王爷、贝勒们的白眼甚至谩骂，才到天津定居。他在天津41号路修的洋楼里“纳福”。他娶了四个老婆，可能是因为随着年龄越来越大，对女人越来越感兴趣，所以很多人猜测他和隆裕太后之间的关系非比寻常，不然隆裕不可能把他当作主心骨，完全信任。小德张过继他哥哥张月峰的儿子张彬如为继子。张彬如有三个老婆，二子一女，子名继光、继和，继光的神志不清，人皆以“傻大哥”来叫他；女名素霞。在“张公馆”里，有下人三四十个，门卫、账房、厨师、花匠、丫鬟、老妈子等，是应有尽有。别看小德张当大总管只当了三年，但是产业这时已经很可观了，实现了他幼年发下的誓言，要有十辆、二十辆、一百辆像样的轿车子，把他表哥比下去。在老家静海县置地17顷，在北京南苑置地20顷，在天津英租界41号路，修楼房12座，在北京永康胡同建筑了一所宏大的宅院，另外在北京前门外鲜鱼口和北沟沿开设了永庆、永存两座当铺，资金达十多万两，还在北京大栅栏开设了祥益绸缎店，资金二十多万两。小德张大概估计到他坑得清王朝太苦了，他怕一些皇族雇人暗杀于他，他不仅深居简出，就是宾友来访，他也推托不见，故而去访的客人极少。伺候他的，是他从宫里带来的几个小太监。这几个小太监专门为他烧烟、倒茶、摆饭和招待来宾。小德张的家规很严，凡是男性一律不能进入内宅，对门户也非常注意，每日上锁、启锁，都亲自料理。

他的日常生活非常刻板，每天起床后，先由伺候他的小太监给他烧好12口鸦片烟，分为左、右侧卧各吸6口，吸完之后，立即下床，到院中散步，舞一趟太极剑，然后回屋吃早点。到9点钟，他在客厅中升座，接见他的子孙、账房、管家等人。

小德张最后的一个妻子叫张小仙。关于张小仙的来历，据说，小德张初到天津时，住在重庆道，当时亟欲觅一称心的伴侣，便由他的表弟董墨臣和好友房玉林陪同，到日本租界妓馆一游，结识了一个叫方金翠的女人。二人也情意相投，并在一起照了相，小德张坐着，方金翠在旁边站着，闹得十分火热。每日戏院酒楼，花天酒地。当小德张提出要娶方金翠时，娼主索价大洋1000元，小德张也愿意花。只是方金翠提出，自己还是处女，不愿寂寞终身，坚决不肯跟随小德张。小德张一气之下，就在另一个班子里，花了1200元，买了一个处女，就是这个张小仙。听说小德张总喜欢让张小仙以口承受痰唾，再转吐至痰盂，相当恶心。

为了表示排场，就像人家娶亲一样，小德张身披红花亲自前去迎娶，鼓乐花轿，无一不备，就是拜天地、入洞房等仪式，也应有尽有，样样俱全，仪式相当隆重，宾客盈门，还包了一座最大的酒楼，招待来宾。所不同的只有一点，就是张小仙在拜过婆母之后，张家所有的子、孙、媳、女人等，都得向张小仙行跪拜礼，应当称呼什么，便得叫什么，如娘亲、奶奶等，下人则都称张小仙为四太太，这说明小德张已经娶过三个妻子了。据说小德张有一个妻子，曾因不甘于小德张的刻板生活，便私下逃走。小德张得知之后，便派他的保镖找到了这个逃妻，大卸了八块，扔到了海河里。

小德张从北京迁到天津，就把他老娘从老家吕官屯接来，当时是住在重庆道，这时成了老太太，吃的是山珍海味，穿的是绫罗绸缎，使奴唤婢，动身不是车便是轿，着实享了十来年福。1928年旧历六月初八，老太太在天津因病去世了，终年80岁。小德张在北京做太监时最羡慕旗人贵族的有两件事，一是各王府的建筑宽敞精美，这一点他已经做到了，他在北京极乐寺兴建的府第精美程度远远超过了大多数王公贵族，而爱丁堡道（今大理道）的那所豪宅在天津租界中也是数一数二；而第二件就是大出殡。满族人入关之后，受了汉文化400多年的熏陶，当时的旗人们便生出一股子好胜之心，汉人讲礼教，于是旗人们便多礼数，虽然繁复，倒也显得周到气派。其中，出大殡是他们最看重也是最风光的礼数之一，特别是光绪三十年慈禧太后的弟媳，隆裕皇后的生母，也就是光绪皇帝的岳母，人称皇姥姥的承恩公福晋去世那件事，给小德张的印象最深。要知道，当时这可是皇家天字第一号的亲戚，哪个不巴结？丧事办得除了皇家无人可比。小德张此时已经在慈禧太后面前得宠，替太后到方家园承恩公府照应丧事，亲眼看见了这一切。当即他便有一个想法，倘若母亲去世那一天，他也要照着清贵族的样儿出大殡。如今母亲去世，而他又住在租界中无管无束，便完全仿照皇姥姥的规格给他母亲操办起丧事来了，不过他还是去掉了一些表现满族人特有风俗的内容，像大红幡、骖马、单勾、鹰狗骆驼等，当时已民国了，这些东西摆出来也没有人要看。那天老太太一咽气，小德张新娶不久却当家主事的四太太张小仙便带着他的另外两个姨太太，还有继子张彬如的三个太太七手八脚地替老太太穿好了诰命夫人的服饰，盖上隆裕太后当年赏的陀罗经被，灵前烧“倒头纸”，府门外也烧起了倒头车马。这次丧事请的是大事全赁货铺的经理魏子文和天兴寿材厂的经理李锡三为总理事，准备的所有烧活都是真材实料。烧倒头车马中的八抬大轿是真正的绿呢轿围，蓝呢马车、顶马、跟马都精美无比，车夫、轿夫、跟班等都按着人数糊制，身上的衣服全是真正的绸缎，一把火在府门前烧了，这才是头一批。

从此后，僧、道、喇嘛、尼姑每日奉经不绝，门前吊客不断，进进出出的有前清遗老遗少，也有民国官员。府中开的是流水席招待吊客，跟着混吃混喝的当然也不少。到了出殡这天，他请来清朝最后一个武状元武国栋祭门，前北洋政府总理高凌蔚点主，送殡的队伍中是亭、幡、伞盖、神匾、神轿、衔牌、执事、雪柳齐备，外加十三棚经，送葬的亲友排了有几里长，前面引魂幡已经走过旭街（今和平路）到了北车站（天津北站），这边 64 人的大杠才刚刚上肩。那天小德张的总管房玉林走门路弄来专为慈禧太后出殡在德国订制的蓝钢包车，好运送灵柩回静海县吕官屯，当时的天津警备司令傅作义也给派出一个连的士兵随行护送。

◎思想空虚，无聊的余生

小德张到天津后，生活上虽然十分富有，但在精神上却是十分无聊，除了养金鱼、种花草和喂了许多小哈巴儿狗以外，每天午后写上三五幅“鹅”来消遣。由于他的思想空虚，逐渐颓废，在1957年便病死了。终年81岁。

因为张勋复辟，宣统皇帝又当了十四天的热闹皇帝，复辟失败后，又一次被迫退位，但是国民政府迫使他们搬出紫禁城，后来又辗转来到天津静园。小德张在天津极有威信而且奢侈，连喝水都要人喂，但他每天早上都要坐着八抬大轿来到静园，然后一个人进去打扫卫生，重温旧梦。

小德张的过继儿子张彬如很不成器，还不如李莲英的那过继的儿子。正因他不成器，小德张对张彬如管得很严，不但不让他外出做事，也很少让他出门。平时无论小德张会客，或者小德张一个人在写字，或者静坐的时候，张彬如总要垂手侍立在侧，非经小德张同意，张彬如便不能离开。

别看张彬如没什么能耐，好吃懒做倒是一把好手。加上吸上鸦片烟，烟瘾还很大，经常在小德张面前犯瘾，只要烟瘾一上来，一时鼻涕、眼泪、哈欠、懒腰就全来了，直瘾得浑身打战，像长虫吃了烟袋油一样，又是哆嗦又是抖擞。

小德张明明知道张彬如这是犯了烟瘾，却故意装作不知，既不问为什么，也不让他走开。实际上，这是故意治他。因此，张彬如非常恨小德张。

可是恨归恨，烟瘾归烟瘾，戒不了就得抽，抽就得钱，偏偏小德张又不给他钱，没钱怎么办呢？张彬如自有办法。他就偷着出卖小德张的房产。

俗话说得好，没有不透风的墙。小德张自然慢慢知道了，但他依然不过问，只是按月催张彬如缴收来的房租，小德张的想法是，你把房产卖了，我按月要你的房租。

这就叫作智者千虑，必有一失。别看小德张他算计隆裕太后、慈禧太后、李莲英、袁世凯他们的时候那么清楚，那么明白，可是在对付他那过继的儿子张彬如的时候，却把算盘珠拨错了。他以为按月挤他的房租，就可以把钱挤出来。可是小德张哪里想到他那宝贝过继的儿子张彬如，却有更好的办法来对付他，这就叫道高一尺，魔高一丈，没钱了就再卖一处房产就又有了钱了，直到吸毒而死。

张彬如偷着卖房产，小德张的二孙子张继和不当家，不主事，小德张又不让他上学，从小游手好闲，学了一身的流氓习气，吃喝嫖赌抽，无所不能，无所不会。

可是这些事，哪一样离开钱也不行。从哪儿来钱呢？偷！上哪儿去偷呢？哪儿也不用去，在家里朝外偷，而且非常会偷。小德张家里的大门钥锁一向是由小德张自己保管，晚上上锁，早晨开门，都由他自己亲自动手，这一手不能算不严了。

可是，张继和另有高招，他不仅暗中配了大门的钥匙，而且把家中所有房门及箱柜都配了钥匙，对家中所有的锁头，他是愿开哪一个，便开哪一个。

这么一来，他向外偷东西，就方便多了，可以说是愿偷什么就偷什么，可有一宗，他从不偷大物件，净偷小而又值钱的东西。光经他手偷出去卖掉的宝石顶子就有六七十颗，其他的古玩就不用说了。

张继和不光偷自己家的，就连张勋家也不敢让他去。因为他去了，只要得手，见什么就偷什么。

张彬如、张继和父子二人，不断地盗卖家产什物，小德张虽然忍受得住，佯作不知，可是张小仙却不能忍受。所以在张彬如因吸毒而死之后，张小仙终于在1944年，怂恿小德张将其寡媳、孙儿、孙女等，均逐了出去，并断绝了财产及一切关系。

张继和在日本侵略中国时期，与李纯的养子李子周，经过齐燮元的关系，在天津市公安局弄了个勤务督察的名，又交结大恶霸袁文会，拜袁为老头子，时常仗势欺人，比如在华清池洗澡不给钱，下饭馆吃饭不但不给钱，还砸人家碗碟家什，并开房间聚赌，在新中国成立以后，被政府判处无期徒刑。

在1944年，天津南市群英茶园演出话剧《清宫秘史》，其中有一幕，是小德张奉李莲英之命，将珍妃推入井内。

小德张得知这一事之后，心中十分恼火，可是他这时候已经没权了，他不敢公开出面加以阻拦，而是利用他孙子张继和与袁文会的关系，给袁文会送了一份很厚的礼，把小德张推珍妃下井的戏文，改为崔太监了。

他还信仰道教，大概是受了原来宫中大总管刘多生的影响，不过他不念经，只是在道家节日，他才戴上道冠，穿上道服，手持宝剑，盘膝静坐而已。

由于他的思想空虚，逐渐颓废，在1957年便病死了。终年81岁。他的财产归了张小仙。诗曰：

穷弄权威意气豪，

谁知一旦似冰消。

人生祸福皆天理，

天道昭昭定不饶。

中国有了皇帝，可以说就有了太监。虽几经江山易主，改朝换代，太监制依然存在，宦官当权，屡见不鲜，到了小德张这一代，便是最后一幕了。

◎后人话小德张：清朝最后一代大总管

1950年秋天的一个上午，天津和平区郑州道与湖北路交口的一座中西合璧式的别墅花园里，一位戴着墨镜的老头坐在藤椅里，看见政府派来的查收人员，就用手指指身后的楼门说："拿吧，都在楼里呢。"

这个老头就是清末太监小德张，这一年，他74岁。

小德张是清末一位十分特殊的太监。他一生中亲眼看见了清王朝由风烛残年走向灭亡；亲身经历了北洋军阀和国民党的统治，在他73岁高龄时，又迎来了新中国的诞生。

小德张原名张兰德，是继安德海、李莲英之后，晚清著名三大太监的最后一位。他历经光绪、宣统两朝，在慈禧太后和后来的隆裕太后跟前都红得发紫。李莲英一走，他就爬上了清宫大总管的头把交椅，在宫内权倾一时。1913年隆裕太后去世以后，小德张在宫中的靠山不复存在，他也厌倦了宫中的生活，便主动请长假离开清宫，结束了自己的宦官生涯。

小德张出宫以后，依靠自己搜罗的巨额财富，在天津过起了穷奢极欲的生活。他不甘寂寞，还开办了德顺兴副食商店、泰昌利五香冬菜厂，并在香港、广州设分号，成了一个名副其实的大资本家。

小德张与自己的几房姨太太居住在自己的“乐园中”，出入小汽车，并重金聘请几名侍卫跟从，颇为威风。有一次，小德张的一个姨太太逃跑，他指使警察将她捉回，残酷地折磨，无人敢问，可见他还是相当有权势的。

可是由于小德张过分挥霍，加上不善理财，他的财产不断亏少。20 世纪 30 年代以后，家境便开始衰落了。

新中国成立时，小德张仍是一名地主兼资本家。20 世纪 50 年代初，工厂、商店都改为公私合营，他本人也身不由己地参加社会主义改造的行列，以卖油炸果子为业。由于小德张的态度较好，他得到了人民政府的宽大，得以终年，1957 年在天津病死。